统计学理论与实务

主　编　牟晓云　张　瑜
副主编　郭　建　尹利勇

东南大学出版社
SOUTHEAST UNIVERSITY PRESS
·南京·

图书在版编目(CIP)数据

统计学理论与实务 / 牟晓云，张瑜主编. —南京：东南大学出版社，2022.8
ISBN 978-7-5766-0205-0

Ⅰ.①统… Ⅱ.①牟… ②张… Ⅲ.①统计学—高等学校—教材 Ⅳ.①C8

中国版本图书馆 CIP 数据核字(2022)第 147810 号

统计学理论与实务
Tongjixue Lilun Yu Shiwu

主　　编	牟晓云　张瑜
出版发行	东南大学出版社
社　　址	南京市四牌楼 2 号(邮编：210096　电话：025 - 83793330)
网　　址	http://www.seupress.com
责任编辑	孙松茜
责任校对	韩小亮
封面设计	王　玥
责任印制	周荣虎
经　　销	全国各地新华书店
印　　刷	广东虎彩云印刷有限公司
开　　本	787mm×1092mm　1/16
印　　张	14
字　　数	358 千字
版　　次	2022 年 8 月第 1 版
印　　次	2022 年 8 月第 1 次印刷
书　　号	ISBN 978 - 7 - 5766 - 0205 - 0
定　　价	68.00 元

(本社图书若有印装质量问题，请直接与营销部联系。电话：025 - 83791830)

目 录

第一章　总论 … 1
- 第一节　统计学概述 … 1
- 第二节　统计基本要素 … 4
- 第三节　总量指标和相对指标 … 9
- 本章内容导图 … 17
- 思政案例实务：援鄂医疗队数据统计 … 17

第二章　统计调查 … 19
- 第一节　统计调查概述 … 19
- 第二节　统计调查方案 … 20
- 第三节　问卷设计 … 22
- 第四节　统计调查的组织形式 … 26
- 本章内容导图 … 30
- 思政案例实务：大学生校园贷的问卷调查 … 30

第三章　统计数据的整理 … 36
- 第一节　统计数据 … 36
- 第二节　统计分组 … 38
- 第三节　次数分布 … 42
- 第四节　统计表 … 47
- 第五节　统计图 … 49
- 本章内容导图 … 52
- 思政案例实务：大学生消费情况调查 … 52

第四章　统计数据的描述 … 58
- 第一节　集中趋势 … 58
- 第二节　离散程度 … 69
- 第三节　偏态与峰度 … 72
- 本章内容导图 … 75
- 思政案例实务：大学生手机使用情况的调查 … 75

第五章　参数估计 … 79
- 第一节　参数估计的基本方法 … 79
- 第二节　总体均值的区间估计 … 82
- 第三节　总体比例的区间估计 … 87

  第四节 样本容量的确定 ………………………………………………… 89
  本章内容导图 …………………………………………………………… 91
  思政案例实务:你的体重标准吗? …………………………………… 92

第六章 假设检验 ……………………………………………………………… 97
  第一节 假设检验的一般问题 …………………………………………… 97
  第二节 总体均值的假设检验 ………………………………………… 102
  第三节 总体比例的假设检验 ………………………………………… 108
  第四节 总体方差的假设检验 ………………………………………… 109
  第五节 配对样本的假设检验 ………………………………………… 112
  本章内容导图 ………………………………………………………… 114
  思政案例实务:"内卷"严重,你准备好了吗? ……………………… 114

第七章 相关与回归分析 ………………………………………………… 122
  第一节 相关分析 ………………………………………………………… 122
  第二节 一元线性回归分析 …………………………………………… 127
  第三节 多元线性回归分析 …………………………………………… 138
  本章内容导图 ………………………………………………………… 145
  思政案例实务:中国居民消费模型 ………………………………… 146

第八章 统计指数 …………………………………………………………… 154
  第一节 统计指数概述 ……………………………………………… 154
  第二节 总指数的计算 ……………………………………………… 156
  第三节 指数体系与因素分析 ………………………………………… 165
  本章内容导图 ………………………………………………………… 171
  思政案例实务:统计指数的应用——消费价格指数 ……………… 172

第九章 时间序列分析 ……………………………………………………… 178
  第一节 时间序列概述 ……………………………………………… 178
  第二节 时间序列水平指标分析 ……………………………………… 180
  第三节 时间序列速度指标分析 ……………………………………… 186
  第四节 时间序列因素构成分析 ……………………………………… 189
  第五节 时间序列分析与预测 ………………………………………… 203
  本章内容导图 ………………………………………………………… 206
  思政案例实务:粮食产量时间序列分析 …………………………… 207

附表 ………………………………………………………………………………… 213
  附表1 标准正态分布表 ……………………………………………… 213
  附表2 χ^2分布表 ……………………………………………………… 214
  附表3 t分布表 ………………………………………………………… 215
  附表4 F分布表 ………………………………………………………… 216

参考文献 …………………………………………………………………………… 218

后记 ………………………………………………………………………………… 220

第一章 总 论

第一节 统计学概述

一、统计的概念

在日常生活中,人们对于"统计"这一术语常常有不同的理解。例如,企业每年要"统计"产品的产量和产值;了解股票的交易状况要看有关成交额和股票指数"统计";球类比赛时解说员要不断"统计"竞赛双方的进攻次数和成功率;报刊上定期或不定期地公布诸如物价指数、人口增长率、国内生产总值等"统计"数据。"统计"一词,在不同的场合,人们赋予它不同的含义。

那么究竟何为"统计"?这里有必要给出一个准确的科学定义。在中国,"统计"一词是由英语"statistics"一词翻译过来的,具体有统计工作、统计资料和统计学三种含义。

(一)统计工作

统计工作是收集、整理、分析和研究统计数据资料的工作过程,如银行的计划统计科每月编制项目报表,这个过程就是统计工作。又如,我国进行人口普查时要经过方案设计、入户登记、数据汇总、分析总结和资料公布等一系列过程,这就是统计工作。

(二)统计资料

统计资料是统计工作所取得的各项数字资料及有关情况的总称,如统计表、统计图、统计分析报告和各种统计资料汇编等。

(三)统计学

统计学是对统计工作及统计规律进行的科学总结和理论概括。

统计的三种含义具有密切联系:统计工作是统计的基础;统计资料是统计的成果;统计学是统计工作的经验总结与理论概括。反过来,统计学又是指导统计工作的基本原理、原则与方法,并使统计资料更加准确、更加及时和更加全面;统计工作是先于统计学发展起来的。

二、统计学的产生和发展

统计活动已经有了几千年的历史,但在学术上作为一门学科的统计学的历史却没有这么长。一般认为,统计学产生于17世纪中叶的欧洲,距现在已有300多年。其发展主要可分为三个阶段:

(一)古典统计学时代

这个时代大致是从17世纪中叶至19世纪初叶,其代表学派是"政治算术派"和"国势学派"。

"政治算术派"产生于英国,后人称为统计学中的政治算术学派。其主要代表人物是英国的威廉·配第(W. Petty)和约翰·格朗特(J. Graunt)。配第于1676年出版了《政治算术》一书,以一系列分析和大量计算手段清晰地描述了英格兰、荷兰、法兰西和爱尔兰等地的经济、军事、政治等方面的情况,为英国称霸世界提供了各种有说服力的实证分析资料。英国人约翰·格朗特于1662年出版了《关于死亡表的自然观察与政治观察》。他根据伦敦市发表的人口自然变动公报,通过大量观察的方法,对人口的出生和死亡率做了许多分类、计算和研究,发现了人口与社会现象中重要的数量规律性。

"国势学派"又称记述学派或国情学派,产生于17世纪封建制的德国,其主要代表物人是海尔曼·康令(H. Gonring)和高特弗里德·阿亨瓦尔(G. Achenwall)。这一学说最早提出了"统计学"的名称。从1660年开始,康令在西尔姆斯特大学以"国势学"为题讲述一门课程,内容是各个国家的显著事项,方法则是文字叙述,目的是为了满足政治家所必需的知识。阿亨瓦尔在1749年出版的《近代欧洲各国国势学纲要》中,首次使用"统计学"这个名称代替了国势学,阿亨瓦尔认为统计学是关于各国基本制度的学问,其研究对象是一个国家显著事项的整体。这里的"国家显著事项"是指一个国家的领土、人口、财政、军事、政治和法律制度等等,用这些来说明和比较国家的形势,因此称为国势学。

(二)近代统计学时代

这个时代大致是从18世纪末到19世纪末。著名的大数法则、最小平方法、相关与回归分析、指数分析法、时间序列分析法以及正态分布等理论都是在这个时期建立和发展起来的。代表学派主要有数理统计学派和社会经济统计学派。

数理统计学派产生于19世纪中叶,创始人是比利时学者阿道夫·凯特勒(A. Quetelet)。他在统计理论上的主要贡献是把概率论引入了统计学,从而提出了关于统计学的新概念。凯特勒根据大数定律的原理提出了大量观察法,利用统计观察资料计算和研究社会现象和自然现象的数量规律性,并用于预测未来的情况。他创立大数法则,认为统计学就是数理统计学。

社会统计学派产生于19世纪末期,首创者是德国人克尼斯(Knise),主要代表人物有梅尔、恩格尔,认为统计学的研究对象是社会现象,研究方法是大量观察法,提出统计学是一门实质性的社会科学。

(三)现代统计学时代

20世纪初,大工业的发展对产品质量检验问题提出了新的要求,即只抽取少量产品作为样本对全部产品的质量好坏做了推断。因为大量产品要做全面的检验,既费时、费钱,又费人力,加之有些产品质量的检验要做破坏性检验,全部检验已不可能。1907年,"学生"(W. S. Gosset 戈塞特的笔名)发表 t 分布的论文,创立了小样本代替大样本理论,利用 t 统计量就可以从大量的产品中只抽取较小的样本完成对全部产品质量的检验和推断。费雪(R. A. Fisher)又对小样本理论进一步研究,给出了 F 统计量、最大似然估计、方差分析等方法和思想,标志着现代统计学的开端。1930年,尼曼(J. Neyman)与小皮尔逊(E. S. Pearson)

共同对假设检验理论做了系统的研究,创立了"尼曼-皮尔逊"理论,同时尼曼又创立了区间估计理论。美国统计学家瓦尔德(A. Wald)把统计学中的估计和假设理论予以归纳,创立了"决策理论"。这些研究和发现大大充实了现代统计学的内容。

从20世纪50年代以来,统计理论、方法和应用进入了一个全面发展的新阶段。一方面,统计学受计算机科学、信息论、混沌理论、人工智能等现代科学技术的影响,新的研究领域层出不穷,如多元统计分析、现代时间序列分析、贝叶斯统计、非参数统计、线性统计模型、探索性数据分析、数据挖掘等。另一方面,统计方法的应用领域不断扩展,几乎所有的科学研究都离不开统计方法。

三、统计学的研究方法

统计学研究的基础工作是收集数据,目的是探索大量数据的数量特征与规律性,而贯穿于这一过程的统计研究方法主要有大量观察法、描述统计法和推断统计法。

(一) 大量观察法

大量观察法的数学依据是大数定律。大数定律的一般概念是:在观察过程中,每次取得的结果不同,这是由偶然性所致的,但大量、重复观察结果的平均值却几乎接近确定的数值。例如,随机地投掷一枚硬币或骰子出现正面、反面或某个点数是不确定的,完全是偶然的。但我们进行多次的重复投掷,就会发现投一枚均匀硬币出现正面和反面的次数大体相同,即比值接近于1/2。投掷的次数越多,就越接近于1/2这一稳定的数值。这个例子说明,通过多次观察或试验得到大量的统计数据,利用统计方法是可以探索出其内在的数量规律性的。

(二) 描述统计法

描述统计法,就是运用各种表格、图形和数字来概括总体数量特征的方法。在对观察到的大量原始数据进行整理汇总后,可以绘制统计表和统计图来显示总体数量的分布特征,也可以计算得出平均数、变异指标等一系列统计测度值,这些测度值均可以揭示现象在一定条件下的集中趋势和离散趋势等。近年来,随着计算机技术的普及和发展,描述统计法的各种方法都可以借助计算机来实现。

(三) 推断统计法

推断统计法,就是在人们可以控制的范围内,根据样本资料的特征,对总体的特征做出估计和观测的方法。当面对的总体范围很大,甚至是无限总体,或者由于经费、时间或破坏性检验等各种情况时,会使得我们只能在客观上根据局部观察的结果来推断总体的特征。例如,要观察一批灯泡的平均使用寿命,只能从该批灯泡中抽取一小部分进行检验,推断这一批灯泡的平均使用寿命。在研究对象的总体数量关系中,推断统计法是现代统计学的基本方法,它既可以用于对总体参数的估计,也可以用于对总体某些假设的检验,因而它被广泛地应用于统计研究的许多领域。

上述统计研究方法在统计研究过程中的关系可以通过图1-1得到反映。

由图1-1可以看出:统计研究过程的起点是个体数据,终点是客观现象总体的数量规律性。如果我们收集到的是总体数据(如普查),则经过描述统计之后就可以达到统计研究的目的了;如果我们获得的是样本数据,经过大量观察以及对样本数据特征进行描述后,还要用概率论的理论并结合样本统计量的信息对总体做出科学的推断,显然推断统计法是在

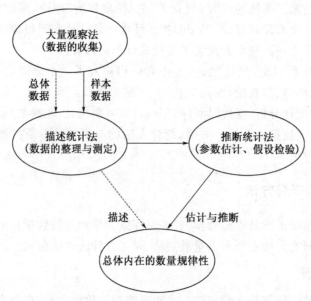

图1-1 统计方法在统计研究过程中的关系

描述统计法的基础上得以进行的。在实践中总体单位很多,加之要考虑时间、费用和人力的投入,难以一一进行调查,所以推断统计法被广泛应用于管理活动的各个领域。

第二节 统计基本要素

一、统计总体和总体单位

(一)统计总体

凡是客观存在的、在至少有某一性质相同的基础上结合起来的许多个别事物(单位)组成的整体,都称为统计总体(简称总体)。例如,要研究A市民营企业的生产经营情况,那么该市的所有的民营企业就构成了一个总体。再如,要研究我国的人口状况,则全国人口就构成一个总体。

总体可分为有限总体和无限总体。有限总体是指总体中的总体单位数可以计数或穷尽的总体。例如一个企业的全体职工、一个国家的全部人口等都是有限总体。如果总体中的单位数是一个无穷大量,或准确地度量它的单位数是不经济或没有必要的,这样的总体称为无限总体。例如在连续生产的生产线上产出的全部零件数,一片树林中生长的林木数,江河湖海中生长的鱼的尾数等。对于有限总体既可以进行全面调查,也可以进行非全面调查。但对于无限总体则只能抽取一部分单位进行非全面调查,据以推断总体。

总体具有三个特点:

1. **同质性**。所谓同质性是指构成统计总体的各个单位必须在某些方面而且至少在某一个方面具备共同的性质。同质性是构成总体的前提。

2. **大量性**。大量性是指总体是由许多总体单位组成的,只有一个单位的总体是不存在的。当然,研究目的不同,统计总体就不一样,总体中所包含的总体单位的数量也就不同,一个总体究竟包含多少总体单位,最终取决于统计研究的目的。

3. 变异性。变异就是事物之间的差异或不同。从统计研究的角度来说,变异性是指构成总体的各个单位之间存在的差别。例如,学生的性别具体表现为男、女,学生的成绩表现为78、85、92分等。

在此,有三个问题需要特别说明:首先,变异是客观的,没有变异的事物是不存在的;其次,变异对于统计非常重要,没有变异就没有统计,这是因为如果总体单位之间不存在变异,我们只需要了解一个总体单位的资料就可以推断总体情况了;第三,变异性和同质性之间相互联系、相互补充,是辩证统一的关系。

(二) 总体单位

构成统计总体的个别单位称为总体单位,或称个体。例如,全部A市民营企业中的每一家民营企业、该市所有人口中的每个人都是总体单位。

(三) 总体与总体单位的相互关系

总体和总体单位的关系是整体与个体、集合与元素的关系,如果说总体是集合的概念,那么总体单位就是集合的元素。两者相互依存、相互联系,不存在没有总体的总体单位,也不存在没有总体单位的总体。

总体和总体单位的具体形式随着统计研究目的的不同而不同,可以是人,也可以是物,还可以是组织(企业或家庭)或时间、空间、行为等。

总体和总体单位的关系不是一成不变的,随着研究目的的变动,两者可以相互转化。在一定研究目的下,一个事物可以作为总体而存在;然而当研究目的发生变化后,这个事物可能就成为总体单位了。例如,当研究A市民营企业的生产经营情况时,全部该市的民营企业就是一个总体,其中的每一家民营企业就是一个总体单位;如果要研究一家民营企业的生产经营情况,那么这家民营企业就成为总体了;如果要研究B省的民营企业的生产经营情况,该省整个民营企业组成总体,而其中A市的民营企业又变成了总体单位了。

二、样本

统计研究的目的是要确定总体的数量特征,但是当总体单位数量很多很多甚至无限时,不必要也不可能对构成总体的所有单位都进行调查。这时,需要采用一定的方式,从总体(又称母体)中抽取一部分单位,作为总体的代表加以研究。这种由总体的部分单位组成的集合称为样本(又称子样)。样本也是由一定数量的单位构成的,样本所包含的总体单位数称为样本容量。

三、标志和指标

(一) 标志

标志是指说明总体单位(个体)特征或属性的名称。例如,A市一家民营企业作为总体单位,其"企业性质""企业类型""生产能力""年产值""销售收入""职工人数""工资总额"等都是标志。

标志按是否可以用数值表示来看,可分为品质标志和数量标志两种类型。品质标志是说明总体单位属性特征的名称,如"企业性质""企业类型"等,品质标志只能用文字而不能用数值表示。数量标志是说明总体单位数量特征的名称,如:"生产能力""年产值""销售收入""职工人数"等,数量标志既可以用文字也可以用数值表示。

由于数量标志的具体表现为一个数值,因此又称为标志值。在同一总体内,对于名称相同的标志,无论总体单位数有多少个,只能算是一个标志,而标志的具体表现则与总体单位数相同。如所有的 A 市民营企业为总体时,共有 1.2 万家企业,对于每家企业(总体单位)而言,产值是数量标志,且对该总体内的所有总体单位而言,也只能算是一个数量标志,但其具体表现(标志值)则有 1.2 万个。

如果按总体单位在标志上的具体表现是否存在差异来看,标志可分为不变标志和可变标志。不变标志体现为总体的同质性,组成一个总体的各个总体单位必须有一个或几个不变标志,不变标志是使许多个别单位组合成一个总体的前提。例如,以 A 市所有的中小民营企业为一总体,这里的各民营企业均有所有制、企业规模这两个不变标志。一家 A 市的中小民营企业如果不具备这两者中任何一个方面特征的话,就不能成为这个总体的一个单位。

可变标志是指具体表现在总体各个单位上不相同或不完全相同的那些标志。一般来说,组成总体的各个总体单位具有许多可变标志。例如,把 A 市所有的中小型民营企业作为一个统计总体,那么厂址、隶属关系、职工人数、资金额、生产能力、工业增加值、工业总产值、劳动生产率、平均工资、利税额等就是这个总体各单位的可变标志。

和标志相联系的另外一个概念是标志表现。所谓标志表现,是指总体单位特征在某一标志上的具体表现。如一个人的性别是"男"年龄"50 岁"民族"汉族";某企业是"股份制公司"、年产值"1 亿元"。和标志一样,标志表现也分为品质标志表现和数量标志表现两种类型。

(二)统计指标

统计指标(指标)是反映社会经济现象总体数量特征的概念和具体数值。例如,要表明 A 市全部民营企业这个总体的数量特征,其数量表现可以有:该市 2005 年底有民营企业 3.9 万家,全年总产值 870 亿元,职工人数 52.04 万人,人均产值 3.6 万元,总产值比上年增长 14%。

单就指标本身而言,其构成主要有两部分。指标名称:指标内容和所包括的范围,即指标质的规定性。指标数值:指数量的特征,是指标量的规定性。统计指标离不开数值。

然而,由于社会经济现象中的事物都是具体的,都是在一定的地点、时间、条件下发生的,其量的表现就必然带有特定场合和特定历史的痕迹。所以,一个完整的统计指标除了包括指标名称、指标数值外,还应包括计量单位、指标的时间范围、指标的空间范围及指标的计算方法等方面的要素。例如,"按可比价格计算,2020 年 A 市实现财政收入总额 182 亿元人民币"。在这个例子中,财政收入总额是指标名称,182 是指标数值,亿元人民币是指标的计量单位,2020 年是指标的时间范围,A 市是指标的空间范围,按可比价格计算是指标的计算方法。显然,上述六个要素在说明总体数量特征方面都是不可缺少的,否则就失去了作为一个统计指标的意义,也就不能称其为指标了。

标志和指标,两者既有区别又有联系。区别有以下四点:

第一,标志是说明总体单位(个体)特征的;而指标是说明总体特征的。

第二,标志中的数量标志可以用数值表示,品质标志不能用数值表示;而所有的指标都是用数值表示的,不存在不能用数值表示的指标。

第三,标志中的数量标志不一定经过汇总,可以直接取得;而指标是由数量标志汇总得来的。

第四,标志一般不具备时间、地点等条件;而作为一个完整的统计指标,一定要有时间、地点、范围。

另外,指标和数量标志之间存在着一定的变换关系。由于研究目的的不同,当原来的总体变成为总体单位时,相应的统计指标也就变成数量标志了(这时,指标名称变成数量标志名称,指标数值变成标志值);反之亦然。例如,在研究 A 市某一民营企业时,该民营企业为总体,其产值为指标,每一个车间为总体单位,车间的产值为数量标志;而当研究 A 市的民营企业时,所有的该市的民营企业则构成一个总体,该市的总产值为指标,而此企业则变成为一个总体单位,其产值则为数量标志了。

（三）统计指标的分类

1. 按其反映的事物性质不同,统计指标可分为实体指标和行为指标两类。实体指标是指它所反映的是具有实物形态、客观存在的具体事物数量特征,如产品产量指标、职工人数指标等;行为指标是指它所反映的是某种行为的数量特征,如工伤事故指标、犯罪行为指标等。

2. 按其数据的依据不同,统计指标可分为客观指标和主观指标两类。客观指标是指其取值依据是对统计对象的实际度量或计数的指标,又称为显性指标,如产品产量、职工人数等都是客观指标;主观指标是指不可能或难以直接度量或计数取值而只能凭人们的感受、评价确定其量的指标,又称为隐性指标,如民意测验、对事物综合评价等指标就属于主观指标。

3. 按其反映社会经济的功能不同,统计指标可分为描述指标、评价指标和预警指标。描述指标是反映社会经济现象的现实状况、变化过程和运行结果的统计指标,如反映生产经营条件的物质技术设备、职工人数等。评价指标是用于考核、评估、比较社会经济活动质量及其效果的统计指标,如设备利用率、资金周转率等。预警指标是对社会经济活动过程中的关键点进行监测,通过与正常值的比较而发出警示的统计指标,如宏观经济中的通货膨胀率、失业率等。

4. 按其反映总体内容的不同,统计指标可分为数量指标和质量指标。数量指标是反映总体范围、总体规模、总体水平的统计指标,也称为外延指标,其表现形式一般为绝对数。如 A 市民营企业数、投资总额等。质量指标是反映总体内部结构、比例以及相互数量关系或发展变化的指标,也称为内涵指标,一般表现为相对数或平均数等,如该市民营企业生产效率、流通费用率等。

5. 按其数量对比关系的不同,统计指标可分为总量指标、相对指标和平均指标三类。总量指标,又称绝对指标或绝对数,是反映总体的规模和现象发展结果的指标,其表现形式为绝对数,一般用以反映总体的总规模、总水平和工作总量。相对指标,又称相对数,是两个有联系的统计指标的对比形成的比率。其表现形式为相对数,一般用来反映总体的内部结构、现象间的数量对比关系和相对水平等。平均指标,又称平均数,是指总体中某一数量标志的一般水平。其表现形式为平均数,一般用来反映总体内某一数量标志的集中趋势等。

四、变异和变量

(一) 变异

变异是指统计中的标志或指标间的差别,也就是标志和指标的具体表现各不相同。如人的性别有男女之别,各时期、各地区、各部门的产值不同,耕地面积不同等,这些差别被称为变异或变差。变异有属性的变异和数值的变异。变异是普遍存在的,是统计的前提条件。有变异才有统计,没有变异就用不着统计了。

(二) 变量

变量是可变的数量标志和统计指标。变量的数值表现就是变量值,也就是可变的数量标志和统计指标的不同取值。变量与变量值不能误用。例如,有工资 2 250 元、2 500 元、2 750 元、3 000 元四个数值,要求计算其平均工资,不能说求这四个"变量"的平均数,因为这里只有"工资"这一个变量,并没有四个变量,所以平均的是"工资"这个变量的四个数值,即四个变量值。

(三) 变量的分类

1. 变量按其取值是否连续,可分为离散变量和连续变量。

离散变量:变量值只能表现为整数。如工人数、工厂数、机器台数等。

连续变量:指其数值连续不断,在相邻的两值之间可无穷分割,表现为无穷小数。如:粮食产量、身高、体重、总产值、资金、利润等。

2. 变量按其所受因素影响的不同,可分为确定性变量和随机性变量。

确定性变量:能在事先确定下来的变量,如中奖人数等。

随机性变量:由各种因素引起,数值随机生成,有多种可能性,事先无法确定,如中奖号码等。

五、统计指标体系

所谓统计指标体系,就是指若干个反映社会经济现象数量特征的相对独立又相互联系的统计指标所组成的整体。例如,一家民营企业把产品产量、净产值、劳动生产率、产品质量、消耗、成本、销售收入等统计指标联系起来就组成了指标体系。这便于人们全面、准确地评价该企业的生产经营情况。

由于社会经济现象内在联系的不同特点,统计指标体系的形成一般有两种类型:一是数学式联系的指标体系,如"商品销售额=商品销售量×商品销售价格","期初库存量+本期购进量=本期销售量+期末库存量"等。二是框架式联系的指标体系,如国家统计局与原国家计委于 1995 年联合制定的"全国人民小康生活水平"的指标体系就包括经济水平、物质生活、人口素质、精神生活和生活环境五大方面,其指标包括人均国内生产总值、人均收入水平、人均居住水平、人均蛋白质摄入量、城乡交通状况、恩格尔系数、成人识字率、人均预期寿命、婴儿死亡率、教育娱乐支出比重、电视机普及率、森林覆盖率和农村初级卫生保健基本合格以上县的百分比率 13 个。

第三节 总量指标和相对指标

一、总量指标的定义

总量指标是反映现象总体总规模、总水平或工作总量的统计指标,也称绝对数。总量指标用绝对数形式表现。例如2012年年末我国总人口数为135 404万人,全年出生人口数为1 635万人,死亡人口数为966万人,这些均为总量指标。此外,一个国家或地区一定时期的土地面积、国内生产总值、企业数、职工人数、产品总量等也都是总量指标。有时它也表现为总量之间的绝对差额,或者是增加额,或者是减少额。

二、总量指标的种类

(一) 按反映现象的内容分类

总量指标按其反映现象的内容不同,可分为总体单位总量和总体标志总量。

1. 总体单位总量表明总体单位数的多少,它是总体单位数的总和,又称为总体总量或总体单位数。例如,调查了解学生总体情况,学生总数就是总体总量指标;了解工业企业生产经营状况,工业企业总数就是总体总量指标。

2. 总体标志总量是反映总体单位某种标志值总和的总量指标,简称标志总量。例如,学生的总成绩,是按每一个学生的学习成绩汇总而来的,因而是学生的总体标志总量;工业企业的工业总产值是根据每一个工业企业的工业总产值汇总而来的,因而是工业企业总体标志总量。

总体单位总量和总体标志总量是相对于一定的总体而言的。如果总体改变了,总体单位总量和总体标志总量也要随之改变。例如,以地质队为统计总体,地质队数是总体单位总量,地质队职工总数是总体标志总量;若以地质队职工为统计总体,则地质队职工总数改变为总体单位总量了。

(二) 按反映事物的时间状况分类

总量指标按其所反映事物的时间状况不同,分为时期指标和时点指标。

1. 时期指标反映社会经济现象在一段时期内发展变化的总量。例如我国2020年全年全社会固定资产投资527 270亿元就是时期指标。此外总产值、商品零售额、工资总额、人口出生数、人口死亡数、学生毕业人数等也都是时期指标。时期指标和时期有直接的联系,它具有可加性,比如一年的商品零售额,是一年中每天零售额的累计。

2. 时点指标反映现象在某一时刻(瞬间)的水平。例如2020年年末我国就业人员约75 064万人、2020年末国家外汇储备约32 165.22亿美元就是时点指标。此外月末的物资库存量、库存额、年末职工人数、设备数量等也都是时点指标。时点指标与时间长短没有直接关系,且不具有可加性。比如,年末职工不是该年每天职工人数的总和。

三、总量指标的计量单位

总量指标具有一定的经济内容,一般都有计量单位。根据总量指标所反映的现象性质和任务的不同,总量指标的计量单位一般分为实物单位、货币单位和劳动单位三种形式。

(一) 实物单位

实物单位是根据事物的自然属性和特点而采用的自然、物理计量单位。实物单位包括自然单位、度量衡单位、双重或多重单位和复合单位。

1. 自然单位

自然单位是根据被研究事物的自然属性而计量的单位。如自行车以"辆"为单位,飞机以"架"为单位、电视机以"台"为单位。

2. 度量衡单位

度量衡单位是按统一的度量衡制度而计量的单位。如长度用"米"、质量用"克"、容积用"升"等。另外,也有的是为了更准确地反映事物的数量,如禽蛋不以"个"为单位,而以"千克"为单位。

3. 双重或多重单位

它是同时采用两种或多种计量单位来表明某一事物的数量。如电动机以"千瓦/台"等为单位,属于双重单位;船舶以"吨/功率/艘"为单位,属于多重单位。

4. 复合单位

复合单位是两种计量单位结合在一起的计量单位。如货运量以"吨公里"为单位、发电量以"千瓦时(度)"为单位。此外,在实物单位中有时把性质相似的各种实物单位折算成标准实物计量单位。如各种牌号拖拉机的功率不同,混合加总计算台数不能准确地反映其实际情况,通常以每15马力折合为1台来计算其标准实物量。

用实物单位计量的总量指标,称为实物指标。实物指标的最大特点是它直接反映产品的使用价值或现象的具体内容,因而能够具体地表明事物的规模和水平。它的局限性就是指标的综合性比较差,不同的实物,计量单位不同,无法进行汇总,因而无法反映国民经济的总规模或总的发展速度。

(二) 货币单位

货币单位是用货币作为价值尺度来计量物质财富或劳动成本。用货币单位计量的总量指标,称为价值指标。如国内生产总值、利润额、固定资产原值等。价值指标的最大特点是具有高度的综合性,因此它的应用十分广泛。其局限性在于脱离了物质的内容,比较抽象。只有当它和实物指标结合使用,才能充分发挥其作用。另外,货币单位分现行价格和不变价格。现行价格是各时期的实际价格,不变价格是在综合反映不同实物量指标总变动时,为了消除不同时期价格变动的影响而采用的固定价格。

(三) 劳动单位

劳动单位是用劳动时间表示的计量单位,是反映劳动力数量及其利用状况的一种复合计量单位。如工日、工时、台时等。工时是工人数和劳动时数的乘积;工日是工人数和劳动日数的乘积;台时是设备台数和开动时数的乘积。如果把生产各种产品所耗费的劳动量相加,就是劳动消耗总量。劳动单位主要用于编制和检查基层企业的生产作业计划以及为实行劳动定额管理提供依据。

四、相对指标的定义

相对指标是由两个有联系的指标数值对比而成,用来说明现象总体相对规模、相对水平和工作质量的指标。相对指标通常用相对数形式表现。比如,人口总体中男女性别比例;社会再生产过程中,第三产业产值在国民生产总值中的比重等。再比如,我国是资源大国,许多矿产资源储量居世界首位,但和我国人口总数相比,人均资源量却是十分贫乏的。

相对指标的意义就在于揭示总体内部的结构、比例、比重等数量关系,确定相关事物之间的数量联系程度。

五、相对指标的表现形式

相对指标的表现形式有两种,即无名数和有名数。

(一) 无名数

无名数是一种抽象化的数值,多以系数、倍数、成数、百分数、千分数等表示。

1. 系数和倍数是将对比的基数抽象化为1而计算出来的相对数。在两个数字对比时,其分子数值和分母数值相差不大时,常用系数表示。如工资等级系数、固定资产磨损系数、标准实物产量的折合系数等。如果分子的数值比分母的数值大很多时,则可使用倍数表示。

2. 成数是将对比的基数抽象化为10而计算出来的相对数。如今年粮食产量比去年粮食产量增长一成以上,即增长十分之一以上。

3. 百分数是将对比的基数抽象化为100而计算出来的相对数,是计算相对指标最常用的一种表现形式,通常以符号"%"表示。在实际工作中,增长百分数多以百分点表示,存款利率提高了1个百分点,则表明银行利率提高了百分之一。

4. 千分数是将对比的基数抽象为1 000而计算出来的相对数。通常以符号"‰"表示。当对比的分子数值比分母数值小很多时,宜用千分数表示。如人口出生率、死亡率多以千分数表示。

(二) 有名数

有名数主要是指强度相对指标的计量单位。它是将相对数中的分子与分母指标的计量单位同时并列,以表明事物的强度、密度、普遍程度等。例如,人口密度用"人/平方千米"表示;每人平均粮食产量用"千克/人"来表示;每人平均国民生产总值用"元/人"表示等。

六、相对指标的计算

相对指标按照对比的标准不同,一般来说,可以分为以下六种,即:结构相对指标、比例相对指标、比较相对指标、计划完成程度相对指标、动态相对指标和强度相对指标。

(一) 结构相对指标

结构相对指标是在对资料进行分组的基础上,以总体总量作为比较标准,求出各组总量占总体总量的比重,来反映总体内部的构成比重的综合指标。其计算公式为:

$$结构相对指标 = \frac{某组总量}{总体总量} \times 100\%$$

其中,总体总量可以是总体单位总量,也可以是总体标志总量。计算结果用百分数或成数表示,各组比重总和等于100%或1,分子与分母不能颠倒。

结构相对指标用于研究总体内各组成部分的分配比重及其变化情况,从而深刻认识事物各个部分的特殊性质及其在总体中所占有的地位和地位的变化。把不同时间的结构相对指标进行对比分析,可以说明现象的变化过程和规律。

例如,表1-1的资料反映了我国2020年国内生产总值的情况。

表1-1 2020年国内生产总值

项目	2020年	
	总值/亿元	比重/%
国内生产总值	1 013 567	100
第一产业	78 030.9	7.7
第二产业	383 562.4	37.8
第三产业	551 973.7	54.5

其中:第一产业增加值占国内生产总值的比重 $= \dfrac{\text{第一产业增加值总额}}{\text{国内生产总值}} \times 100\% = \dfrac{78\ 030.9}{1\ 013\ 567} = 7.7\%$。其他结构指标的计算方法与此类似。

反映某一部分占全体比重的结构相对数也叫比率,在社会经济统计中被广泛应用。例如,中小学入学率、产品合格率、废品率、出勤率、缺勤率、设备利用率等。注意,若总体总量很小,不宜计算结构相对指标。

(二)比例相对指标

比例相对指标是同一总体中一部分数值与另一部分数值之比,表明总体范围之内各个局部之间的比例关系和协调平衡状况。其计算公式如下:

$$\text{比例相对指标} = \dfrac{\text{总体中某一部分数值}}{\text{总体中另一部分数值}}$$

例如,2020年年末我国总人口数为141 212万人,其中男性人口72 357万人,女性人口68 855万人。则人口性别比例 $= \dfrac{72\ 357}{68\ 855} = 105.09 : 100$,或男性人口数为女性人口数的105.09%。

比例相对指标一般用比例或百分数的形式表示。比例相对指标的分子与分母的位置可以互换,从不同的角度说明事物发展变化的程度。如在上例中也可以计算女性人口数为男性人口数的95.16%。

(三)比较相对指标

比较相对指标是指在同一时期,不同空间条件下,两个性质相同的总体之间的不同数量表现的对比,反映现象发展水平的差别程度。比如学期末考试平均成绩1班和2班进行对比;经济发展速度,大连市和青岛市进行对比等。其计算公式为:

$$\text{比较相对指标} = \dfrac{\text{某一事物的指标值}}{\text{另一事物的同类指标值}}$$

例如,甲、乙公司2020年的商品销售额分别为5.4亿元和3.6亿元,甲公司平均每一商品销售额为21.6万元,乙公司平均每一商品的销售额为23.2万元,则甲公司商品销售额为乙公司的1.5倍,即5.4/3.6＝1.5倍,甲公司的销售效率为乙公司的0.93,即21.6/23.2＝0.93。从计算结果来看,虽然甲公司销售额比乙公司多,但劳动效率却比乙公司低,因此甲公司应该在提高劳动生产率方面做出更多的努力,以达到提高经济效益的目的。比较相对指标可以是绝对数对比,也可以是相对数或平均数对比;既可用于不同国家、行业、地区、单位比较,也可用于先进与落后的比较,还可用于与标准水平或平均水平等的比较。

比例相对指标和比较相对指标的区别在于对比指标的分子和分母是否属于同一总体。分属于两个总体的同类指标对比是比较相对指标,而属于同一总体的两个指标对比则为比例相对指标。比例相对指标一般有一个客观的标准,需要各部分比例协调发展,不符合这个比例标准就会造成经济上的破坏和损失;而比较相对指标只是反映客观事物的大小、多少及达到某一标准的情况,不存在比例关系是否协调的问题。

(四) 计划完成程度相对指标

计划完成程度相对指标又称为计划完成程度相对数或计划完成百分比,它是各社会经济现象在某一时间的实际完成数与计划数对比的结果,用于表明预期目的的实现程度。计划完成程度相对指标的数值通常用百分数表示,一般公式为:

$$计划完成程度相对指标 = \frac{实际完成数}{计划数} \times 100\%$$

使用这一公式时,要注意以下几点。

第一,实际完成数值和计划数值的指标含义、计算范围、口径、方法、计量单位以及时间长度等都要求一致。所谓时期一致,包括两个方面:一方面计划期有多长,我们就用该段时期内的实际完成数与之进行对比;另一方面,在检查计划完成进度时,也可以采用计划期内某一段时期的累计实际完成数与全期计划进行对比。

第二,该指标的分子、分母不能互换。即不能用计划数比实际数。因为计划数是用来衡量计划完成情况的标准。所以该指标的分子总是实际完成数,而分母总是计划指标。

第三,判断计划完成程度的好坏应视指标的类型而定。当为正指标时(即数越大越好的指标,如利润等),等于、大于100%为完成和超额完成计划,小于100%为未完成计划;而为逆指标时(即数越小越好的指标,如单位产品成本等),等于、小于100%为完成和超额完成计划,大于100%为未完成计划。

根据统计研究目的和任务的不同,计划完成程度相对数的分母(计划数)可以是绝对数,也可以是相对数。

例如,设某市有三个百货商店,下表中①、②、③、④栏为已知数字资料,我们利用这些资料来计算分析该市三个百货商店第一季度零售额计划完成情况以及上半年零售额计划累计完成情况(见表1-2)。

表 1-2 某市三个百货商店第一季度零售额计划完成情况及上半年零售额计划累计完成情况

商店	计划零售额/万元		实际零售额/万元		第一季度零售额计划完成/%	上半年累计完成计划进度/%
	全年	第一季度	第一季度	第二季度		
	①	②	③	④	⑤=③/②	⑥=(③+④)/①
甲商店	500	100	110	150	110	52
乙商店	650	150	150	110	100	40
丙商店	1 000	250	237.5	262.5	95	50

(1) 分析该市三个百货商店第一季度零售额计划完成情况。其计算公式为：

$$第一季度零售额计划完成百分数(\%)=\frac{第一季度实际零售额}{第一季度计划零售额}\times100\%$$

通过计算，该市甲、乙、丙三个百货商店第一季度零售额计划完成百分数分别为 110%、100%、95%。由此可以看出，该市三个百货商店中，第一季度零售额以甲商店完成情况最好，超额 10%；乙商店次之，刚好完成计划；丙商店完成计划较差，只完成了计划任务的 95%，没有完成预期的计划数。

(2) 分析该市三个百货商店上半年零售额计划累计完成情况。其计算公式为：

$$上半年累计完成计划百分数(\%)=\frac{累计到第二季度止实际完成数}{全年计划数}\times100\%$$

通过计算，累计到第二季度止，甲、乙、丙三个商店分别完成全年计划的 52%、40% 和 50%。结合三个商店第一季度零售额计划完成情况，可以分析说明如下：甲商店上半年零售额计划完成得最好，不仅第一季度超额完成计划 10%，且累计到第二季度止，也已完成全年计划的一半以上。乙商店虽然第一季度完成了计划数，但累计到第二季度止，也只完成了计划的 40%，说明乙商店上半年经营情况存在问题；丙商店虽然第一季度未完成计划数，但通过总结经验，采取措施，使上半年零售额完成了全年计划的一半。说明丙商店上半年经营情况总的趋势是好的。

计划完成程度相对指标不仅可以检查分析部门或企业制订的年或季计划执行情况，而且可以检查分析国民经济发展的中长期（五年或更长时间）的计划执行情况。国民经济发展的中长期计划，依经济现象的性质不同，在下达计划时，有两种情况：一种是规定计划期期末应达到的水平，另一种是规定计划期应达到的总规模。比如，国民生产总值、人均收入等指标，一般是逐年增加的，因而在下达计划时，只需要规定计划期最末年应达到的水平就可以了。而诸如基本建设投资总额、新增生产能力等指标，每年的实际完成量是不均衡的，这样在制订计划时，就只能规定整个计划期内应达到的总规模。在检查中长期计划的执行情况时，主要有两种方法：一种是水平法，一种是累计法。

1. 检查中长期计划执行情况的水平法

如果中长期计划规定的是计划期期末应达到的水平，就用水平法检查其计划执行情况。它包括两个方面：一是确定全期实际是否完成计划，即用计划末期实际所达到的水平和计划规定同时期应达到的水平相比较，计算计划完成程度相对指标。二是确定是否提前完成计划，并计算提前完成计划的时间，即根据连续一年时间的产量和计划规定最后一年的产量相比来确定。只要在计划期内，连续一年完成了计划产量，就是提前完成了计划。提前完成计划的时间是从达到计划水平的那一个月的次日起到计划期最后一年的 12 月止的全部时间。

例如,某产品按五年计划规定,最后一年的产量应达到45吨,计划执行情况如表1-3所示。

表1-3 某产品按五年计划产量

	第一年	第二年	第三年		第四年				第五年			
			上半年	下半年	第一季度	第二季度	第三季度	第四季度	第一季度	第二季度	第三季度	第四季度
产量/万吨	30	32	17	17	9	10	10	12	13	12	12	13

首先,确定该产品产量是否完成了计划。该产品在计划期末年即第五年的产品产量实际达到13+12+12+13=50万吨;计划规定最后一年的产量应达到45万吨,所以该产品的计划完成程度相对指标为50/45×100%=111%,即该产品超额11%完成了产量计划。

其次,确定该产品是否提前完成了计划。因为从第四年第二季度开始到第五年第一季度止,连续一年的产量累计已达到计划规定的45万吨,所以可以确认该计划已提前完成。提前完成计划的时间为3个季度。

2. 检查中长期计划执行情况的累计法

如果中长期计划规定的是计划期内应达到的总规模,就用累计法检查其计划执行情况。它也包括两个方面:一是确定是否完成计划,即用整个计划期内实际完成的累计数和计划数对比,计算其计划完成程度相对指标。二是确定是否提前完成了计划。如果从计划执行之日起,累计实际数量已达到计划数,即为提前完成了计划。提前完成计划的时间是从累计达到计划数的那一个月的次日起到计划期最后一年的12月止的全部时间。

例如,某地区第十三个五年计划规定其基本建设投资总额为20亿元,实际执行结果为21亿元,假定截至2020年6月15日,实际完成投资总额累计已达到20亿元,则用累计法检查该计划执行情况的步骤如下:

首先,计算计划完成程度指标为21/20×100%=105%,即超额完成了计划。

其次,确定是否提前完成计划。因为截至2020年6月15日,实际完成投资总额累计已达到计划规定的20亿元。因而可以确认该地区提前完成了计划,提前完成计划的时间为6个半月。

以上所谈的计划数,都是用总量指标来规定的。此外,还有一部分计划数是用提高或降低的百分比来规定的。比如规定劳动生产率提高百分之几,成本水平降低百分之几等。对于这类计划指标,计算其计划完成程度相对指标检查其计划完成情况时,就不能直接用实际提高率和计划提高率进行对比或者用实际降低率和计划降低率进行对比。

例如,某企业计划规定劳动生产率比上年提高10%,实际提高了15%。

这时若计算计划完成程度相对指标为15%/10%=150%,即实际比计划超额完成了50%,计算结果显然是不合理的。为什么?因为计划指标是在上一年实际水平的基础上规定的。假设上期的实际水平为100%,那么本期的计划水平则为(10%+100%),即110%;同样,实际提高的百分比也是以上期实际水平为基础得出的,即本期实际水平为(15%+100%),即115%。而计划完成程度相对指标是用实际水平和计划水平对比求得的,它说明实际水平是计划水平的多少。所以,该企业报告期劳动生产率计划完成程度相对指标为:

$$\frac{报告期劳动生产率实际水平}{报告期劳动生产率计划水平} \times 100\% = \frac{115}{110} \times 100\% = 104.5\%$$

即该企业报告期劳动生产率计划超额完成4.5%。这和用15%与10%直接对比计算得出的150%相去甚远。实际上,直接对比,只是实际与计划的增长部分而不是两个水平之比,不符合计划完成程度相对指标的基本含义。因而计算结果是不正确的。

如果计划指标是计划降低百分比,计算完成程度相对指标时,同样不能用实际降低率和计划降低率直接对比,而应用实际水平和计划水平对比。计算出来的计划完成程度相对指标,若低于100%,则说明超额完成了降低计划。总之,用相对数计算计划完成程度相对指标时一定要注意包含原有基数,还要注意百分数与百分点的区别。

(五) 动态相对指标

动态相对指标也称作发展速度指标。它是指某一指标不同时间上的数值对比而得到的相对数,用来反映现象的发展速度,并据以推测现象发展变化的趋势。通常把作为比较标准的时期叫基期,把用来与基期对比的时期叫做报告期。其计算公式为:

$$动态相对指标(\%) = \frac{报告期指标}{基期指标} \times 100\%$$

动态相对指标是一种重要的、常用的相对指标。其表现形式和计算方法在后面章节中详细介绍。

(六) 强度相对指标

强度相对指标是两种性质不同而又有联系的属于不同总体的总量指标之间的对比,用于说明现象的强度、密度和普遍程度。例如,把粮食产量和人口数进行对比,计算每人能分摊到多少公斤粮食;把全国铁路里程和土地面积进行对比,计算每平方公里铁路密度指标;将医院床位数和人口数进行对比,计算每千人口拥有的医院床位数等。强度相对指标的计算公式为:

$$强度相对指标 = \frac{某现象总量指标}{另一有联系但性质不同的现象的总量指标} \times 100\%$$

例如,2020年年末我国人口141 212万人,国土面积为960万平方千米,则人口密度=141 212/960≈147(人/平方千米)

有些强度相对指标对比的两个数值,可以互为分子和分母,因而强度相对指标有正指标和逆指标之分。正指标的数值大小与现象的发展程度或密度成正比,逆指标的数值大小与现象的发展程度或密度呈反比。例如,某城市人口200万人,有医院床位40 000张,则:

$$每千人拥有的医院床位数 = \frac{医院床位数}{人口数(千人)} = \frac{40\ 000(张)}{2\ 000(千人)} = 20(张/千人)$$

每千人拥有的医院床位数为正指标,相应地每张医院床位负担的人口数,其数值大小与医疗卫生对居民服务的保障程度成反比,为逆指标,该指标数值越小说明对居民的医疗保证程度越高。

强度相对指标的计量单位为复名数。但也有一些强度相对指标用"千分数"或"百分数"等无名数形式表示。如人口自然增长率用千分数表示,流通率用百分数表示等。强度相对指标应用广泛,它可以反映国民经济和社会发展的基本情况,反映生产条件和公共设施的配备情况,也可以反映经济效益的情况。

本章内容导图

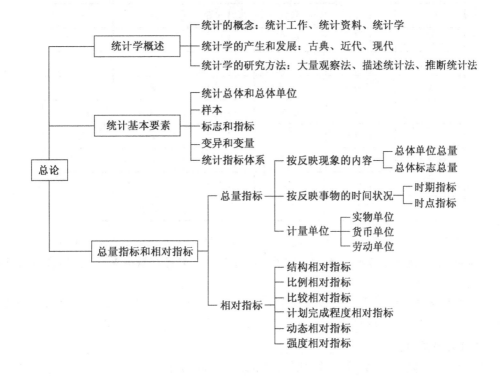

思政案例实务:援鄂医疗队数据统计

2020年是令人难以忘怀的一年。面对新冠疫情这一重大公共卫生事件,面对前所未知、来势凶猛的疫情,以习近平同志为核心的党中央带领全国人民经过艰苦卓绝的努力,疫情防控取得重大战略成果;我们既打好了全国范围的人民战争、总体战、阻击战,也成功赢得了局部地区的歼灭战;我们不仅稳住了国内,构筑起坚固防线,而且携手国际,为全球抗疫贡献了"中国方案";我们一手抓疫情防控、一手抓经济社会发展,统筹推进疫情防控和经济社会发展。

在习近平总书记的亲自指挥、亲自部署下,举世赞誉的战疫"中国方案",打法科学、施策精准、成效显著,充分展现了中国共产党的领导和我国社会主义制度的显著优势,充分展现了中国人民和中华民族的伟大力量,充分展现了中华文明的深厚底蕴,充分展现了中国负责任大国的自觉担当,极大增强了全党全国各族人民的自信心和自豪感、凝聚力和向心力。全国人民在中国共产党与习近平总书记的领导下打了一场漂亮的抗疫战斗。在这场战斗中最平凡也最美丽的就是我们的"白衣天使"——来自全国各地的援鄂医疗队。

【思政案例】

截至2020年3月1日,全国累计派出344支国家医疗队(含中医、含军队,其中中医17支,军队3支),42 322名医务人员(其中中医739人,军队3 844人),医生总数11 416人(其中中医217人,军队900人)、护士总数28 679人(其中中医505人,军队2 158人)驰援湖北。

各省份援鄂医疗队人数　　　　　　　　　　　　　　单位：人

省/市	人数	省/市	人数	省/市	人数
北京	1 215	江苏	2 757	广西	961
天津	1 289	浙江	1 985	海南	843
河北	1 090	安徽	1 324	重庆	1 614
山西	1 509	福建	1 366	四川	1 458
内蒙古	798	江西	1 201	贵州	1 401
辽宁	2 045	山东	1 782	云南	1 132
吉林	1 179	河南	1 262	陕西	919
黑龙江	1 534	湖南	1 458	甘肃	776
上海	1 608	广东	2 452	青海	239
宁夏	787	新疆	387	兵团	107

当按省份统计全国援鄂医疗队情况时，全国援鄂医疗队为统计总体，各省份援鄂医疗队为总体单位，某省援鄂医疗队人数为该省的标志，全国援鄂医疗队人数为指标，各省份援鄂医疗队人数构成变量。

全国派出医疗队 344 支为总量指标中的总体单位总量，医务人员 42 322 名为总量指标中的总体标志总量，以上指标均为一段时期内发展变化的总量，即时期指标。

【思政案例实训】

疫情中还有哪些统计数据？试说明其中的统计总体、总体单位、标志、指标、总体单位总量、总体标志总量、时期指标、时点指标、相对指标等。

【思政案例启示】

志不求易者成，事不避难者进。今天，我们正站在"两个一百年"奋斗目标的历史交汇点上，世界百年未有之大变局加速演进，国内改革发展稳定任务艰巨繁重，对新时代的大学生提出了更加严格的要求。下一步要构建新发展格局、统筹国内国际两个大局、办好发展和安全两件大事、推进国家治理体系和治理能力现代化等等，新时代的大学生要把抗疫精神转化为继续前行的无穷力量，把抗疫经验转化为开创新局的强大动能，凝心聚力、众志成城，为民族的前途命运不断奋斗，为祖国的未来而奋斗。

第二章

统计调查

第一节 统计调查概述

一、统计调查的概念

统计调查是根据统计任务的要求,运用科学的调查方法,有计划、有组织地向社会搜集统计资料的过程。统计调查是统计工作的基础环节,是认识事物的起点。

统计调查搜集来的资料有两种:一种是对调查单位未做任何加工整理的原始资料,又称为初级资料;另一种是次级资料,即已经经过某个部门或地区加工整理的综合说明某个部门或地区综合情况的统计资料。

二、统计调查的种类

(一)按调查的组织方式不同,分为统计报表和专门调查

统计报表是国家统计系统和专业部门为了定期取得系统、全面的统计资料而采用的一种搜集资料的方式。它是按照国家统一规定的调查要求和表格形式,自上而下统一布置、自下而上逐级提供统计资料的一种统计调查方式,目的在于获取反映国家政治、经济、文化等方面的基本统计资料,为进行宏观调控和各相关部门制定政策提供依据。

专门调查是为了了解和研究某一特定现象或专门问题而专门组织的统计调查。如人口普查、经济普查、在校贫困大学生状况调查、高校教育质量调查等。专门调查包括普查、抽样调查、重点调查和典型调查等几种调查方式。

(二)按调查对象包括的范围不同,分为全面调查和非全面调查

全面调查是对构成调查对象的全部单位进行无一遗漏的调查登记的一种统计调查方式,包括全面统计报表和普查。如为全面掌握全国人口的基本情况,每隔10年进行一次的人口普查,属于全面调查。

非全面调查是对调查对象中的一部分单位进行调查登记的一种统计调查方式,包括非全面统计报表、抽样调查、重点调查和典型调查。如要了解城市职工的生活情况而对选出的一部分职工家庭进行的调查,要了解市场物价的变动情况而对选出的一部分商品进行的调查。

(三)按调查登记的时间是否连续,分为经常性调查和一次性调查

经常性调查又称连续性调查,指随着调查对象情况的变化,随时进行连续不断的登记的一种统计调查方式。如对工业企业增加值、产品产量、原材料消耗量等在观察期内连续登

记,这些指标的数值变动很大,必须进行经常登记才能满足需要。经常性调查获取的统计资料,能够反映社会经济现象在一定时期内的总量,它一般适用于对时期现象进行调查。

一次性调查又称不连续调查,是指间隔一定时间,一般是相当长的时期进行的调查登记。如土地面积调查、每隔5年进行一次的经济普查、每隔10年进行一次的人口普查、机器设备台数登记等。这些调查对象的指标数值在一定时期内变动不大,不需要进行连续不断的登记,而只需要间隔一定的时间进行登记即可满足需要。一次性调查所获取的资料反映现象在某一时刻(瞬间)的水平,它一般适用于对时点现象进行调查。

(四)按收集资料的方法不同,分为直接观察法、报告法、采访法、网络法和实验法

直接观察法是由调查人员亲自到现场对调查单位直接查看、测量和计量以取得统计资料的一种调查方法。如进行农作物产量调查,调查人员亲自参加抽选样本、收割、脱粒、称重等工作;为了解生猪存栏头数,调查人员亲临养猪场对生猪头数进行清点。直接观察法可以保证所收集的资料具有较高的准确性,但这种方法需要花费较多的人力、物力和时间。

报告法是指由基层单位以各种原始记录、统计台账和核算资料为基础,按有关规定和隶属关系逐级向上提供统计资料的一种调查方法。我国各地区、各部门、各单位所采用的统计报表,就是采用报告法取得资料。

采访法是由调查人员向被调查者提问,根据被调查者的答复取得调查资料的一种调查方法。它又分为个别访谈法、开调查会法、邮寄调查法和计算机辅助调查法。

网络法是调查人员利用互联网与被调查者进行交流,从而获得统计资料的一种调查方法。网络法可以将调查表或问卷直接放在网站上,在规定的时间内由被调查者填写,也可以通过电子邮件方式将调查表或问卷发给被调查者,被调查者填写完成后再通过电子邮件返回。

实验法是指设置专门的现实场景,由调查人员在现场通过亲身体验、观察、访问获取统计资料的一种调查方法。

第二节 统计调查方案

统计调查是一项复杂细致的工作,正确制定统计调查方案是保证统计调查有计划、有组织地进行的首要步骤,是统计设计在统计调查阶段的具体化。一个完整的统计调查方案应该包括以下几个方面的内容。

一、调查的任务和目的

不同的研究目的和任务,决定着不同的调查内容和范围。只有明确调查的任务和目的,才能据以去想调查对象、内容和方法。调查的任务就是为管理和决策部门提供相关的、准确的、可靠的、有效的和当前的信息。确定调查目的,就是明确在调查中要解决哪些问题,通过调查要取得什么样的资料,取得这些资料有什么样的用途等问题。例如,调查第三产业发展情况,就可能有各种目的。如果说目的是要了解第三产业发展规模,就要对第三产业进行普查,相应地制定普查方案。如果说目的是要研究第三产业在国民经济发展中的作用,以及与第一、二产业的结构比较,这样就不仅要了解第三产业的发展现状,而且还要了解第三产业

过去的发展情况以及第一、二产业的发展情况。

二、调查对象和调查单位

（一）调查对象

调查对象是指我们需要进行研究的总体范围，是根据调查目的所确定的研究事物的全体，统计总体这一概念在统计调查阶段称为调查对象。例如：2020年第七次人口普查规定："人口普查对象是具有中华人民共和国国籍并在中华人民共和国境内常住的人。"再比如，对某地区小学学生情况进行普查，则调查对象是该地区各小学的全部学生。

（二）调查单位

调查单位是指构成调查对象的每一个单位，即总体单位，是需要进行登记的标志（项目）的承担者，说明谁来提供资料的问题。例如：人口普查中每个人就是调查单位。再比如，对某地区小学学生情况进行普查，则调查单位是该地区各小学的每一位学生。

（三）填报单位

填报单位也称报告单位，是指负责向上级汇报调查内容、提交统计资料的单位。调查单位是调查项目的承担者。填报单位一般是行政上、经济上具有一定独立性的单位，而调查单位可以是人、单位、也可以是物。两者有时一致，有时不一致。如：在工业企业普查中，每个工业企业既是调查单位又是填报单位。再比如，工业企业设备调查中，每一台设备是调查单位，而每一工业企业是填报单位。

三、调查项目和调查表

（一）调查项目

调查项目就是调查中所要登记的调查单位的特征，这些特征在统计上又称标志。确定调查项目所要解决的问题是：向调查单位调查什么？反映调查单位特征的标志是多种多样的，在调查中确定哪些调查项目，应根据调查目的和调查单位的特点而定。

（二）调查表

在统计调查中还必须设计制作调查表。所谓调查表就是根据调查目的所确定的具体调查项目，也就是统计调查所研究的内容，调查表所要解决的问题是：向调查单位调查什么。

调查表是调查方案的核心部分，必须紧紧围绕调查目的、现象之间的相互联系，从现象的过去、现在和发展等方面出发，提出所要调查的项目，拟定调查表。

调查表一般由表头、表体和表脚组成。表头：用来表明调查表的名称以及填写调查单位的名称、性质、隶属关系等。表体：这是调查表的主要部分，包括统计调查所要说明的社会经济现象的项目和这些项目的具体表现亦即数字、计算单位等。表脚：包括调查者的签名和调查日期等，以便明确责任，若发现问题，便于查询。

调查表的形式一般有两种：单一表和一览表。单一表是在一张表上只登记一个调查单位的调查资料，它可以容纳较多的调查项目，适于较详细的统计调查。一览表是在一张表上登记若干个调查单位的调查资料，它的调查项目不宜过多，这种表的使用节省人力、物力，而且一目了然。

四、调查时间和调查期限

(一)调查时间

调查时间是指调查资料所属的时间(时期或时点)。如是时期现象,就要明确规定资料所反映的调查对象从何年月日起至何年月日止的资料。如调查的是时点现象,就要规定统一的标准时间。例如 2020 年第七次人口普查的标准时间是 11 月 1 日 0 时,2020 年 11 月 1 日 0 时便是第七次人口普查的调查时间。

(二)调查期限

调查期限是指进行调查工作的时间,包括搜集资料和报送资料的整个工作所需要的时间。比如,第七次人口普查登记工作从 11 月 1 日 0 时开始,到 11 月 10 日前结束,调查期限为 10 天。再比如,某管理局要求所属企业在 2021 年 1 月底上报 2020 年工业总产值资料,则调查时间是从 2020 年 1 月 1 日到这一年的 12 月 31 日,上报的总产值为这一年的总产值;调查期限是一个月。若管理局要求所属企业在上报 2020 年产成品库存资料,则调查时间是 2020 年 12 月 31 日,调查期限是 10 天(工业总产值是时期现象,产成品库存是时点现象)。

五、调查工作的组织实施计划

调查工作的组织实施计划是有关调查工作的具体安排。它的内容主要包括:调查工作的组织领导机构和调查人员的组织;调查的方式和方法;调查前的准备工作,包括宣传教育、调查员的培训、文件资料印刷等;调查资料的报送方法;调查经费的预算、筹措与开支办法;提供或公布调查成果的时间安排等。

编制大规模统计调查方案时,还应组织试点调查,所谓试点调查,即选择一个合适的地区,依据调查方案的规定,进行一次试验性的调查。其目的在于,检验调查方案的可行性,以便总结经验,修正补充调查方案。同时也可训练调查干部,使他们更加熟悉调查方案的具体内容。

第三节 问卷设计

问卷调查是一种特殊的调查形式,常用于民意测验或市场调查。根据调查目的,在调查对象中随机选择或有意识地确定调查单位,以书面文字或表格形式了解被调查者的意见,调查者自愿、自由地回答问卷中所提出的问题。调查问卷的设计是调查方案设计的核心内容。

一、问卷的一般结构

一份完整的调查问卷通常具有以下结构。

(一)问卷的标题

问卷的标题概括说明调查的主题,使被调查者对要回答什么方面的问题有一个大致的了解。标题应简明扼要,易于引起回答者的兴趣。如"汽车消费状况调查""学生逃课行为调查""大学生消费状况调查"等,而不能只写"问卷调查",这样容易引起调查者因不必要的怀疑而拒答。

(二) 问卷说明

问卷说明一般放在问卷开头,通过它可以使被调查者消除顾虑,积极合作,正确填写问卷调查表。问卷说明一般以简短的信息出现,旨在向被调查者说明调查的目的、意义。对自填式问卷还有填表须知、交表时间、地点及其他事项说明书等。

(三) 被调查者基本情况

关于被调查者基本情况的资料主要包括被调查者的性别、年龄、婚姻状况、家庭人数、家庭/个人收入、职业、教育程度等信息。又如,对企业调查中的企业名称、地址、所有制性质、主管部门、职工人数、商品销售额(或产品销售量)等情况。通过这些项目,便于对调查资料进行统计分组、分析。在实际调查中,列入哪些项目,列入多少项目,应根据调查目的、调查要求而定,并非多多多益善。

(四) 调查主题内容

调查主题内容是研究者所要了解的基本内容,也是调查问卷中最重要的部分。它主要是以提问的形式提供给被访者,这部分内容的质量直接影响整个调查的价值。调查主题内容主要包括以下几个方面。

(1) 被调查者行为资料。如购物、旅游、服务的具体活动与行为。

(2) 行为后果调查资料。

(3) 被调查者态度资料。态度资料是关于被调查者对本人或他人(或事件)能力、兴趣、意见、评价、情感、动机等方面的态度。

(五) 编码

编码是将问卷中的调查项目变成代码数字的工作过程。在问卷设计时,应确定每一个调查项目的编号和为相应的编码做准备。与此同时,每份问卷还必须有编号,此编号除了顺序号外,还应该包括与该样本单位有关的抽样信息。

(六) 作业证明的记载

在调查表的后面,常需附上调查员的姓名、调查日期、访问开始/结束时间、调查员签名、督导员签名、问卷编码员签名、录入员签名等,以明确调查人员、督导人员、编码人员、录入人员完成的任务。有必要的话,还要写上被访者的姓名、单位和家庭住址、电话等,以便于审核和进一步的追踪调查,但对于一些涉及家庭隐私的问卷,上述内容则不列入,必要时需经过被访者同意后方可列入。

二、问卷设计的程序

(一) 准备阶段

1. 明确调研主题和调查项目的信息

在正式编写问卷之前,设计者要明确需要哪些资料及这些资料如何去获取,有哪些问题必须包含在问卷中,需要向谁调查,也就是要先找出变量或变量群,再建立变量群间的关系,然后根据此种关系绘制问卷设计流程图。这样在设计问题时,有一定的思路,不致产生疏漏,同时可以避免产生不必要的问题。另外,研究者可以随时验证其问卷结构是否合乎逻辑。

2. 分析调查对象的各种特征

分析调查对象的各种特征即分析各被调查者的社会阶层、行为规范、社会环境等社会特征,文化程度、知识水平、理解能力等文化特征,需求动机、行为等心理特征,以此作为拟订问卷的基础。这一阶段应充分征求有关各类人员的意见,以了解问卷中应包含的问题,力求使问卷切合实际,能够充分满足各方面分析研究的需要。

(二) 初步设计

初步设计主要是确定问卷的结构,拟订并编排问答题。

1. 确定调查方式和问卷类型

在明确了需要获得的信息以后,就要确定调查方式和问卷类型。不同的调查方式所采用的问卷类型是不同的,研究者应考虑研究目的、研究对象、资料分析和解释的种类,确定问卷的类型。

2. 确定问卷的内容

根据问卷设计流程图,确定问卷中具体包括哪些问题,这些问题应询问些什么内容。在确定所包含的问题及问题的内容时,要确保能将所要调查的问题明确地传达给被调查者,并取得真实、准确的答案。因此在这一阶段要以被调查者为中心考虑问题。

(1) 检查问题是否必要。与研究目的无关的问题,不仅增加了调查者和被调查者的负担,也浪费了时间和费用,因此与研究主题无关的问题应该剔除。

(2) 检查问题的内容被调查者能否回答。如果被调查者不能回答或进行臆测式回答,会影响问卷的准确程度。

(3) 检查问题的内容被调查者愿意不愿意答复。如果被调查者了解问题的含义,也具备回答的条件,但不愿意回答,即拒答,会影响调查的效果。

(4) 检查问题是不是需要被调查者搜集资料才能回答。如果所问问题专业性比较强,需要被调查者查询资料或仔细思考才能回答,被调查者往往不愿接受调查。

3. 决定问题的形式

问题的形式主要有:直接性问答题、间接性问答题和假设性问答题;开放型问答题和封闭型问答题;事实性问答题、行为性问答题、动机性问答题和态度性问答题。不同题型有不同的优缺点和适用范围。

4. 确定问题的措辞

问题的措辞,就是将已定类型和内容的问题转化为标准提问的依据以及被调查者能够理解并据其回答的问题。相同的问题,因措辞不同,可能得到完全不同的结果。对于问题的措辞,应注意以下几点。

(1) 避免提过于笼统、抽象的问题和使用专业化术语。

(2) 避免使用不确切的词。

(3) 避免使用语义不清、含混或模糊的语言。

(4) 避免使用引导性提问。

(5) 避免提断定性的问题。

(6) 避免提令被访问者难堪、禁忌和具有敏感性的问题。

(7) 问句要考虑时间性。

(8) 拟定问句要有明确的界限。对多文化多地区的比较研究,应注意同一个词的不同含义。

(9) 避免双重提问。

(10) 避免使用复杂句。

5. 决策问题的顺序

问卷结构需具有顺序性,即逻辑的连续性,调查者依据问卷流程图可以看清楚问卷的结构是否符合逻辑程序,一般应注意以下几点。

(1) 先易后难,先熟悉后生疏。

(2) 先封闭性问题后开放性问题。

(3) 先一般性问题后敏感性问题。

(4) 先行为资料、态度资料,后基本资料。

(5) 专业性强的具体细致问题应尽量放在后面。

(6) 对相关联的内容进行系统的整理,使被调查者不断增加兴趣。

(7) 按逻辑顺序排列。

①时间上要由远到近(或由近到远)。

②由浅入深按思维逻辑顺序排列。

③按具体内容分门类模块化设计。把问卷分为若干个功能块,每个功能块由若干个问题构成。

6. 确定问卷的版面格式

问卷的版面格式将影响调查者询问或被调查者答题时的意愿及情绪,从而影响调查的质量。确定问卷的版面格式时应注意以下几点。

(1) 问卷要整齐清楚,注重纸质及印刷质量,低档的纸张和粗糙的印刷会引起副作用。

(2) 适当的图案或图表能调动被调查者的积极性。

(3) 问卷应有足够的空间供填写答案用,同时考虑数据处理的方便性。

(4) 重要的地方要加以强调,引起被调查者的注意。

(5) 避免将一个题目印到两页,各个题目之间应有一定的间隔,以增加可读性。

(6) 问卷应装订在一起,防止数据丢失。

(三) 问卷的试答和修改

在问卷设计完成后,正式调查前,研究者应在小范围内,按问卷内容实施预测试,以检验问卷有无矛盾或不妥之处。首先,必须将问卷交付委托单位审核,听取委托方的意见,力求问卷能够全面、清楚地表达委托人的调研意向;其次,挑选样本进行预测试,预测试的样本在20~30个之间即可。一般来说,要求被调查者的特征和正式调查时的样本结构相同或相似,才能达到预测试的效果。问卷测试的内容包括所有的问卷问题、问卷构思、问题顺序、问题难度、问题指导等。预测试效果最好采用派员访问调查的方式,此种方式可使调查者同受访者讨论作答时的感受,同时预测试的经验可作为训练调查员的参考依据。

(四) 修改及定稿、印刷

经过预测试后,对于出现的问题要立即修改,修改后便将问卷定稿,准备印刷。

第四节 统计调查的组织形式

一、统计报表制度

（一）统计报表的概念

统计报表制度是一种自上而下布置，自下而上通过填制统计报表搜集数据的制度。统计报表是一种以全面调查为主的调查方式，它是由政府主管部门根据统计法规，以统计表格形式和行政手段自上而下布置，而后由企、事业单位自下而上层层汇总上报逐级提供基本统计数据的一种调查方式。

（二）统计报表的种类

1. 按调查范围，统计报表可分为全面统计报表和非全面统计报表。全面统计报表要求调查对象中的每一个单位都要填报。非全面统计报表只要求调查对象的一部分单位填报。
2. 按填报单位不同，分为基层统计报表和综合统计报表。基层统计报表是由基层企、事业单位填报的报表。综合统计报表是由主管部门或部门根据基层报表逐级汇总填报的报表。综合统计报表主要用于搜集全面的基本情况，此外，也常为重点调查等非全面调查所采用。
3. 按报送周期长短不同，分为日报、周报、旬报、月报、季报、半年报和年报。周期短的，要求资料上报迅速，填报的项目比较少；周期长的，内容要求全面一些。日报和旬报称为进度报表，主要用来反映生产、工作的进展情况。月报、季报和半年报主要用来掌握国民经济发展的基本情况，检查各月、季、年的生产工作情况。年报是每年上报一次，主要用来全面总结全年经济活动的成果，检查年度国民经济计划的执行情况等。
4. 按报表内容和实施范围不同，分为国家统计报表、部门统计报表和地方统计报表。国家统计报表是国民经济基本统计报表，由国家统计部门统一制发，用以搜集全国性的经济和社会基本情况，包括农业、工业、基建、物资、商业、外贸、劳动工资、财政等方面最基本的统计资料。部门统计报表是为了适应各部门业务管理需要而制定的专业技术报表。地方统计报表是针对地区特点而补充制定的地区性统计报表，是为本地区的计划和管理服务的。

（三）统计报表资料的来源

统计报表资料来源于填报单位的原始记录，从原始记录到统计报表，中间还要经过统计台账和内部报表。因此，建立健全原始记录和统计台账，完善基层单位的基本统计核算是保证统计报表质量的重要问题，应切实做好。

1. 原始记录

原始记录是企事业单位采用一定的表格形式，对其生产经营和业务管理活动所做的第一手的数字或文字记载，是未经过加工整理的最初原始材料。例如，工厂的产品产量、质量记录、工作出勤和工时记录、领料单、企业事业单位的现金收支凭证、粮食入库单等都是原始记录。

原始记录由时间、项目、数量三部分构成。原始记录的设置随着企业的生产类型、组织机构和管理水平的不同而不同,一般可概括为综合性原始记录和专用原始记录两种基本形式。在机械加工制造方面,常采用以生产者为记录对象的综合性的原始记录,如个人生产记录(见表2-1),用以记录个人班次作业中的产量与工时情况,反映生产活动过程和结果。专用原始记录是反映某项生产经营活动情况的,如领料单(见表2-2),它可以采用一料一单或多料一单的形式。

表 2-1 个人生产记录

生产者_____

日期	产品		零件		工序		单位定额	计划件数	完成件数	实用工时	停工		检验结果			
	号	名称	号	名称	号	名称					工时	原因	返修	工废	料废	检验员

表 2-2 领料单

____年____月____日 编号:_____

原材料名称	单位	规格	请领	实发	单价	金额	备注

原始记录的内容,要根据各个基层单位的具体情况来确定。一套完整的原始记录应包括:记录项目和记录表格、负责记录的人员、各种原始记录每次记录的份数、传递的路线和报送的时间等内容。建立和健全原始记录,不但对于编制和填报统计表有重要意义,而且对于加强企业管理、搞好经济核算、贯彻按劳分配也有重要意义。

2. 统计台账

统计台账是基层单位根据编制报表和本单位经营管理工作的需要,按时间顺序设置的一种系统积累统计资料的表册,如劳动工时台账、设备台账、产品台账等(见表2-3)。

表 2-3 产品零件台账

_____机械厂　　　　　　　　　　_____车间零件库

年		产品名称	零件名称	图号	零件收入		零件发出		废品		累计结存	备注
月	日				当日	累计	当日	累计	当日	累计		

3. 内部报表

为满足编制统计报表的需要,还应在基层单位设置内部报表。基层单位的内部报表,主要是为本单位领导提供资料和为填报上级规定的统计报表而编制的,一般由单位内部各科室、班组和有关人员填报,最后交主管统计工作的科室汇总。

二、普查

普查,是指一个国家或者一个地区为详细调查某项重要的国情、国力,专门组织的一次性大规模的全面调查,其主要用来调查不能够或不适宜用定期全面的调查报表来收集的资料,来搞清重要的国情、国力。如人口普查就是对全国人口一一进行调查登记,规定某个特定时点(某年某月某日某时)作为全国统一的统计时点,以反映有关人口的自然和社会的各类特征。普查一般要遵循以下原则。

1. 必须统一规定调查资料所属的标准时点。
2. 正确确定调查期限、选择登记时间。为了提高资料的准确性,一般应选择在调查对象变动较小和登记、填报较为方便的时间,并尽可能在各普查地区同时进行,力求最短时间完成。
3. 规定统一的调查项目和计量单位。同种普查,各次基本项目应力求一致,以便历次普查资料的汇总和对比。
4. 普查尽可能按一定周期进行,以便于研究现象的发展趋势及其规律性。

我国普查实行规范化和制度化,每逢末尾数字为"0"的年份进行人口普查、末尾数字为"3"的年份进行第三产业普查、末尾数字为"5"的年份进行工业普查、末尾数字为"1"或"6"的年份进行统计的基本单位普查。

三、重点调查

重点调查是指在全体调查对象中选择一部分重点单位进行调查,以取得统计数据的一种非全面调查方法。由于重点单位在全体调查对象中只占一小部分,调查的标志量在总体中却占较大的比重,因而对这部分重点单位进行调查所取得的统计数据能够反映社会经济现象发展变化的基本趋势。

重点调查的目的是反映现象整体的基本情况。一般来说,当调查任务只要求掌握基本情况,而部分单位又能比较集中地反映所研究的项目和指标时,采用重点调查比较适宜。但由于重点单位的指标数值不能完整地反映总量,也不具备推断整体总量的条件。

重点调查的主要特点是:投入少、调查速度快、所反映的主要情况或基本趋势比较准确。重点调查的主要作用在于反映调查总体的主要情况或基本趋势。重点调查根据研究问题的不同需要,可以采取一次性调查,也可以进行定期调查,一次性调查适用于临时调查任务。

四、典型调查

典型调查是根据调查目的和要求,在对调查对象进行初步分析的基础上,有意识地选取少数具有代表性的典型单位进行深入细致的调查研究,借以认识同类事物的发展变化规律及本质的一种非全面调查。

典型调查选择的调查对象比抽样调查抽取的样本更具有代表性,但它也是通过从总体中选择个别对象进行调查研究从而推判总体的调查方法。相应地,人们的思维过程,也是从个别典型的认识到一般总体的认识,这符合人们认识客观事物从个别到一般的认识规律。

五、抽样调查

(一)抽样调查的概念

抽样调查是根据随机的原则从总体中抽取部分实际数据进行调查,并运用概率估计方法,根据样本数据推算总体相应的数量指标的一种统计分析方法。随机抽样一般是指每个总体单位都有同等被抽中的机会,但是在实际调查中,并不完全是这种情况。通常采用的抽

样组织形式主要有以下几种:

1. 简单随机抽样:又称纯随机抽样,它是指对总体不做任何处理,不进行分类也不进行排除,而是完全按随机的原则,直接从总体中抽取样本单位加以观察。从理论上说,这是最符合抽样调查的随机原则,是抽样调查的最基本形式。具体方法有:直接抽选法、抽签法和随机数表法。

2. 分层抽样:又称类型抽样或分类抽样。它是先将总体各单位按主要标志加以分层,而后在各层中按随机的原则抽取若干样本单位,由各层的样本单位组成一个样本。

3. 等距抽样:又称机械抽样或系统抽样。它是将总体全部单位按某一标志排队,而后按固定的顺序和相等间隔在总体中抽取若干样本单位,构成一个容量为 n 的样本。

4. 整群抽样:是将总体各单位划分为若干群,然后以群为单元,从总体中随机抽取一部分群,对被抽中的群内所有单位进行全面调查。整群抽样对总体划分群的基本要求是:第一,群与群之间不重叠,即总体中的任一单位只能属于某个群;第二,全部总体单位毫无遗漏,即总体中的任一单位必须属于某个群。

5. 多阶段抽样:当总体很大时,可把抽样过程分成几个过渡阶段,到最后才具体抽到样本单位。

(二) 抽样调查的特点

抽样调查数据之所以能用来代表和推算总体,主要是因为抽样调查本身具有其他非全面调查所不具备的特点,主要是:

1. 调查样本是按随机的原则抽取的,在总体中每一个单位被抽取的机会是均等的,因此,能够保证被抽中的单位在总体中的均匀分布,不致出现倾向性误差,代表性强。

2. 以抽取的全部样本单位作为一个"代表团",用整个"代表团"来代表总体,而不是用随意挑选的个别单位代表总体。

3. 所抽选的调查样本数量是根据调查误差的要求,经过科学的计算确定的,在调查样本的数量上有可靠的保证。

4. 抽样调查的误差,是在调查前就可以根据调查样本数量和总体中各单位之间的差异程度进行计算,并控制在允许范围以内,调查结果的准确程度较高。

基于以上特点,抽样调查被公认为是非全面调查方法中用来推算和代表总体的最完善、最有科学根据的调查方法。

(三) 抽样调查的应用范围

1. 不能进行全面调查的事物。有些事物在测量或试验时有破坏性,不可能进行全面调查。如电视的抗震能力试验,灯泡的耐用时间试验等。

2. 有些总体从理论上讲可以进行全面调查,但实际上不能进行全面调查的事物。如了解某个森林有多少棵树,职工家庭生活状况如何等。

3. 抽样调查方法可以用于工业生产过程中的质量控制。

4. 利用抽样推断的方法,可以对于某种总体的假设进行检验,来判断这种假设的真伪,以决定取舍。

六、统计调查误差

统计调查所得统计数字与调查总体实际数量之间的差别称为统计调查误差。统计调查误差有两类：一是登记误差，二是代表性误差。任何统计调查方法都有可能出现登记误差。它是由于调查过程中各个环节上的工作不准确而引起的，如计量错误、计算错误、抄录错误、汇总错误等都可导致误差，但这绝不是指故意性行为。有意识地虚报、瞒报、拒报、迟报、伪造、篡改等行为是违法的，所造成的误差不属于登记性误差。代表性误差是指用总体中一部分单位的数据来推算总体指标时所产生的误差，如抽样调查就会出现代表性误差。代表性误差不能避免但可以控制。

在实际工作中，全面调查不存在代表性误差，非全面调查既有登记误差，又有代表性误差。那么，是否非全面调查的误差就一定比全面调查的误差大呢？回答是否定的。这是由于全面调查范围大，所产生的登记误差也会增大；非全面调查范围小，登记误差也相对小。所以，有时非全面调查比全面调查结果更准确，经常用非全面调查补充说明全面调查的结果。如人口普查是全面调查，然后用抽样调查补充全面调查的结果。

本章内容导图

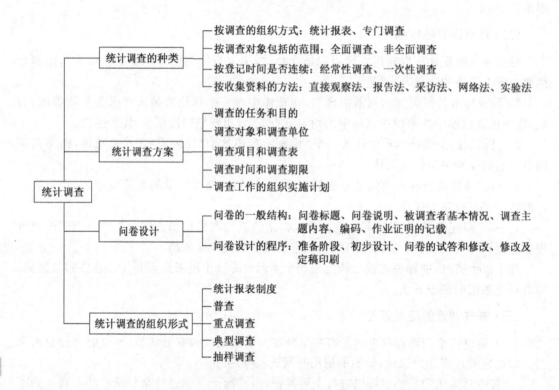

思政案例实务：大学生校园贷的问卷调查

随着我国高等教育大众化、普及化发展，在校生规模快速增大。2021年11月15日，教育部发布的《中国教育概况 2020年全国教育事业发展情况》中的数据显示，2020年全国各类高等教育在学总规模达4 183万人，比2019年增加181万人。如此庞大的在校生数量，已是经济社会发展中不可忽视的力量。在校学生作为与互联网相伴而成长起来的一代，自带网络基因，消费理念多元，消费在乎感受，接纳消费符号，彰显个性及外化需求。但由于大部分学生并没有工作进而没有偿还信用卡的能力,2009年因为坏账率过高,银监会在实质上叫停了银行向学生发放信用卡,在这一背景下"校园贷"应运而生。

金融市场和互联网进一步的融合改变了原有的金融运营模式,衍生出了许多金融信贷产品,例如"花呗""借呗""京东白条"等。除了主流电商平台外,也有数以千计的、或大或小的P2P平台提供贷款或分期付款等信贷产品。此类信贷产品凭借着它们的便利性快速融入大众生活中。当代大多数的年轻人由于自己的消费需求会不断地接触、使用信贷产品,从而使得信贷产业的产业链不断拉长。2014年起,鱼龙混杂P2P网贷平台的无序发展,触及道德和人性底线的裸贷、套路贷、暴力催债、人格侮辱、债务悲剧等频繁出现,使校园成为非法校园贷"收割场"。2016年,数起暴力方式催收,数名大学生因无力还贷,被逼自杀的案件引发了诸多社会问题和债务悲剧,让处于野蛮生长中的"校园贷"迅速成为社会舆论焦点,受到了社会各界的质疑、反对。针对校园贷事件,我们做了一份调查问卷,意在调查当代大学生对于校园贷的态度。

【思政案例】

大学生校园贷问卷调查

校园贷,又称校园网贷,是指一些网络贷款平台面向在校大学生开展的贷款业务。据调查,校园消费贷款平台的风控措施差别较大,难以控制借款流向,可能导致缺乏自制力的学生过度消费以及引发其他问题,严重危害在校大学生的个人利益。因此想通过这份调查问卷了解部分学生对校园贷的认识,以更好地控制风险。在此恳请各位同学花费几分钟的时间照实填写这份问卷。本次问卷采取的是不记名保密模式,不会泄露任何您的个人信息。感谢大家的配合!

1. 您的性别是_____。

   A. 男　　　　　　　　　　　　B. 女

2. 您的学历是_____。

   A. 高中及以下　　B. 专科　　　　C. 本科　　　　　D. 研究生

3. 您所在的地方属于_____。

   A. 农村　　　　　B. 城市

4. 您的家庭平均月收入有_____。

   A. 2 000元以下　　　　　　　　B. 2 000~3 000元

   C. 3 000~5 000元　　　　　　　D. 5 000~8 000元

   E. 8 000元以上

5. 您的每个月生活费来源是_____。(可多选)

   A. 父母提供　　　　　　　　　　B. 亲友帮助

   C. 奖学金或助学金　　　　　　　D. 助学贷款

   E. 勤工俭学　　　　　　　　　　F. 其他

6. 您每个月的平均生活费是多少?_____。

   A. 1 000元以下　　　　　　　　B. 1 000~1 500元

   C. 1 500~2 000元　　　　　　　D. 2 000元以上

7. 您的生活费一般用来做什么?_____。(可多选)

   A. 伙食　　　　　　　　　　　　B. 聚餐、请同学吃饭

   C. 化妆品与服饰　　　　　　　　D. 买学习相关的消费品

E. 旅游　　　　　　　　　　　　　F. 其他

8. 您的月实际消费额会超过您的生活费吗？_____。

   A. 从不　　　　B. 偶尔　　　　C. 一般　　　　D. 经常

9. 如果迫于一些事情，需要超出自己能力的金钱，您会如何处理？_____。（可多选）

   A. 向父母请求帮助　　　　　　　B. 朋友借钱
   C. 兼职　　　　　　　　　　　　D. 信用卡取现
   E. 校园贷　　　　　　　　　　　F. 其他

10. 您知道有哪些校园贷平台？_____。（可多选）

    A. 分期乐　　　　B. 蚂蚁花呗　　　C. 京东白条　　　D. 信用卡
    E. 天猫分期　　　F. 任你花　　　　G. 名校贷　　　　H. 其他

11. 您从哪里了解到校园贷？_____。

    A. 网络上　　　　　　　　　　　B. 传单
    C. 身边朋友或同学　　　　　　　D. 其他

12. 您或您身边的人是否有人使用过校园贷？_____。

    A. 有　　　　　　　　　　　　　B. 没有

13. 您对校园贷有多少了解？_____。

    A. 没听说过　　　　　　　　　　B. 听说过，不是很了解
    C. 了解一点　　　　　　　　　　D. 很了解
    E. 非常了解

14. 您选择校园贷的因素是_____。（可多选）

    A. 可分期　　　　B. 放款快　　　C. 利息低　　　D. 办理程序便捷
    E. 不会选择校园贷

15. 您觉得大学生校园贷有哪些风险？_____。（可多选）

    A. 个人信息泄露　　　　　　　　B. 逾期率高，导致信誉下降
    C. 被催债，影响学习生活　　　　D. 相关法律不完善，缺乏监督

16. 您认为校园贷利大还是弊大？_____。

    A. 利大于弊，可以解决当时的消费需求，反正后期还可以还款
    B. 弊大于利，如果还不完钱是个恶性循环，影响学习生活

17. 您是否赞成校园贷这种方式？_____。

    A. 赞成　　　　　　　　　　　　B. 不赞成

18. 您觉得校园贷会给你的生活带来什么影响？_____。（可多选）

    A. 解决燃眉之急　　　　　　　　B. 和使用信用卡一样没区别
    C. 给生活带来压力　　　　　　　D. 并没有什么影响
    E. 其他

19. 您认为校园贷的优点是_____。（可多选）

    A. 解决紧急需求不用一次还清
    B. 缓解当前的消费压力，满足快速得到消费品的冲动
    C. 借助金融消费优势，养成现代消费习惯
    D. 其他

20. 您认为校园贷的缺点是_____。（可多选）
   A. 容易形成攀比风气　　　　　　　B. 可能留下不好的诚信记录
   C. 陷入长期的债务旋涡　　　　　　D. 其他
21. 如果您使用了校园贷，您将如何还贷？_____。（可多选）
   A. 兼职　　　　　　　　　　　　　B. 省吃俭用以下个月生活费还贷
   C. 继续借贷，以贷还贷　　　　　　D. 向朋友同学借
   E. 求助家人　　　　　　　　　　　F. 其他
22. 如果您使用校园贷，您觉得应该事先考虑什么？_____。（可多选）
   A. 贷款利率的高低　　　　　　　　B. 逾期未还的后果
   C. 自身的还款能力　　　　　　　　D. 其他
23. 说一说您对校园贷的看法？

24. 假如您使用了校园贷遇到勒索问题，你会怎么做？

目前，提供问卷服务的平台很多，这里以"问卷星"为例介绍调查问卷的设计、发放和数据的下载。

1. 打开浏览器，输入问卷星网址：www.wjx.cn，进入问卷星首页，如下图所示。首次使用需要进行注册并登录，也可以点击网页右上角的微信或 QQ 图标直接扫码登录。

2. 登录后点击左上角"＋创建问卷"，点击"调查"（只收集数据可以点击表单），在创建调查问卷对话框中输入问卷题目，点击"立即创建"，即可进行问卷编辑。

3. 首先进行题型选择，点击左侧菜单中"单选"，在编辑区输入题干"性别"，在类型中选择单选，选项文字中分别输入"男"和"女"，如下图所示。

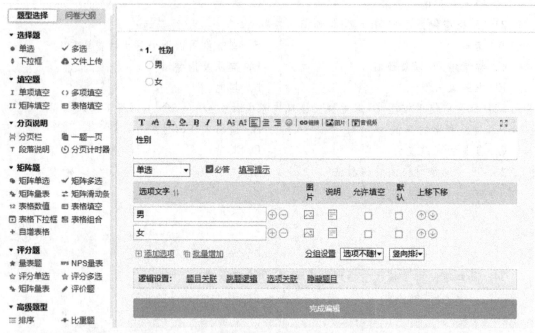

4. 可以点击"添加选项"或"批量增加"增加更多选项；选项也可以设置成图片的形式；题目如果有逻辑关系可以通过"逻辑设置"的各项功能进行设置。

5. 点击题型选择中的类型即可以编辑问卷的下一题，全部题目编辑完成后点击"完成编辑"，即可预览问卷。在预览页面点击"完成编辑"，即可得到问卷链接与二维码。

6. 问卷收集完毕后，点击"分析&下载"中"统计&分析"，可以得到如下图结果。其中"默认报告"为问卷中每题的分布情况，此外平台还提供"分类统计""交叉分析""自定义查询"和"在线SPSS分析"功能。

7. 可以点击右侧"Excel"来下载问卷的原始数据，进一步运用Excel或其他软件对问卷结果进行分析。

【思政案例实训】

分组讨论并设计一份关于大学生校园贷问题的调查问卷,试说明通过对问卷数据的整理预计可以得出怎样的结果。

【思政案例启示】

学校开展常态化的消费观、金融理财知识及法律常识教育,通过法治课、金融课程进校园等形式,针对校园贷进行专项教育,以相关案例对大学生开展警示教育,培养学生理性消费、勤俭节约、自我保护等意识。积极开展有益身心健康的学习、社团活动,营造积极向上、拼搏进取的校园氛围。家长要加强与孩子、学校的沟通,及时了解孩子学习、生活、经济情况,发现苗头性问题及时进行家校双向联系,将不良"校园贷"危害消除在初始状态。

大学生也要通过多途径加强金融知识和法律知识的学习,对金融诈骗陷阱保持清醒的头脑,强化对"校园贷"风险的认识,建立有效风险防范意识。提高自控力,避免盲从型、炫耀型消费,树立正确的消费观。要把有限的大学时光投入到专业知识技能学习、社会实践中去,避免沉迷物质追求,自觉远离不必要的"校园贷"。

第三章
统计数据的整理

第一节　统计数据

　　从使用者的角度看,统计数据的来源主要有两种渠道:一是来源于直接的调查与实验,即一手数据的来源,也称为直接来源;二是来源于别人调查、实验并经过加工整理后的数据,也称为二手数据或间接来源。从数据本身来源看,其最初的来源都是直接的来源,只不过间接来源是别人直接调查的并经过加工整理之后的数据。

一、统计数据的间接来源

　　进行统计调查、做科学实验收集数据,往往需要一定的条件。对于大多数人来讲,我们不太可能或不需要对所有的问题与需求都采用直接的调查方法去收集第一手的原始数据资料,因而所使用的数据很多都是二手数据,即获取现成的资料。

　　二手数据很多是公开出版或公开报道的数据,当然,有些是尚未公开出版的数据,一般称这类数据收集的方法为文案调查。文案调查通常按以下几步进行。

　　1. 根据研究项目的目的与内容确定所需要资料的类型。例如要进行市场研究,收集反映市场状况的数据,应根据研究目的首先确定是收集宏观数据还是收集微观数据,是收集动态的数据资料还是收集静态的数据资料等等。

　　2. 寻找资料来源。二手资料的来源很多,最主要的是公开出版的或公开报道的数据,如来自国家和地方统计部门出版的年鉴——《中国统计年鉴》《中国社会统计年鉴》《中国工业经济统计年鉴》《中国农村统计年鉴》《中国人口统计年鉴》《中国市场统计年鉴》以及各省、市、地区的统计年鉴等。除此之外,还有行业协会发布的数据和一些权威的研究报告中的数据等。关于世界各国的统计数据有联合国有关部门、机构和各国出版的统计数据等。当然,除了公开出版的统计数据外,还可以通过其他一些渠道使用一些尚未公开的统计数据,以及广泛分布在各种报纸、杂志、图书、广播、电视传媒、网络、历史文献及著作等中的各种数据资料。

　　3. 对二手数据资料的追踪查找。在查找所需的资料时,也可以根据与调查研究的项目有关的著作论文末尾所列的参考文献目录进行追踪查找,还可以利用检索工具(目录、索引和文摘)进行查找。

　　4. 对数据资料进行加工、整理和补充。二手数据对使用者来说,其优点在于获取资料较为方便、容易,调查费用低。但应注意二手数据资料是其他人或机构为满足其自身的目的或某特殊目的收集的,因此将这些资料用于其他的研究项目时,目的可能不同,往往在时间上、资料的完整性上具有一定的局限性,在数据统计口径与计算方法等方面也许不一定能满足要求,需要进行相应的调整和补充,避免统计数据的误用。

二、统计数据的直接来源

收集一手数据资料是统计活动的重要内容之一,统计数据的直接来源主要有两个渠道:一是通过调查或观察(第二章内容),二是基于实验设计基础上的实验。

产品的设计、科技成果的取得,很多需要进行科学实验。在许多学科中,实验是进行科学研究的重要手段,而科学实验离不开科学的统计实验设计。所谓统计实验设计是为了获取科学实验的各种数据所制订的计划,产生或获取数据后,研究人员可以利用统计方法对其进行分析、探索,发现对实验结果产生影响的因素和影响程度,以便进行进一步的研究。

三、统计数据的计量尺度

根据对研究对象计量的不同精确程度,可将所采用的计量尺度由低到高、由粗略到精确分为 4 个层次:定类尺度、定序尺度、定距尺度和定比尺度。

(一) 定类尺度

定类尺度又称类别尺度或列名尺度,是最粗略、计量层次最低的计量尺度。例如,人口按性别区分男女,用 1 表示男性,用 0 表示女性。由于定类尺度只能区分事物是同类或不同类,因此具有"等于"或"不等于"的数学特性。

(二) 定序尺度

定序尺度又名顺序尺度,是事物之间等级差或顺序差的一种测度,是比定类尺度更高一级的计量尺度。例如,产品质量级别可分为一级品、二级品和三级品,就是对产品质量优劣的次序排列。定序尺度具有"大于"或"小于"的数学特性。

(三) 定距尺度

定距尺度又称间隔尺度,不仅能将事物区分为不同类型并进行排列,而且可以准确地指出类别之间的差距是多少,并用确切的数值反映现象之间在量方面的差异。定距尺度的数学特征主要是加或减。定距尺度在统计数据中占有重要地位,统计中的总量指标就是按定距尺度计量的。

(四) 定比尺度

定比尺度又称比率尺度,是在定距尺度的基础上确定相应的比较基数,将两个相关的数进行对比而形成的结果,这个结果表现为一定的数值。例如,将中国的男性人口数与女性人口数对比,计算出人口性别比值,以此表明中国人口的男女比例关系状况。定比尺度的主要数学特征是乘或除。

四、统计数据的类型

(一) 按计量尺度分类

1. 分类数据

分类数据是由定类尺度计量形成的,用文字表述。例如,性别用定类尺度计量,数据表现是"男"和"女"两类;我国的民族用定类尺度计量,数据表现是"汉族"和各少数民族。

2. 顺序数据

顺序数据是由定序尺度计量形成的,用文字表述且是有顺序的。例如,产品质量用定序尺度计量,数据表现是"合格品""不合格品""废品"等。

3. 数值型数据

数值型数据是由定距尺度或定比尺度计量形成的,用数字表示,通常采用自然单位或度量衡单位计量结果。例如,工资收入用定距尺度计量,数据表现是具体的数值 5 000 元、6 000 元、7 000 元等;男女性别比用定比尺度计量,数据表现是具体的比值 1.5∶1、2∶1、3∶2 等。

(二) 按收集方式分类

1. 观测数据

观测数据是通过调查或观测而收集到的数据。有关社会经济现象的数据几乎都是观测数据。

2. 实验数据

实验数据是在实验中通过控制实验对象而收集到的数据。

(三) 按数据时间性质分类

1. 横截面数据

横截面数据是指在同一时间对不同单位的数量表现进行观察而取得的数据,称为静态数据。例如,2020 年北京市、天津市、重庆市、上海市的人口数据。

2. 时间序列数据

时间序列数据是指对同一总体在不同时间的数量表现进行观察而取得的数据,称为动态数据。例如,2010—2020 年北京市的人口数据。

3. 面板数据

面板数据是指对不同总体在不同时间的数量表现进行观察而取得的数据,也是动态数据。例如,2010—2020 年北京市、天津市、重庆市、上海市的人口数据。

第二节 统计分组

一、统计分组的概念

统计分组是根据事物内在特点和统计研究的任务,对所研究的社会经济现象,按照一定的标志将总体划分成若干组。组与组之间有明显的差别,同一组内的单位具有相对的同质性,这种方法叫统计分组法。例如,在整理基本建设房屋建筑面积资料时,可按基本建设房屋类别分成若干组,以观察各类房屋建筑的施工情况。

二、统计分组的方法

要进行科学的分组,必须选择适当的分组标志,分组标志就是作为分组依据的标准。分组标志有品质标志和数量标志两种。

（一）按照品质标志分组

按品质标志分组就是按事物的质量属性分组。例如，人口按民族、职业分组，工业企业按所有制分组等。例如，人口按性别分组，就只能分为男女两组。对于有些事物构成比较复杂、组数可多可少的情况，就需要考虑统计研究任务的具体要求。例如人口按职业分组就可粗可细，组数可多可少，到底该分几组，应根据统计研究的任务来确定。

（二）按数量标志分组

按数量标志分组即按事物的数量特征分组。例如，工业企业按职工人数分组。按数量标志分组时，根据每组数量标志值的具体表现，又分为单项式分组和组距式分组两种。按数量标志分组应注意如下两个问题：第一，分组时各组数量界限的确定必须能反映事物质的差别。第二，应根据被研究的现象总体的数量特征，采用适当的分组形式，确定相宜的组距、组限。

1. 单项式分组和组距式分组

单项式分组是按数量标志分组，数量标志的表现就是变量的取值，即标志值，又称变量值。单项式分组就是用一个变量值作为一组，形成单项式变量数列。例如，育龄妇女按其生育子女的数量分组，可以分为0个、1个、2个、3个、4个、5个6组。单项式分组一般适用于离散型变量且变量变动范围不大的场合。离散型变量是指所描述对象的标志值可以按照一定次序一一列举（通常取整数值）的数量标志。

组距式分组就是将变量依次划分为几段区间，一段区间表现为从"……到……"的距离，把一段区间内的所有变量值归为一组，形成组距式变量数列，区间的距离就是组距。如学生成绩分为：60分以下、60～80分、80～90分和90～100分4个组。对于连续型变量或者变动范围较大的离散型变量，适宜采用组距式分组。

2. 间断组距式分组和连续组距式分组

在组距式分组中，每组包含许多变量值，每一组变量值中，其最小值为下限，最大值为上限。相邻两组的界限称为组限。凡是组限不相连的，称为间断组距式分组。例如，儿童按年龄分组可分为未满1岁，1～2岁、3～4岁、5～9岁、10～14岁。凡是组限相连（或相重叠的），即以同一数值作为相邻两组的共同界限，称为连续组距式分组，如上述学生成绩分组。连续型变量只能采用连续组距式分组。在连续组距式分组中，存在以同一个数值作为相邻两组共同界限的做法，根据统计分组必须遵循的互斥原则，凡是总体某一个单位的变量值是相邻两组的界限值，则这一个单位归入下限值的那一组内，即所谓"上组限不在内"原则。例如学生按成绩分组，把70分的归入70～80分组内，把80分的归入80～90分组内。

3. 等距分组与异距分组

等距分组就是标志值在各组保持相等的组距，即各组的标志值变动都限于相同的范围。在标志值变动比较均匀的情况下，可采用等距分组。等距分组有很多好处：便于计算，便于绘制统计图。

异距分组即各组的组距不相等。一般地，异距分组适用于如下几个场合：第一，标志值分布很不均匀的场合。第二，标志值相等的量具有不同意义的场合。例如，生命的每一个月对于新生婴儿和对于成年人是大不一样的，此时，若按年龄分组进行人口疾病研究，应采用异距分组。第三，标志值按一定比例发展变化的场合。

三、统计分组体系

统计对于总体往往要从多方面进行研究,仅仅依赖一个分组标志的一种分组是难以满足的,必须运用多个分组标志进行分组,形成一个分组体系才能满足。统计分组体系的形式有两种。

(一)简单分组和平行分组体系

对同一总体选择两个或两个以上的标志分别进行简单分组就形成平行分组体系。例如,人口按性别、文化程度、年龄等三个标志进行分组,得到以下分组体系:

按性别分组:	按年龄分组:	按文化程度分组:
男子组	1岁~7岁组	大学毕业
女子组	8岁~19岁组	高中
	20岁~25岁组	初中
	26岁~35岁组	小学
	……	不识字或识字很少

(二)复合分组和复合分组体系

对同一总体选择两个或两个以上标志层叠起来进行分组,叫复合分组。复合分组形成复合分组体系。例如,为了了解我国高等院校在校学生的基本状况,可以同时选择学科、性别两个标志进行分组,得到如下分组体系:

理科学生组	文科学生组
男生组	男生组
女生组	女生组

四、对分组资料的再分组

统计研究中,往往出现对现象分析的角度改变,或在原来统计资料整理过程中,由于各方面原因的影响,而使统计分组、统计资料整理工作做得不好,造成统计分组方法不科学、不合理,或者是所分的组不可比时,必须依据正确的分组原则进行再分组,以满足统计研究的要求。

对分组资料的再分组,一般是在掌握次级资料的情况下使用,因为在统计分析过程中,统计分析人员所掌握的不太可能是原始资料,即使是原始资料,重新进行整理也是很复杂的,为了简化整理工作,可以利用次级资料进行。

在实际工作中,按照目的不同,再分组的方法也不相同,但概括起来基本上有两种:

1. 按原来的分组标志重划新组,并将原分组资料根据新组组限的比例重新加以整理。例如,某工业部门各企业按劳动生产率进行分组的资料如表3-1所示。

表 3-1　某工业部门劳动生产率分组表(1)

按劳动生产率分组(元/人)	企业比重/%	增加值比重/%	职工人数比重/%
1 400 以上	3	2.93	4.72
1 300～1 400	2	1.84	2.69
1 200～1 300	4	3.82	5.40
1 100～1 200	12	9.04	11.54
1 000～1 100	9	10.98	12.93
900～1 000	20	19.12	20.00
800～900	15	16.78	16.26
700～800	10	13.00	10.78
600～700	14	12.83	9.48
600 以下	11	9.66	6.20
合计	100	100.00	100.00

现在根据统计分析的要求,对表 3-1 的资料进行重新整理,分组标志仍为劳动生产率,假定新组的组限为:1 250 元/人以上,1 000～1 250 元/人,750～1 000 元/人及 750 元/人以下。

将表 3-1 的资料按新的分组组限重新整理的结果如表 3-2 所示。

表 3-2　某工业部门劳动生产率分组表(2)

按劳动生产率分组(元/人)	企业比重/%	增加值比重/%	职工人数比重/%
1 250 以上	7	6.68	10.11
1 000～1 250	23	21.93	27.17
750～1 000	40	42.40	41.65
750 以下	30	28.99	21.07
合计	100	100.00	100.00

将原始资料整理为表 3-2 的方法为:原资料中的分组没有直接反映出 1 250 元/人这个数字,但它属于 1 200～1 300 元/人这一组,并且将 1 200～1 300 元/人分为两半,即组限的比例为 1/2;同样,原资料中也没有直接反映出数据 750,但它属于 700～800 元/人一组,也将 700～800 元/人分为两半,组限的比例为 1/2。因此新组中第一组企业数比重为 3%＋2%＋4%×1/2＝7%;总产值的比重为 2.93%＋1.84%＋3.82%×1/2＝6.68%;职工人数比重为 4.72%＋2.69%＋5.40%×1/2＝10.11%。其他各组以此类推,即可得到表 3-2 资料。

2. 划定新组,并确定新组的单位数在总体中所占的比重,然后据以将原分组资料按比例重新加以整理。假如全部工业企业按劳动生产率的高低依次分为先进企业、良好企业、一般企业和落后企业四组,并规定先进企业占 15%,良好企业占 20%,一般企业占 40%,落后企业占 25%。据此将表 3-1 资料进行整理的结果如表 3-3 所示。

表 3-3　某工业部门情况表　　　　　　　　　　单位：%

企业类型	企业比重	增加值比重	职工人数比重
先进企业	15	13.11	18.58
良好企业	20	20.28	23.70
一般企业	40	44.12	42.04
落后企业	25	22.49	15.68
合计	100	100.00	100.00

将表 3-1 中的资料整理为表 3-3 的方法为：从表 3-1 第一组开始将企业数比重逐个相加至企业数比重恰好等于 15% 处，即此数应为 1 100～1 200 元/人组的中点处，正好将该组的企业数一分为二。于是，该组有一半企业进入先进企业，另一半企业则归入良好企业；以此类推可得到其他组的比例。则先进企业组中总产值的比重为 2.93%＋1.84%＋3.82%＋9.04%×1/2＝13.11%；职工人数比重为 4.72%＋2.69%＋5.40%＋11.54%×1/2＝18.58%。以此类推，可得到表 3-3 中的资料。

第三节　次数分布

一、次数分布的概念

在统计分组的基础上，将总体中所有单位按组归类整理，形成总体中各个单位数在各组间的分布，叫次数分布。分布在各组中的个体单位数叫次数或频数。频数大小决定该组标志值作用的强度。各组次数与总次数之比叫比率或频率。频率表明各组值的相对作用强度。将各组别与次数按照一定的次序排列所形成的数列称为次数分布数列，简称分布数列，又称分配数列或频数分配。任何分布数列都必须满足两个条件，即各组的频率大于等于零，各组的频率总和等于 1 或者 100%。分布数列反映了所研究的总体中所有的单位数在各组内的分布状态和总体的分布特征，并据以研究总体某一标志的平均水平及其变动规律性。通过表 3-4 可以了解次数分布的内容。

表 3-4　2020 年底我国人口按城乡分布情况表

按城乡分组	人口数/万人	比重/%
城镇	90 220	63.89
乡村	50 992	36.11
合计	141 212	100.00

注：表中第一列为组的名称，表中第二列为人数，第三列为比率。

分布数列是一种特殊形式的分组。统计整理中，根据分组标志的不同，分布数列分为品质分布数列和数量分布数列两种。按品质标志分组所编制的分布数列叫品质分布数列或属性分布数列，简称品质数列。品质数列由组的名称和各组的次数两个要素构成。品质数列的编制程序一般比较简单，其步骤是：原始数据、归类、合计、制表。按数量标志分组所编制的分布数列叫变量分布数列,简称变量数列。任何一个变量数列都由各组变量值和各组的次数两个要素构成。如某厂工人生产某产品的日产量编制的变量数列,如表3-5所示。

表3-5 某企业工人生产某产品的日产量资料

日产量/件	工人数/人
12	20
13	31
14	45
15	37
16	29
17	23
18	15
合计	200

注:表中第一列为产量,第二列为人数。

对于品质分布数列来说,如果分组标志选择得恰当,就会比较明确地表现出事物性质的差异,各组的划分也就容易解决。因而,品质数列一般比较稳定,通常能够准确地反映总体的分布特征。对于变量数列来说,由于事物性质的差异表现得不甚明确,决定事物性质的界限往往因人的主观认识而有所差别。因此,按同一数量标志分组则有可能出现多种分布数列。

二、变量数列的类型

变量数列中按照各组变量值的表现形式不同,变量数量分为单项式数列与组距式数列。

(一)单项式数列

按每个变量值分别列组,依次分组编制的变量数列叫单项式变量数列。这种数列中组数与数量标志所包含的变量值数目相等,每个变量值作为一组,不存在组距的问题。如表3-5的分布数列即为单项式数列。

单项式数列一般在变量的变异幅度不大的情况下采用。如表3-5,变量的最大变量为18件,最小变量为12件,变量值的变异范围为12~18件,变量值的数目为7。如果变量值的个数较多,变动的范围也较大,则为了准确地反映出总体各个单位分布的特征和分布的趋势,应编制组距式数列。

(二)组距式数列

依组距分组而编制的变量数列叫组距式数列。组距式数列中的每个组不是用一个具体的变量值表示,而是用变量值的一定变化范围即各组标志值变动的区间表示。每组标志值变动的区间长度称为组距。如前面表3-1即为组距式数列。

组距式数列中,各组变量值变动的界限称为组限,组内最大变量值称为上限,最小变量值称为下限。组距就是上限与下限之差,即:组距=组上限-组下限。该公式一般适用于连续型组距式数列。而在离散型组距式数列中,考虑离散型组距式数列的特点,其组距一般为后组下限与本组下限之差。即：组距＝后组下限－本组下限。

1. 组距数列按各组组距是否相等，分为等距数列和异距数列

组距数列中各组组距相等的数列叫等距数列。在统计研究中，如果社会经济现象的性质差异的变动比较均衡，可以采用等距来进行分组。因为在这种情况下，分组后各组内总体单位的变动比较规则，能够体现出现象的本质特征，反映现象变化的规律性，同时采用等距进行分组，还可以对总体中各组的单位数进行比较，以此说明该组标志值在总体中的作用，若某一组内的单位数多，那么该组的标志值对总体的影响就大；若某组内的单位数少，那么该组标志值对总体的影响就小。

组距数列中各组组距不相等的数列叫异距数列。如按生产能力将工业企业划分为大、中、小企业就是采用异距进行的分组。异距数列能比较准确地反映总体内部各组成部分的性质差异。在实际工作中，有一些现象性质的变动很大，这时采用等距分组就不能反映事物性质的差别，必须按异距进行分组。

2. 组距数列按变量是否连续，分为连续型组距数列和离散型组距数列

变量为连续型组距数列叫连续型组距数列。在这种数列中前一组的上限与后一组的下限同为一个变量值，这样进行分组不会出现遗漏标志值的现象。连续型组距数列如表 3-6 所示。

变量为离散型的组距数列叫离散型组距数列。由于离散型变量的取值为整数，因此，组距数列中前一组的上限与后一组的下限不为同一个变量值。离散型组距数列如表 3-7 所示。

表 3-6　某企业 100 名工人工资资料

按工资分组/元	工人数
1 100～1 200	10
1 200～1 300	35
1 300～1 400	20
1 400～1 500	20
1 500～1 600	15
合计	100

表 3-7　人口年龄结构状况表

年龄/岁	2000 年	2010 年	2020 年
0～14	22.89	16.60	17.90
15～64	70.15	74.53	68.60
65 以上	6.96	8.87	13.50
合计	100.00	100.00	100.00

从表 3-7 可以看出，它把年龄分为三组，第一组的上限为 14，第二组的下限为 15。因此，前一组上限与后一组的下限不相等。

三、变量数列的编制

（一）组数与组距

编制组距数列，必须对总体进行分组，针对一个总体，应将其分为多少组，要根据研究的目的来确定，同时要本着以能简单明了地反映问题为原则。如果组数过多，必然会造成总体单位分布分散，同时还有可能把属于同类的单位归到不同的组中，不能真实反映出事物的本质特点和规律性；如果组数过少，又会造成把不同性质的单位归到同一个组内，失去区别事物的界限，达不到正确反映客观事实的目的。因此，必须恰当地确定组数。美国学者斯特杰斯（H. A. Sturges）提出，在总体各单位标志值分布趋于正态的情况下，可根据总体单位数

（N）来确定应分组数（n），公式为：
$$n = 1 + 3.322 \lg N$$

上式可供分组时参考，但也不能生搬硬套。当总体单位数过少时，按上述公式计算的组数可能偏多；而当总体单位数很多时，计算的组数又可能偏少。

确定组数后，还应确定组距。组距的大小和标志变量数列的全距大小成正比变化，与组数多少成反比变化。组数越多，组距越小；组数越少，组距越大。由于组距式数列有等距和异距数列之分，在采用等距分组的情况下，变量数列的组距（d）可采用下列公式确定：
$$d = 全距/组数$$

参照斯特杰斯公式有：
$$d = \frac{\max(x) - \min(x)}{1 + 3.322 \lg(N)}$$

例如，某公司所属各企业某年利润计划完成程度为 87.25%、96%、91%、98.70%、97.26%、104.22%、98.46%、103.24%、108%、114.86%。现根据该资料编制变量数列。按等距分组，组距应为：
$$d = \frac{114.86\% - 87.25\%}{1 + 3.322 \lg 10} = \frac{27.61\%}{4.322} = 6.39\%$$

在统计上检查计划完成程度时，为了使用方便，一般以 10 的倍数作为组距。因此，把组距调整为 10%，据此编制组距式数列如表 3-8 所示。

表 3-8　某公司所属企业利润计划完成程度表

利润计划完成/%	企业数/个
80～90	1
90～100	5
100～110	3
110～120	1
合计	10

（二）组距与组中值

组距式数列中，每个组都有端点数值，这个端点数值就是组限，上端点数值或组内最大变量值为上限，下端点数值或组内最小变量值为下限。如表 3-8 中第一组 80%～90%，80% 为第一组下限，90% 为第一组上限。组距是区分组与组的数量界限，如表 3-8 中的 80%～90% 这一组，凡是变量值大于 80% 而小于 90% 的，都应归入这一组内。同时，90% 也是区分第一组与第二组的数量界限，在标志值正好是 90% 时，为了保证变量的分组不致发生混乱，习惯上各组一般均匀包括本组下限变量值的单位，而不包括本组上限变量值的单位，即"上组限不在内"。

在遇到特大或特小的变量时，为了不使组数增加过多或将组距不必要地扩大，可将最前组或最后组用"××以下"或"××以上"的方式表示，这种分组叫开口组。开口组是指只有上限而缺下限（用"××以下"表示），或只有下限而缺上限（用"××以上"表示）的组，如表 3-7 中的第三组"65 以上"即只有下限而无上限。

组距式数列掩盖了各组单位的实际变量值，为了反映分布在各组中个体单位变量值的

一般水平,往往需要计算组中值。组中值是各组变量值的中间数值,通常根据各组上限、下限进行简单平均求得,公式为:

$$组中值 = \frac{上限 + 下限}{2}$$

或

$$组中值 = 下限 + \frac{上限 - 下限}{2}$$

用组中值代表组内变量值的一般水平有一个前提,即组内各单位变量值在本组内均匀分布或在组中值两侧呈对称分布。实际上,完全具备这个前提是不可能的,但在划分各组组限时,必须考虑使组内变量值的分布尽可能满足这一要求。此外,为计算方便,应力求使组中值取得整数。

在组距数列中存在开口组的情况下,为了进行统计分析,需要计算组中值。开口组的组中值的确定,一般可将邻组组距假定为开口组组距,然后计算组中值。公式为:

$$缺下限的开口组组中值 = 上限 - 邻组组距/2$$
$$缺上限的开口组组中值 = 下限 + 邻组组距/2$$

组距变量数列的编制程序是:原始数据(由小到大)——序列化——求出全距、设立组数、确定组距——分组归类——合计(形成次数分布)——制成统计表。

四、累计次数和累计频率

为满足统计分析的要求,有时需要列出各组的累计次数。例如,在表3-6中,我们可能很想知道有多少名(或比例)工人月工资收入低于(或高于)1 300元。为了回答这一问题,我们就要编制累计次数分布表。

累计次数分为向上累计和向下累计两种。向上累计是从变量值最小的一组的次数起逐项累计,包括累计次数及比率,各累计数的意义是各组上限以下的累计次数或累计比率。向下累计是从变量值最大一组的次数起逐级累计,各累计数的意义是各组下限以上的累计次数或累计比率。以表3-6的资料为例,工人工资的累计次数和累计频率如表3-9所示。

表3-9 工人工资的累计次数和累计频率

月工资/元	次数		向上累计		向下累计	
	工人数/人	比率/%	工人数/人	比率/%	工人数/人	比率/%
1 100~1 200	10	10	10	10	100	100
1 200~1 300	35	35	45	45	90	90
1 300~1 400	20	20	65	65	55	55
1 400~1 500	20	20	85	85	35	35
1 500~1 600	15	15	100	100	15	15
合计	100	100	—	—	—	—

从表3-9中很容易看出:工资在1 300元以下的有45人,占总数的45%,工资在1 300以上的工人有55人,占总数的55%。

第四节 统计表

一、统计表的概念以及特点

统计汇总的结果,得出许多说明社会经济现象和过程数量方面的数字资料,把这些数字资料按一定的指标顺序排列在表格内,这种表格叫统计表。在统计表内,除了包括统计汇总可得出的绝对数外,还可以包括根据绝对数计算出来的其他综合指标,如相对数和平均数等。因此,利用统计表还可以得出多方面系统地比较、分析和研究社会经济现象的数量关系。一张好的统计表,往往能比文字叙述更鲜明、更深刻地说明问题。

二、统计表的构成

任何一张统计表,从其形式看,都是由标题、横栏和纵栏、数字资料等几个要素组成。统计表的标题有三种:总标题,就是表的名称,应简明扼要地说明全表的内容,一般放在表的上端中央;横标题说明横行指标的内容,写在表的左方;纵标题说明纵栏指标的内容,写在表的上方。统计表的数字资料用来说明总体的各个综合指标,他可以是总体的单位数,也可以是标志值的合计数,或者是相对数、平均数等。

从表的内容看,一切统计表都由主词和宾词两个部分,表的主词就是统计表所要说明的对象,也就是统计表所要研究的总体的各个组成部分,通常列在表的左方,构成横标题;表的宾词用来说明主词的各项指标,通常列在表的上方,构成纵标题。

统计表按照主词是否分组和分组程度,区分为简单表、分组表和复合表。

简单表是指主词未经任何分组的统计表,它有两种表现形式。一种是表的主词由总体各个单位的名称排列,例如表3-10;另一种形式是表的主词由构成总体的自然时间顺序排序排列,例如表3-11。

表3-10 某机床公司所属企业2020年生产计划完成情况表

企业名称	计划产值(万元)	实际产值(万元)	计划完成百分比(%)
机床厂	5 000	6 150	123.0
齿轮厂	14 800	16 200	109.5
…	…	…	…

表3-11 某机床公司2020年生产计划完成情况表

月份	计划产值(万元)	实际产值(万元)	计划完成百分比(%)
1	4 200	4 500	107.1
2	3 800	4 100	107.9
3	5 300	5 950	112.3
…	…	…	…

上述两表中,按照总体的各个单位名称排列的统计表,可以比较分析各个单位的经济活动情况;按时间顺序排列的统计表,可以用来分析现象的动态。这两种表,在实际工作中应用都比较多。

分组表是在表的主词中,把总体单位按某一标志分组的统计表。利用分组表可以深入分析现象的内部结构和现象之间的相互依存关系。

复合表是在表的主词中把总体单位按两个或两个以上的标志结合起来分组的统计表。在统计分析中,复合表具有重要的作用,它可以揭示被研究现象受到几种因素的共同影响而发生的变动。

统计表的宾词设计,可分为简单设计和复合设计两种。简单设计是将宾词的各个指标作平行的设置,而复合设计是将宾词的各个指标结合起来作层叠的设置。宾词的简单设计与复合设计的区别可从表3-12(简单设计)和表3-13(复合设计)看出来。

很明显,宾词采取简单设计时,栏数较小,简明扼要,而在采取复合设计时,能够更全面、更深入地说明研究总体的特征。但在复合设计时,应防止层次过多而使统计表失去一目了然的作用。因此,对于宾词的设计,究竟如何选择,必须根据研究任务的要求,加以慎重研究。

表 3-12　某公司所属企业人员性别和文化程度

企业名称	性别			文化程度			
	男	女	合计	初中及以下	高中	大学及以上	合计
	1	2	3	4	5	6	7
×××机床厂							
甲×××机床厂							
...							

表 3-13　某公司所属企业人员性别和文化程度

企业名称	初中及以下			高中			大学及以上			全部人员		
	男	女	合计	男	女	合计	男	女	合计	男	女	合计
	1	2	3	4	5	6	7	8	9	10	11	12
×××机床厂												
甲×××机床厂												
...												

为了使统计表能清晰简要地反映被研究对象的数量特征,在设计和编制统计表时,应遵守如下的原则:

1. 统计表的内容应力求简明扼要,使人一目了然,便于比较分析,切忌庞杂琐碎。

2. 统计表的标题应字简意明,能反映表内数字的基本内容以及这些数字资料所属的地区和时间。

3. 表中主词各行和宾词各栏的排列次序,一般应根据由局部到全体的原则编制。即先列各个项目,后列合计;有时也可按照相反的顺序排列,在只列部分重要项目的统计表中,应先列合计,后列其中重要项目。

4. 统计表中各栏,通常列示各栏的编号,以便说明各栏的相互关系。主词栏常用甲、乙、丙、丁等文字编号,宾词栏常用阿拉伯数字编号。

5. 统计表中数字应填写整齐,对准位数,遇有相同数字时,应全部重写。不能用"同上"、"同左"字样表示。

6. 本应取得而实际没有取得造成短缺的数字,或数据太小不足最低计量单位要求的,可用符号"…"表示。根本不能取得或不需填写的数字,可用符号"—"表示。

7. 统计表的格式应当是左右两边不划纵线,上下两端用粗线,横栏之间用细线,有时横栏之间也可不划线。

此外,统计表应有计量单位名称,计量单位一律使用法定计量单位,并应在表下注明资料来源、制表人、审核人以及编表日期,以备查考。

第五节 统计图

一、统计图的概念以及特点

统计图是指利用各种图形表现统计资料的形式,是以点、线、面积、体积和角度等说明、表现数据的统计手法。利用统计图来表现和分析数据的方法叫统计图示法,具有简明、直观、形象、感染力强等特点。

二、统计图的类型

统计图一般可分为几何图、象形图和统计地图三类。其中几何图在统计分析中被广泛应用,因此这里重点介绍几何图。几何图是指用几何的点、线、面积、体积和角度等来表现数据的图形,主要包括条形图、圆形图、直方图、折线图、曲线图和散点图等。

（一）条形图

条形图是指用宽度相同的条形的高度或长短来表示数据频数或频率的图形,有单式、复式、分段等形式。绘制时,各数据可以放在纵轴,称为条形图,主要用于分类数据的显示;也可以放在横轴,称为柱形图。如图3-1所示。

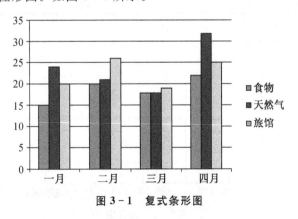

图3-1 复式条形图

(二) 圆形图

圆形图也称为饼图,是用圆形及圆内扇形的面积来表示数值的大小的图形,主要用于表示总体中各组成部分所占的比例。绘制圆形图时,总体中各部分所占的百分比用圆内各扇形面积表示,扇形的中心角度按各部分百分比占360度的相应比例确定。如图3-2所示。

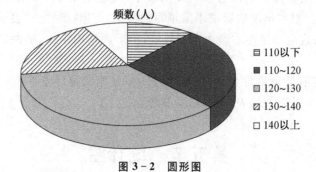

图 3-2 圆形图

如果是多个总体对比,可以采用圆形图的变形——环形图来显示数据。即把圆心"掏空",以每个环表示一个总体的结构。

(三) 直方图

直方图是用矩形的宽度和高度来表示频数分布的图形,实际上是用矩形的面积来表示各组的频数分布或频率分布。作图时,在直角坐标中,一般用横轴表示数据分组,纵轴表示频数或频率,各组与相应的频数就形成了一个矩形。如表3-14和图3-3所示。

表 3-14 某车间50名工人日产零件数分组

按零件数分组	频数(人)	频率(%)
110 以下	6	12
110~120	13	26
120~130	17	34
130~140	10	20
140 以上	4	8
合计	50	100

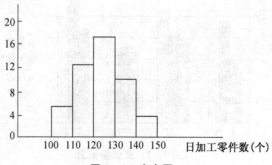

图 3-3 直方图

(四) 折线图

折线图是在直方图的基础上,用折线将各组中点(组中值)坐标连接而成。作图时注意:第一个矩形的顶部中点通过竖边中点(即该组频数一半的位置)连接到横轴,最后一个矩形顶部中点与其竖边中点连接到横轴,如图 3-4 所示。

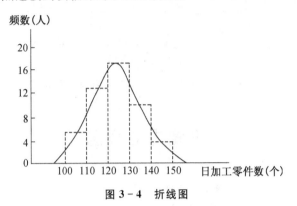

图 3-4 折线图

(五) 曲线图

曲线图用于显示动态数列的数据,它是将各时间点上的数据连接成线。曲线图就是在折线图的基础上,将折线修匀为平滑的曲线。还可以将累计频数分布或累计频率分布做成图,形成累计频数分布图或累计频率分布图。这种统计图在收入分配的研究中有独特作用,洛伦茨曲线和基尼系数就是在其基础上发展出来的。

(六) 散点图

散点图是用二维坐标中两个变量各取值点的分布展示变量之间的关系图形。设坐标横轴代表变量 x,纵轴代表变量 y(两个变量的坐标轴可以互换),每对数据 (x_i, y_i) 在坐标系中用一个点表示,n 对数据点在坐标系中形成的点图称为散点图。利用散点图可以观察变量之间是否有关系、有什么样的关系以及关系的大致强度等。例如,随机抽取 20 家医药企业,获得其销售收入和广告支出数据如表 3-15 所示,绘制散点图如图 3-5 所示。随着广告支出的增加销售收入也随之增加,表明二者之间为线性关系。

表 3-15 20家医药企业销售收入和广告支出数据

序号	销售收入(万元)	广告支出(万元)	序号	销售收入(万元)	广告支出(万元)
1	4 373	650	11	649	90
2	281	42	12	526	84
3	473	65	13	1 072	153
4	1 909	276	14	950	155
5	321	49	15	1 086	178
6	2 145	313	16	1 642	237
7	341	53	17	1 913	315
8	550	76	18	2 858	471
9	5 561	817	19	3 308	571
10	410	64	20	5 021	747

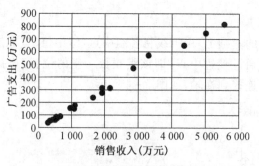

图3-5 销售收入与广告支出的散点图

本章内容导图

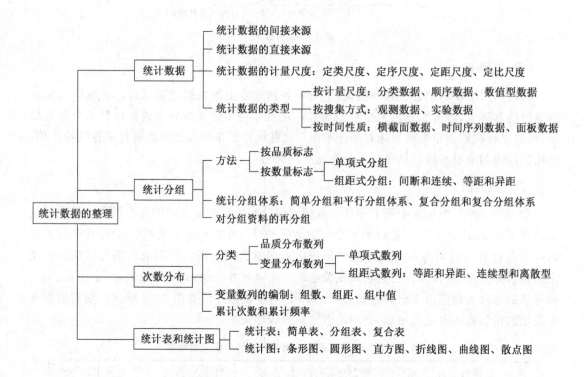

思政案例实务：大学生消费情况调查

随着互联网的发展,大学生的消费日趋多样化,"享受型消费"占比逐渐增大。如今,移动支付的普及让消费只需手机扫码或人脸识别便可完成支付。人们对于金钱的减少没有直观的感受,使得消费克制能力变弱,不合理消费现象也随之出现。

大学生是特殊的网络消费群体,他们无固定收入,经济来源多数依赖于父母,购买能力有限,但他们乐于接受新鲜事物,消费欲望高涨,极易出现盲目冲动的网络消费行为。为迎合大学生日益高涨的超前消费需求,"花呗""借呗""校园贷"等借贷产品在网络电商平台上迅速兴起,越来越低的门槛、充满诱惑的营销方式抓住了大学生的消费心理,引诱大学生在资金紧张的情况下选择分期购物。《2021年中国大学生消费行为调研分析报告》显示,

53.3%的受访大学生使用分期付款产品,此外分别有19.8%、17.4%的受访大学生会通过分期付款、贷款购买超过预算的产品。

购物节的冲动消费、外卖的从众消费、恋爱的仪式消费、爆款及追星的盲目消费等都导致了大学生超前消费的金额远超自己的偿还能力,进而会陷入"马蒂尔德陷阱",层出不穷的贷款陷阱不仅使大学生陷入无法还贷的窘境,还会导致个人信用降低、个人名誉受损,影响未来发展。

【思政案例一 数值型数据分布数列】

为研究大学生消费情况,在某大学随机抽取100名学生,调查得到他们的平均月消费额如下(单位:元)。

1 300	1 300	1 300	1 180	1 290	800	1 000	1 500	1 500	1 250
900	800	800	1 250	800	800	1 250	1 400	1 250	1 500
800	800	800	1 000	1 000	800	800	1 000	1 500	1 500
1 000	1 000	1 000	1 190	1 390	1 000	1 300	1 500	1 500	1 250
1 500	1 200	1 700	1 300	1 400	1 400	1 100	1 400	1 600	1 700
1 000	800	1 000	1 000	800	800	800	2 000	1 500	2 500
800	1 000	800	1 000	1 100	1 000	1 000	1 800	1 500	2 250
800	1 250	1 250	1 000	800	800	800	1 000	1 500	1 600
800	1 290	800	800	990	1 000	700	2 000	1 500	1 500
980	1 250	800	700	800	1 000	800	1 100	1 500	1 250

试将以上数据整理成组距数列(以500元为组距),并绘制频数分析图(直方图、折线图、曲线图)。

一、使用 FREQUENCY 函数绘制频数分布表(图)

1. 在单元格 B12 中计算原始数据的最小值:MIN(A2:J11)。在单元格 D12 中计算原始数据的最大值:MAX(A2:J11)。在单元格区域 L3:L6 中,根据题目要求,计算并确定各组上限,结果如图表示。

	A	B	C	D	E	F	G	H	I	J	K	L
1	下表为100名大学生每月生活消费金额数据,试将以下数据进行适当分组,编制频数分布及其累计频数分布表,并绘制直方图											
2	1300	1300	1300	1180	1290	800	1000	1500	1500	1250		各组上限
3	900	800	800	1250	800	800	1250	1400	1250	1500		999
4	800	800	800	1000	1000	800	800	1000	1500	1500		1499
5	1000	1000	1000	1190	1390	1000	1300	1500	1500	1250		1999
6	1500	1200	1700	1300	1400	1400	1100	1400	1600	1700		2500
7	1000	800	1000	1000	800	800	800	2000	1500	2500		
8	800	1000	800	1000	1100	1000	1000	1800	1500	2250		
9	800	1250	1250	1000	800	800	800	1000	1500	1600		
10	800	1290	800	800	990	1000	700	2000	1500	1500		
11	980	1250	800	700	800	1000	800	1100	1500	1250		
12	最小值	700	最大值	2500								

2. 选定 B16:B19 作为存放计算结果的区域。点击"公式—插入函数"在弹出的对话框中选择"统计"函数 FREQUENCY,弹出"FREQUENCY"对话框。

3. 确定 FREQUENCY 函数的两个参数的值。其中:Data-array:原始数据或其所在单元格区域(A2:J11);Bins-array:分组各组上限值或其所在单元格区域(L3:L6),如下图所示。按 Shift+Ctrl 键不放,再按 Enter 或确定按钮,系统即可输出各组的频数分布数列。

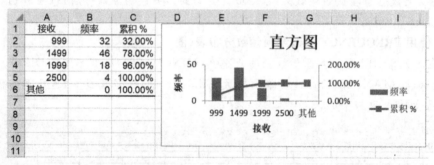

4. 用各种公式计算表中频率,累计频数和频率等。

二、利用 Excel 作频数分布图(绘图第一种方法)

使用 Excel 的"图表"工具即可(操作步骤略)。

三、利用数据分析中的"直方图"工具计算频率分布并画出直方图(绘图第二种方案)

1. 操作步骤:没有数据分析功能的,点击 Office 按钮(即左上角圆圈)—Excel 选项—加载项—转到—分析工具库—确定。

2. 点击"分析—数据分析—直方图—确定"。在"输入区域"文本框中输入原始数据所在的单元格区域,本例为"＄A＄2:＄J＄11";在"接受区域"文本框中输入各个分组边界值所在的单元格区域,本例为"＄L＄3:＄L＄6";选择"输出选项",在本例中选择"新工作组",并可以输入新工作组名称"直方图";选择"图表输出"和"累计百分率"。按"确定"按钮,可得输出结果,如图所示。

【思政案例二 分类数据分布数列】

为研究大学生消费情况,对某班级 48 名学生进行了问卷调查,其中有三个问题如下:

1. 性别:_____。
A. 男　　　　　　　　　　　B. 女
2. 在校期间的平均月消费_____。
A. 600～1 000 元　　B. 1 000～1 500 元　　C. 1 500～2 000 元　　D. 2 000 元以上
3. 生活费来源:_____。
A. 全部来自家庭
B. 部分来自家庭,部分靠自己赚取
C. 全部靠自己赚取

一般问卷数据如下图所示，试制作频数分布表。

一、简单频数表

1．数据替换。选择性别这一列数据，点击"开始—查找和选择—替换"，则弹出如下左图的对话框。在对话框中将本列中"1"替换为"男"，点击"全部替换"。同理可转换其他数据如下右图所示。

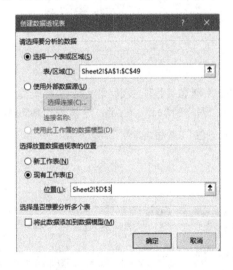

2．点击"插入—数据透视表"，弹出如下左图的对话框。在"表/区域"中选定数据区域，注意需要选择标题栏；选择放置数据透视表的位置，默认为新工作表，也可以选择现有工作表并给定相应位置；点击"确定"，右侧弹出"数据透视表字段"如下右图所示。

3. 将"性别"字段分别拖入数据透视表字段下方"行"和"∑值"中,如下左图所示。则透视表输出位置出现如下右图所示分布数列结果。同理可以得到月消费和生活费来源的分布数列表。

二、二维列联表

由两个类别变量交叉分类形成的频数分布表成为二维列联表,也称交叉表或简称列联表。在数据透视表字段中,将"性别"和"月消费"字段分别拖入"列"和"行"中;将"性别"或"月消费"字段拖入"∑值"中,如下左图所示。则透视表输出位置出现如下右图所示分布数列结果。

三、分类数据的简单分析

如果将月消费的组中值作为每个学生月消费的观测值,则可以利用数据透视表做如下简单分析。将"性别"和"生活费来源"字段分别拖入"列"和"行"中;将"月消费"字段拖入"∑值"中,并点下拉菜单,选择"值字段设置 — 平均值",点击"确定",如下左图所示。则透视表输出位置出现如下右图所示分类汇总结果。

此外,对于分类数据的频数分布表还可以使用比例、百分比、比率等统计量进行描述性分析。如果是有序类别数据,还可以计算累计百分比进行分析。

【思政案例实训】

对本班学生进行《大学生消费情况的问卷调查》,根据问卷数据制作分布数列表,并进行小组讨论分析本班学生消费特点、消费倾向以及存在的问题等,完成统计分析报告。

【思政案例启示】

首先,当代大学生要树立正确的消费观,培养理财意识,做到理性消费,不攀比,不盲目从众,不要以超前消费的方式为所谓的"面子"买单。大学生应做好消费计划,要有意识地培养自己的理财观念,降低对信贷产品的依赖,提高自控力。其次,要加强法律意识。当代大学生要不断加强自己相关方面的法律意识,若确实需要超前消费,一定要使用合法正规的平台,一旦发现被骗,要善于运用法律知识来维护自己的权益。最后,要提高风险防范意识。在借贷时要懂得借贷行为的风险关系,学会辨识诈骗行为,加强风险识别能力和审慎意识,避免落入网络套现骗局。此外,要及时关注国家政策变化,准确了解借贷平台的使用规则。

第四章

统计数据的描述

利用图表展示数据,可以对数据分布的形状和特征有一个大致的了解。但要进一步掌握数据分布的特征,还需要找到反映数据分布特征的各个代表值。数据分布的特征可以从3个方面进行测度和描述:一是分布的集中趋势,反映各数据向其中心值靠拢或聚集的程度;二是分布的离散程度,反映各数据远离其中心值的趋势;三是分布的形状,反映数据分布的偏态和峰度。这3个方面分别反映了数据分布特征的不同侧面,要全面把握数据分布的特征,需要同时对这3个特征进行描述和分析。本章将重点讨论分布特征值的计算方法、特点及其应用场合。

第一节 集中趋势

集中趋势(Central Tendency)是指一组数据向中心值靠拢的程度,它反映了一组数据中心点的位置所在。集中趋势测度也就是寻找数据水平的代表值或中心值,其测度值通常表现为平均值。常用的集中趋势测度值包括五种,具体表现为众数、中位数、算术平均数、调和平均数和几何平均数。

一、众数(Mode)

一组数据中出现频数最多的变量值,称为众数,记作 M_0。它直观地反映数据分布的集中趋势。一般情况下,只有在数据量较大的情况下,众数才有意义。在现实生活中有许多场合都用众数来说明社会经济现象的一般水平。例如,用市场上某种商品普遍成交的价格作为某种商品售价的一般水平;以某公司多数员工的收入作为该公司员工收入的一般水平等。

(一)品质型数据众数的计算

对于品质型数据,经过分类整理后,频数最多的组定为众数组,该组的变量值(即类型)就是众数。

【例 4.1】 一家市场调查公司为研究不同品牌护肤品的市场占有率,对随机抽取的一家商场进行调查。调查员在某天对60名顾客购买护肤品的品牌进行了记录,并整理如表4-1所示。计算"护肤品品牌"的众数。

解:这里的变量为"护肤品品牌",不同的品牌就是变量值。在所调查的60人当中,购买"御泥坊"的人数最多,为15人,因此众数为"御泥坊"这一品牌,即 M_0=御泥坊。

表 4-1 不同品牌护肤品的频数分布

护肤品品牌	购买人数
大宝	11
百雀羚	10
玉兰油	10
御泥坊	15
相宜本草	14
合计	60

（二）数值型数据众数的计算

1. 未分组数据众数的计算

根据未分组数据计算众数时,我们只需找出出现次数最多的变量值,即为众数。

【例 4.2】 一家汽车零售店的 10 名销售人员 5 月份销售的汽车数量(单位:台)排序后如下:3　4　8　11　11　11　12　11　13　15。据此求销售量的众数。

解:从这 10 名销售人员的销售量中可以看出,11 台出现的次数最多,为 4 次,因此销售量的众数为 11 台。

2. 单项式分组数据众数的计算

对于单项式分组数据,众数的确定方法与品质型数据分组整理后的情况一样,即频数最多的组定为众数组,该组的变量值即为众数。

【例 4.3】 在一项关于家庭拥有私家车数量的调查中,随机调查了 200 户家庭,获得如表 4-2 所示的数据:

计算家庭拥有私家车数量的众数。

表 4-2 私家车数量调查表

私家车数量(辆)	户数(户)
0	56
1	109
2	32
3 及以上	3
合计	200

解:这里的变量为"私家车数量",其变量值为 0、1、2、3 及以上。从表中看到,拥有 1 辆私家车的家庭最多,为 109 户,因此众数为"1"这一类别,即 $M_0 = 1$。

3. 组距式分组数据众数的计算

对于组距式分组资料,众数组的确定容易,而众数的确定则不易,需要利用公式近似计算。设众数组的频数为 f_{M_0},众数组前面一组的频数为 f_{M_0-1},众数组后面一组的频数为 f_{M_0+1}。从众数组直方图的两个顶角向相邻两组直方图的两个顶角引直线,再由交叉点向横轴引垂线,与横轴相交的点即为众数。由图 4-1(a)可以看出,当与众数组相邻的两组的频数相等时,即 $f_{M_0-1} = f_{M_0+1}$,众数组的组中值即为众数;当众数组的前一组的频数多于众数组后一组的频数时,即 $f_{M_0-1} > f_{M_0+1}$,如图 4-1(b)所示,则众数会向前一组靠近,众数小于组中值;当众数后一组的频数多于前一组的数据时,即 $f_{M_0-1} < f_{M_0+1}$,如图 4-1(c)所示,则众数会向其后一组靠近,众数大于组中值。根据这种关系,我们可以利用相似三角形推导出分组数据众数的计算公式:

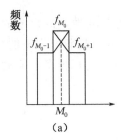
(a)

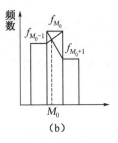
(b)

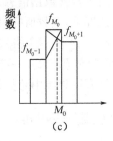
(c)

图 4-1 众数的数值与其相邻两组的频数的关系

$$M_0 = L_{M_0} + \frac{f_{M_0} - f_{M_0-1}}{(f_{M_0} - f_{M_0-1}) + (f_{M_0} - f_{M_0+1})} \times d_{M_0} \quad (4.1)$$

或

$$M_0 = U_{M_0} - \frac{f_{M_0} - f_{M_0+1}}{(f_{M_0} - f_{M_0-1}) + (f_{M_0} - f_{M_0+1})} \times d_{M_0} \quad (4.2)$$

式中：L_{M_0} 表示众数组的下限；U_{M_0} 表示众数组的上限；f_{M_0} 表示众数组的频数；f_{M_0+1} 表示众数组后面一组的频数；f_{M_0-1} 表示众数组前面一组的频数；d_{M_0} 表示众数组的组距。

【例 4.4】 在某地区抽取 100 家企业按利润额进行分组，结果如表 4-3 所示，据此计算该地区企业的利润额的众数。

解：由表 4-3 的数据可知，频数最多的组为第三组，为 45 个，即利润额在 400～500 万元之间为众数组，依式（4.1）或（4.2），计算利润额众数如下：

$$M_0 = L_{M_0} + \frac{f_{M_0} - f_{M_0-1}}{(f_{M_0} - f_{M_0-1}) + (f_{M_0} - f_{M_0+1})} \times d_{M_0}$$

$$= 400 + \frac{45 - 23}{(45 - 23) + (45 - 16)} \times 100$$

$$\approx 443.14$$

或

$$M_0 = U_{M_0} - \frac{f_{M_0} - f_{M_0+1}}{(f_{M_0} - f_{M_0-1}) + (f_{M_0} - f_{M_0+1})} \times d_{M_0}$$

$$= 500 - \frac{45 - 16}{(45 - 23) + (45 - 16)} \times 100$$

$$\approx 443.14$$

表 4-3 企业利润额分组表

按利润额分组（万元）	企业数（个）
200～300	10
300～400	23
400～500	45
500～600	16
600 以上	6
合计	100

应该注意的是，以上给出的公式仅适用于组距相等的分组数据，至少频数较多的几个组的组距应该相等，否则众数组和众数值会随着分组组距的变化而变化，众数的计算也就失去了意义。

众数具有以下特点：

(1) 众数是以它在所有标志值中所处的位置来确定的，它不受分布数列的极大值或极小值的影响，从而增强了众数对分布数列的代表性。

(2) 从分布的角度看，众数是具有明显集中趋势的数值，一组数据分布的最高峰点所对应的数值即为众数。当然，如果数据的分布没有明显的集中趋势或最高峰点，众数也可能不存在；如果有两个或多个最高峰点，也可以有两个或多个众数。

(3) 缺乏敏感性。这是由于众数的计算只利用了众数组及相邻组的数据信息，不像数值平均数利用了全部数据信息。

在一些情况下，众数所提供的信息会有掩盖性，如一个由 100 件产品组成的群体，无论它有 51 件合格（49 件不合格）或者 99 件合格（1 件不合格），其合格状况变量的众数都是合格，显然这两种情况是大不一样的。由此可见，众数适用于描述具有较多个值的变量，且变量值的分布具有明显集中趋势的情况。

二、中位数（Median）

中位数是一组数据按大小排序后，处于中间位置上的变量值。显然，中位数将全部数据等分成两部分，每一部分包含 50% 的数据，一部分数据比中位数大，另一部分则比中位数小。与众数类似，中位数也是一个位置代表值。中位数的计算可主要分为两个步骤：一是确定中点位置，二是找出中点位置对应的变量值。

（一）根据未分组数据计算中位数

根据未分组数据计算中位数时，要先对数据进行排序，然后确定中位数的位置，最后确定中位数的具体数值。中位数位置的确定公式为：

$$中位数位置 = \frac{n+1}{2} \qquad (4.3)$$

式中 n 为数据个数。若 n 为奇数，则对应中位数位置那个变量值即为中位数；若 n 为偶数，则对应中位数位置左右相邻两个变量值的平均值即为中位数。

【例 4.5】 在某次测试数学测试中，分别从一班和二班随机抽取了 10 份和 9 份试卷，其成绩如下，计算这两组数据的中位数。

一班：85，81，89，81，72，82，77，81，79，83

二班：75，86，89，92，83，86，78，88，71

解： 先将上面的数据顺序排列。结果如下：

一班：72，77，79，81，81，81，82，83，85，89

二班：71，75，78，83，86，86，88，89，92

一班数学成绩的中位数位置 $= \frac{10+1}{2} = 5.5$，中位数即为第 5、6 项数值的平均数，即 $M_e = \frac{1}{2}[x_5 + x_6] = \frac{1}{2}(81+81) = 81$。

二班数学成绩的中位数位置 $= \frac{9+1}{2} = 5$，中位数即为第 5 项，即 $M_e = x_5 = 86$。

（二）根据已分组数据计算中位数

对于变量值个数很多，而且已经过分组整理的数据，此时中位数位置 $= \frac{\sum f}{2}$，根据积累频数确定中位数所在的组，再确定中位数的具体值。

1. 单项式分组数据的中位数

对于单项式分组数据，确定中位数所在的组后，该组的变量值即为中位数。

【例 4.6】 对某班级 50 名学生的年龄进行了调查，得到的分组资料如表 4-4 所示，计算学生年龄的中位数。

解： 根据表 4-4 资料作累计次数分布如表 4-5 所示：

表 4-4 某班级学生年龄分组资料

年龄	学生人数
17	6
18	14
19	18
20	9
21	3
合计	50

表 4-5 某班级年龄分组计算表

年龄	学生人数	累计人数（从上往下累计）
17	6	6
18	14	20
19	18	38
20	9	47
21	3	50
合计	50	—

中位数位置 $= \frac{\sum f}{2} = \frac{50}{2} = 25$，按照累计人数观察，第三组累计次数为 38，即为中位数组，所以该班级年龄的中位数即为 19 岁。

2. 组距式分组数据的中位数

对于组距式分组数据,确定其中位数同样也需要两步进行:

(1) 从变量数列的累计频数栏中找到第 $\frac{\sum f}{2}$ 个单位所在的组,然后就找出了中位数组,该组的上、下限规定了中位数的可能取值范围。

(2) 假定在中位数组内的各单位是均匀分布的,就可利用下面的公式计算中位数的近似值:

$$M_e = L_{M_e} + \frac{\frac{\sum f}{2} - S_{M_e-1}}{f_{M_e}} \times d_{M_e} \qquad (4.4)$$

或

$$M_e = U_{M_e} - \frac{\frac{\sum f}{2} - S_{M_e+1}}{f_{M_e}} \times d_{M_e} \qquad (4.5)$$

式中:S_{M_e-1} 表示到中位数前一组为止的向上累计频数;S_{M_e+1} 表示到中位数后一组为止的向下累计频数;L_{M_e} 表示中位数组的下限;U_{M_e} 表示中位数组的上限;d_{M_e} 表示中位数组的组距;f_{M_e} 表示中位数组的频数。

【例 4.7】 仍以表 4-3 的资料为例,计算该地区企业利润额的中位数。

解:确定中位数的过程如表 4-6 所示。

表 4-6 某地区企业利润额分组表

按利润额分组(万元)	企业数(个)	向上累计频数	向下累计频数
200~300	10	10	100
300~400	23	33	90
400~500	45	78	67
500~600	16	94	22
600 以上	6	100	6
合计	100	—	—

$$\text{中位数位置} = \frac{\sum f}{2} = \frac{100}{2} = 50$$

无论按照向上累计数还是向下累计数观察,中位数均处于第三组,即利润额为 400~500 元中;将有关数据代入式(4.4)或(4.5)中计算过程如下:

$$M_e = L_{M_e} + \frac{\frac{\sum f}{2} - S_{M_e-1}}{f_{M_e}} \times d_{M_e} = 400 + \frac{50-33}{45} \times 100 \approx 437.78$$

或

$$M_e = U_{M_e} - \frac{\frac{\sum f}{2} - S_{M_e+1}}{f_{M_e}} \times d_{M_e} = 500 - \frac{50-22}{45} \times 100 \approx 437.78$$

中位数的特点有以下几个方面：

（1）中位数是以它在所有变量值中所处的位置来确定的，不受分布数列的极大值或极小值影响，从而在一定程度上提高了中位数对分布数列的代表性。

（2）缺乏敏感性。这是由于中位数的计算只利用了中位数数组及部分组的数据信息，而未利用其全部信息。

三、分位数

中位数是从中间点将全部数据等分为两部分。与中位数类似的还有四分位数、十分位数和百分位数等。它们分别是用3个点、9个点和99个点将数据4等分、10等分和100等分后的各分位点上的值。这里只介绍四分位数的计算，其他分位数与之类似。

四分位数也称四分位点，是通过3个点将全部数据等分为四部分，其中每部分包含25%的数据，处于25%、50%和75%分位点上的数值就是四分位数，分别记为Q_1，Q_2，Q_3。其中Q_1是第一个四分位点也称下四分位点，Q_2是中间的四分位点即中位数，Q_3是上四分位点。

对未分组数据计算四分位数，与中位数的计算方法类似，首先对数据进行排序，然后确定四分位数的位置，最后确定四分位数的具体数值。各四分位数可以根据如下公式求得：

$$Q_1 = x_{\frac{n+1}{4}} \quad Q_2 = x_{\frac{2(n+1)}{4}} \quad Q_3 = x_{\frac{3(n+1)}{4}} \tag{4.6}$$

如果算出来的四分位数的位置不是整数的形式，要根据算出来的小数与其前后位置的数进行比例推算。

【例4.8】 沿用例4.5中在一班随机抽取的10名学生的数学成绩，计算该组数据的四分位数。（一班：85,81,89,81,72,82,77,81,79,83）

解：先将数据进行排序（数据按从小到大顺序排列）如下：
72,77,79,81,81,81,82,83,85,89
其次确定四分位数所在的位置：

Q_1的位置 $= \frac{n+1}{4} = \frac{10+1}{4} = 2.75$，即$Q_1$在第2个数值和第3个数值之间0.75的位置上，因此$Q_1 = 77 + (79-77) \times 0.75 = 78.5$（分）；

Q_3的位置 $= \frac{3(n+1)}{4} = \frac{3(10+1)}{4} = 8.25$，即$Q_3$在第8个和第9个数值之间0.25的位置上，因此$Q_3 = 83 + (85-83) \times 0.25 = 83.5$（分）；

由于Q_1和Q_3之间包含了50%的数据，因此，我们可以说有一半的学生成绩在78.5～83.5分之间。其实，四分位数位置的确定方法不止上述的一种方法，上述的方法是一种较为准确的算法。在SPSS软件中应用的就是这种方法，在不同的统计软件中使用的计算方法可能不一样，因此，对同一组数据用不同软件得到的四分位数结果也可能有所差异，但差异不会太大。

四、算术平均数

算术平均数也称为均值，是平均指标中最重要的一种，它是所有平均指标中应用最广泛的平均数，也是集中趋势的最主要测度值。它主要适用于数值型数据，而不适用于分类数据和顺序数据。如果是样本数据，其算术平均数用$\bar{x}$表示；如果是总体数据，其算术平均数以μ表示。根据所掌握的数据是否分组，算术平均数分为简单算术平均数与加权算术平均数两种计算形式。

（一）简单算术平均数

简单算术平均数是根据未经分组整理的原始数据计算的，即直接将每个变量值相加除以数值个数。计算公式为：

$$\mu = \frac{X_1 + X_2 + \cdots + X_N}{N} = \frac{\sum_{i=1}^{N} X_i}{N} \tag{4.7}$$

或

$$\bar{x} = \frac{x_1 + x_2 + \cdots + x_n}{n} = \frac{\sum_{i=1}^{n} x_i}{n} \tag{4.8}$$

式中：X_i、x_i 分别表示总体、样本中第 i 项数值；N、n 分别表示总体容量和样本容量。

【例4.9】 继续沿用例4.5，在一班随机抽取的10名学生的数学成绩，计算其平均成绩。（一班：85,81,89,81,72,82,77,81,79,83）

解：将数据代入式(4.8)中，得：

$$\bar{x} = \frac{85 + 81 + \cdots + 83}{10} = 81(\text{分})$$

即抽取的10名学生的平均成绩为81分。

（二）加权算术平均数

根据分组整理的数据计算算术平均数，要以各组变量值出现的次数或频数为权数计算加权算术平均数。计算公式如下：

$$\mu = \frac{X_1 F_1 + X_2 F_2 + \cdots + X_K F_K}{F_1 + F_2 + \cdots + F_K} = \frac{\sum_{i=1}^{K} X_i F_i}{\sum_{i=1}^{K} F_i} \tag{4.9}$$

或

$$\bar{x} = \frac{x_1 f_1 + x_2 f_2 + \cdots + x_k f_k}{f_1 + f_2 + \cdots + f_K} = \frac{\sum_{i=1}^{k} x_i f_i}{\sum_{i=1}^{k} f_i} \tag{4.10}$$

式中：X_i、x_i 分别表示总体、样本中第 i 组的变量值或组中值；F_i、f_i 分别表示总体、样本中第 i 组的频数；K、k 分别表示总体、样本中的组数。

如果我们掌握的分组资料中只有各组的变量值及其频率时，可按下面的公式计算加权算术平均数。

$$\mu = \sum_{i=1}^{K} X_i \cdot \frac{F_i}{\sum_{i=1}^{K} F_i} \tag{4.11}$$

或

$$\bar{x} = \sum_{i=1}^{k} x_i \cdot \frac{f_i}{\sum_{i=1}^{k} f_i} \tag{4.12}$$

在计算简单平均数时,其数值的大小只与变量值的大小有关,但由公式(4.10)可以看出,加权算术平均数不仅受各组变量值(x_i)的影响,而且还受各组变量值出现的频数即权数(f_i)的影响。如果某一组的权数较大,说明该组的数据较多,那么该组数据的大小对平均数的影响就越大;反之则越小。

公式(4.12)是公式(4.10)的变形,由公式(4.12)可以清楚地看出,平均值受各组变量值和频率大小的影响。频率越大,相应的变量值计入平均数的份额也就越大,对平均数的影响就越大;反之,频率越小,相应的变量值计入平均数的份额也越小,对平均数的影响就越小。

平均数在统计学中具有重要的地位,它是进行统计分析和统计推断的基础。从统计思想上看,平均数是一组数据的重心所在,是数据误差相互抵消后的必然性结果。比如对同一事物进行多次测量,若所得结果不一致,可能是由于测量误差所致,也可能是其他因素的偶然影响,利用平均数作为其代表值,则可以使误差相互抵消,反映出事物必然性的数量特征。

【例 4.10】 某储蓄所为 120 名客户办理贷款的资料如表 4-7 所示,要求计算该储蓄所每个客户贷款的平均贷款额。

表 4-7 贷款情况分组表

贷款额(万元)	贷款户数(户)
20 以下	15
20～40	27
40～60	42
60～80	21
80～100	12
100 以上	3
合计	120

解:计算过程如表 4-8 所示:

表 4-8 平均贷款额计算表

贷款额(万元)	贷款户数(f)	组中值(x)	各组贷款额(xf)	贷款户数比重 $\left(\dfrac{f}{\sum f}\right)$	$x\dfrac{f}{\sum f}$
20 以下	15	10	150	0.125	1.25
20～40	27	30	810	0.225	6.75
40～60	42	50	2 100	0.35	17.5
60～80	21	70	1 470	0.175	12.25
80～100	12	90	1 080	0.1	9
100 以上	3	110	330	0.025	2.75
合计	120	—	5 940	1	49.5

注:表中的首组和末组均为开口组,在确定其组中值时通常是将相邻组的组距视作本组的假定组距,以此推测取值。

根据式(4.10)得：

$$\bar{x} = \frac{\sum xf}{\sum f} = \frac{5\,940}{120} = 49.5(万元)$$

或根据式(4.12)得：

$$\bar{x} = \sum x \cdot \frac{f}{\sum f} = 49.5(万元)$$

五、调和平均数

调和平均数是各变量值倒数的算术平均数的倒数，因而也称为倒数平均数。在实际工作中，经常会遇到只有各组变量值和各组标志总量而缺失总体单位数的情况，这是就要用调和平均数法计算平均指标，其计算形式有简单调和平均数和加权调和平均数两种。

简单调和平均数：

$$H = \frac{n}{\frac{1}{x_1} + \frac{1}{x_2} + \cdots + \frac{1}{x_n}} = \frac{n}{\sum_{i=1}^{n} \frac{1}{x_i}} \qquad (4.13)$$

加权调和平均数：

$$H = \frac{m_1 + m_2 + \cdots + m_n}{\frac{m_1}{x_1} + \frac{m_2}{x_2} + \cdots + \frac{m_n}{x_n}} = \frac{\sum_{i=1}^{n} m_i}{\sum_{i=1}^{n} \frac{m_i}{x_i}} \qquad (4.14)$$

在实际应用中，加权调和平均数常常作为加权算术平均数的变形应用，用于解决某些经济现象由于数量（产量、销售量等）未知、无法直接按照加权算术平均数的形式计算平均变量值等情况。

【例 4.11】 根据表 4-9 的数据，计算客户贷款额的均值。

解：根据表 4-9 中的数据，若计算客户的平均贷款额，需要先求出贷款户数，再以贷款总额除以贷款户数。计算过程如表 4-10 所示。

表 4-9 贷款情况分组表

贷款额（万元）	各组贷款额（万元）
20 以下	150
20~40	810
40~60	2 100
60~80	1 470
80~100	1 080
100 以上	330
合计	5 940

表 4-10 平均贷款额计算表

贷款额（万元）	组中值(x)	各组贷款额(m)	贷款户数(m/x)
20 以下	10	150	15
20~40	30	810	27
40~60	50	2 100	42
60~80	70	1 470	21
80~100	90	1 080	12
100 以上	110	330	3
合计	—	5 940	120

将上述数据代入式(4.14)中，计算结果如下：

$$H = \frac{\sum m}{\sum \frac{m}{x}} = \frac{5\,940}{120} = 49.5$$

这一结果与加权算术平均数的计算结果相同。由此可见,在根据分组资料计算平均数时,若已知条件为各组的变量值(x_i)及其各组变量值总和(m_i)时,可采用加权调和平均数计算平均数;若已知条件为各组的变量值(x_i)及其各组(f_i)的频数时,可采用加权算术平均法计算平均数。对于同一资料,两种方法的计算结果是一致的,其关系式表现为:

$$H = \frac{\sum_{i=1}^{n} m_i}{\sum_{i=1}^{n} \frac{m_i}{x_i}} = \frac{\sum_{i=1}^{k} x_i f_i}{\sum_{i=1}^{k} f_i} = \bar{x}$$

六、几何平均数

几何平均数是适应于特殊数据的一种平均数,在实际生活中,通常用来计算平均比率和平均速度。当所掌握的变量值本身是比率的形式,而且各比率的乘积等于总的比率时,就应采用几何平均数法计算平均比率。几何平均数是若干个变量值的连乘积开数次方来计算的一种平均数,其计算形式分为简单几何平均数和加权几何平均数两种。

(一) 简单几何平均数

简单几何平均数是 n 个变量值连乘积的 n 次方根。其计算公式为:

$$G = \sqrt[n]{x_1 \cdot x_2 \cdots x_n} = \sqrt[n]{\prod_{i=1}^{n} x_i} \tag{4.15}$$

【例 4.12】 某企业 2016 年至 2020 年的销售额增长率分别为 21%、25%、33%、50%、45%,计算该企业 5 年销售额的平均增长率是多少。

解:通过给出的数据可知,各年与前一年相比的比值分别为 121%、125%、133%、150%、145%,这些数据代入式(4.15),计算结果如下:

$$G = \sqrt[5]{121\% \times 125\% \times 133\% \times 150\% \times 145\%} \approx 134.34\%$$

因此平均增长率为

$$134.34\% - 100\% = 34.34\%$$

在本题中如果采用算术平均数计算,则年平均增长率为:(21% + 25% + 33% + 50% + 45%) ÷ 5 = 34.8%,尽管与几何平均的结果相差不大,但这一结果是错误的。因为各年增长率的比较基期不同,不具有可加性。根据增长率的概念可进行如下分析。

设开始的数值为 y_0,逐年增长率为 $G_1, G_2, \cdots, G_n$,第 n 年的数值为:

$$y_n = y_0(1+G_1)(1+G_2)\cdots(1+G_n) = y_0 \prod_{i=1}^{n}(1+G_i) \tag{4.16}$$

从 y_0 到 y_n 用 n 年,每年的增长率都相同,这个增长率 G 就是平均增长率 $\bar{G}$,即上式中的 G_i 就等于 G。因此有

$$(1+G)^n = \prod_{i=1}^{n}(1+G_i) \tag{4.17}$$

$$\bar{G} = \sqrt[n]{\prod_{i=1}^{n}(1+G_i)} - 1 \tag{4.18}$$

当所平均的各比率数值差别不大时,算术平均和几何平均的结果相差不大,如果各比率的数值相差较大时,二者的差别就很明显。

当然几何平均数也可以看作是平均数的一种变形。对式(4.15)两端取对数得

$$\lg G = \frac{1}{n}(\lg x_1 + \lg x_2 + \cdots + \lg x_n) = \frac{\sum_{i=1}^{n} \lg x_i}{n} \qquad (4.19)$$

可以看出,几何平均数的对数是各变量值对数的算术平均。需要注意的是,当数据中出现零值或负值时不宜计算几何平均数。

(二)加权几何平均数

对于每个变量值频数不同的分组资料,可采用加权几何平均数。其计算公式为:

$$G = \sqrt[f_1+f_2+\cdots+f_n]{x_1^{f_1} \cdot x_2^{f_2} \cdots \cdot x_n^{f_n}} = \sqrt[\sum f]{\prod_{i=1}^{n} x_i^{f_i}} \qquad (4.20)$$

【例 4.13】 某企业从银行贷款 100 万元,贷款期限为 8 年,其利率是按复利计算,其中有 1 年为 2.5%,有 2 年为 3%,有 4 年为 6%,有 1 年为 1%,求平均年利率。

解:首先将各年利率加 100%,计算出各年本利率,然后以年数为权数计算加权几何平均数。

$$G = \sqrt[\sum f]{\prod x_i^{f_i}} = \sqrt[8]{102.5^1 \times 103^2 \times 106^4 \times 101^1} \approx 104.17\%$$

年平均贷款利率为:104.17% − 100% = 4.17%

七、众数、中位数和平均数的比较

(一)众数、中位数和平均数的关系

众数、中位数和平均数各自具有不同的特点,掌握它们之间的关系和各自的不同特点,有助于在实际应用中选择合理的测度值来描述数据的集中趋势。

从分布的角度看,众数始终是一组数据分布的最高峰值,中位数是处于一组数据中间位置的值,而均值则是全部数据的算术平均。平均数与众数、中位数的关系取决于频数分布的状况。它们的关系如下:

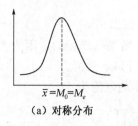
(a)对称分布

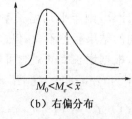
(b)右偏分布

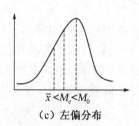
(c)左偏分布

图 4-2 众数、中位数和均值的关系

1. 当数据具有单一众数且频数分布对称时,平均数与众数、中位数三者完全相等,即 $\bar{x} = M_0 = M_e$,如图 4-2(a)所示;

2. 当频数分布呈现右偏态时,说明数据存在极大值,必然拉动算术平均数向极大值一方靠近,则三者之间的关系为 $M_0 < M_e < \bar{x}$,如图 4-2(b)所示;

3. 当频数分布呈现左偏态时,说明数据存在极小值,必然拉动算术平均数向极小值一

方靠近,而众数和中位数由于是位置平均数,不受极值的影响,因此,三者之间的关系为 $\bar{x} < M_e < M_0$,如图 4-2(c)所示。

(二) 众数、中位数和平均数应用场合

众数是一组数据分布的峰值,是一种位置代表值。其优点是易于理解,不受极端值的影响。当数据的分布具有明显的集中趋势时,尤其是对偏态分布,众数的代表性比平均数要好。其缺点是具有不唯一性,对于一组数据可能有一个众数,也可能有两个或多个众数,也可能没有众数。众数只有在数据量较多时才有意义,当数据量较少时,不宜使用众数。虽然在数值型数据中也可以计算众数,但众数主要适合于作为品质型数据的集中趋势测度值。

中位数是一组数据中间位置上的代表值,与中位数类似的还有四分位数、十分位数和百分位数等,它们也都是位置代表值,其特点是不受数据极端值的影响。当一组数据的分布倾斜程度较大时,使用中位数也许是一个好的选择。中位数以及其他分位数主要适合于作为顺序性数据的集中趋势测度值。

平均数是对数值型数据计算的,而且利用了全部的数据信息,它是实际中应用最广泛的集中趋势测度值。平均数主要适用于作为数值型数据的集中趋势测度值,不能用于测度品质型数据,虽然对于数值型数据也可以计算众数和中位数,但以平均数为宜。当数据呈对称分布时,3个代表值相等或接近相等,这时应选择平均数作为集中趋势的代表值。但平均值主要的缺点是易受数据极端值的影响,对于偏态分布的数据,平均值的代表性较差。因此当数据为偏态分布,特别是当倾斜的程度较大时,可以考虑选择众数或中位数等位置代表值,这时它们的代表值要比平均数好。

第二节 离散程度

集中趋势只是数据分布的一个特征,它所反映的是各变量值向其中心值聚集的程度。数据的分散程度是数据分布的另一个重要特征,它所反映的是各变量值远离其中心值的程度,因此也称为离中趋势。数据的离散程度越大,集中趋势的测度值对该组数据的代表性就越差;离散程度越小,其代表性就越好。用于描述数据离散程度的测度值主要包括极差、四分位差、方差和标准差、离散系数等。

一、极差

极差是指总体各单位变量值中最大值与最小值之差,又称为全距,用来说明变量值的变动范围。其计算公式为:

$$R = 最大值 - 最小值 \tag{4.21}$$

【例 4.14】 继续沿用例 4.5 中在一班随机抽取的 10 名学生的数学成绩,计算其极差。(一班:85,81,89,81,72,82,77,81,79,83)

解:$R = 89 - 72 = 17$

计算表明,10 名学生成绩的变化幅度为 17。

极差的优点是根据变量数列中的最大值和最小值计算,方法简便、意义清楚。但极差只是总体中两个极端变量值的差异,不是根据全部变量值计算的,容易受极端值的影响。在实

际工作中,极差常用来检查产品质量的稳定性和进行质量控制。在正常生产条件下,极差在一定范围内波动,若极差超过给定的范围,就说明有异常情况出现。因此利用极差有助于及时发现问题,以便采取措施,保证产品质量。

二、四分位差

上四分位数与下四分位数之差,称为四分位差,也称为内距或四分位距,用 Q_d 表示,计算公式为:

$$Q_d = Q_3 - Q_1 \tag{4.22}$$

四分位差反映了中间 50% 数据的离散程度,其数值越小,说明中间的数据越集中;其数值越大,说明中间的数据越分散。四分位差不受极值的影响。此外,由于中位数处于数据的中间位置,因此,四分位差的大小在一定程度上也说明了中位数对一组数据的代表程度。

四分位差主要测度顺序数据的离散程度。当然,对于数值型数据也可以计算四分位差,但不适合于分类数据。

【例 4.15】 沿用例 4.8 的计算结果,计算学生成绩的四分位差。

解:根据例 4.8 的计算结果可知,$Q_1=78.5$(分),$Q_3=83.5$(分)。则四分位差为:

$$Q_d = Q_3 - Q_1 = 83.5 - 78.5 = 5(\text{分})$$

三、方差和标准差

方差和标准差是测度数据离散程度的最重要、最常用的指标。方差是各个变量值与其算术平均数的离差平方的算术平均数。方差的计量单位和量纲不便于从经济意义上进行解释,所以实际统计工作中多用方差的算术平方根——标准差,来度量总体的离散程度。标准差又称为均方差,具有量纲,与变量值的计量单位一致。根据总体数据和根据样本数据计算的方差和标准差,在数学处理上略有不同。

(一)总体方差和标准差

总体的方差为 σ^2,标准差为 σ,对于未分组整理的原始资料,方差和标准差的计算公式分别为:

$$\sigma^2 = \frac{\sum_{i=1}^{N}(X_i-\mu)^2}{N}; \quad \sigma = \sqrt{\frac{\sum_{i=1}^{N}(X_i-\mu)^2}{N}} \tag{4.23}$$

对于组距式分组数据,方差和标准差的计算公式为:

$$\sigma^2 = \frac{\sum_{i=1}^{K}(X_i-\mu)^2 F_i}{\sum_{i=1}^{K} F_i}; \quad \sigma = \sqrt{\frac{\sum_{i=1}^{K}(X_i-\mu)^2 F_i}{\sum_{i=1}^{K} F_i}} \tag{4.24}$$

(二)样本的方差和标准差

样本的方差、标准差与总体的方差、标准差在计算上有所差别。总体的方差和标准差在对各个离差平方平均时是除以数据个数或总频数,而样本的方差在对各个离差平方平均时是用总离差平方和除以样本数据个数或总频数减 1。

样本的方差用 s^2 表示,标准差用 s 表示,对于未分组整理的原始资料,方差和标准差的计算公式为:

$$s^2 = \frac{\sum_{i=1}^{n}(x_i-\bar{x})^2}{n-1}; \quad s = \sqrt{\frac{\sum_{i=1}^{n}(x_i-\bar{x})^2}{n-1}} \tag{4.25}$$

组距式数据:

$$s^2 = \frac{\sum_{i=1}^{k}(x_i-\bar{x})^2 f_i}{\sum_{i=1}^{k}f_i - 1}; \quad s = \sqrt{\frac{\sum_{i=1}^{k}(x_i-\bar{x})^2 f_i}{\sum_{i=1}^{k}f_i - 1}} \tag{4.26}$$

【例 4.16】 继续沿用例 4.5 中在一班随机抽取的 10 名学生的数学成绩,计算这 10 名学生成绩的方差和标准差。(一班:85,81,89,81,72,82,77,81,79,83)

解:由例 4.8 我们知道数学成绩的平均值 $\bar{x}=81$,按照式(4.25)得:

$$s^2 = \frac{(85-81)^2+(81-81)^2+\cdots+(79-81)^2+(83-81)^2}{10-1} \approx 20.67$$

$$s = \sqrt{20.67} \approx 4.55$$

【例 4.17】 沿用例 4.10 的数据,计算客户贷款额的方差和标准差。

解:已知 $\bar{x}=49.5$,计算过程见表 4-11:

表 4-11 方差和标准差计算表

贷款额(万元)	贷款户数(f)	组中值(x)	$(x-\bar{x})^2$	$(x-\bar{x})^2 f$
20 以下	15	10	1 560.25	23 403.75
20~40	27	30	380.25	10 266.75
40~60	42	50	0.25	10.5
60~80	21	70	420.25	8 825.25
80~100	12	90	1 640.25	19 683
100 以上	3	110	3 660.25	10 980.75
合计	120	—	7 661.5	73 170

根据式(4.26)得:

$$s^2 = \frac{\sum(x-\bar{x})^2 f}{\sum f - 1} = \frac{73\,170}{120-1} \approx 614.87 \quad s = \sqrt{614.87} \approx 24.80$$

方差或标准差是根据全部数据计算的,它反映了每个数据与其均值相比平均相差的数值,因此,它能准确地反映出数据的离散程度;其在数学处理上通过平方消去离差的正负号,更便于数学上的处理,因此,方差和标准差是实际中应用最广泛的离散程度测度值。

四、离散系数

上面介绍的各离散程度测度值都是反映数据分散程度的绝对值,其数值的大小一方面取决于原变量值本身水平的高低,也就是与变量的均值大小有关。变量值绝对水平越高,离散程度的测度值自然也就越大;绝对水平越低,离散程度的测度值自然也就越小。另一方面,它们与原变量值的计量单位相同,采用不同计量单位计量的变量值,其离散程度的测度值也就不同。因此,对于平均水平不同或计量单位不同的组别的变量值,是不能直接用上述离散程度的测度值直接进行比较的。为了消除变量值水平的高低和计量单位的不同对离散程度测度值的影响,需要计算离散系数。

离散系数是反映一组数据相对差异程度的指标,一组数据的标准差与其相应的平均数之比,即为离散系数。其计算公式为:

总体离散系数:

$$V = \frac{\sigma}{\mu} \tag{4.27}$$

样本离散系数:

$$v = \frac{s}{\bar{x}} \tag{4.28}$$

【例4.18】 对某学校体操队队员的体重进行调查,从男子体操队随机抽取5名队员,从女子体操队随机抽取6名队员,统计他们的体重,结果如下:

男队员:$\bar{x} = 52.8, s = 1.47$

女队员:$\bar{x} = 44, s = 1.32$

试比较哪个队的队员体重更均匀。

解:$v_{男} = \frac{s}{\bar{x}} = \frac{1.47}{52.8} = 0.028 \quad v_{女} = \frac{s}{\bar{x}} = \frac{1.32}{44} = 0.030$

从标准差看,男队体重的标准差比女队大,但男队的体重水平比女队高,所以不能直接根据标准差来判断哪个队队员的体重更均匀,必须以离散系数来判断。根据离散系数的计算结果表明,男队的离散系数比女队的离散系数更小,所以正确的结论应当是男队队员的体重比较均匀。

第三节 偏态与峰度

集中趋势和离散程度是数据分布的两个重要特征,但要全面了解数据的分布特点,还需要知道数据分布的形状是否对称、偏斜的程度以及分布的扁平程度等。偏态和峰度就是对分布形状的测度。

一、偏态

偏态一词是由统计学家K. Pearson于1895年首次提出的,它是对分布偏斜方向及程度的度量。从前面的内容中我们已经知道,频数分布有对称的和不对称的(即偏态)。在偏态的分布中,又有两种不同的形态,即左偏和右偏。我们可以利用众数、中位数和算术平均数之间的关系判断分布是左偏还是右偏,但要度量分布偏斜的程度,就需要计算偏态系数了。

偏态系数计算公式为:

未分组数据的偏态系数:

$$\alpha = \frac{\sum_{i=1}^{n}(x_i-\bar{x})^3}{ns^3} \quad (4.29)$$

已分组数据的偏态系数：

$$\alpha = \frac{\sum_{i=1}^{k}(x_i-\bar{x})^3 f_i}{(\sum_{i=1}^{k}f_i)s^3} \quad (4.30)$$

从公式可以看出，偏态系数是根据离差三次方的平均数再除以标准差的三次方而求得。当数据分布对称时，正负离差刚好抵消，α 为零；当数据分布不对称时，正负离差不能相互抵消，如果正离差数值较大，则 α 大于零，表示数据分布呈右偏或是正偏；如果负离差数值较大，则 α 小于零，表示数据分布呈左偏或是负偏。α 的绝对值越大，说明数据偏斜的程度就越大。

二、峰度

峰度是对分布陡峭程度的度量。通常与正态分布的高峰相比较，若分布的形状又低又阔，称为平峰分布或扁平分布；若分布的形状又高又窄，则称为尖峰分布。如图 4-3 所示。

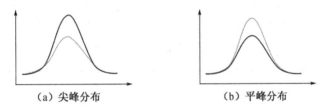

（a）尖峰分布　　　　　（b）平峰分布

图 4-3　峰度分布的形状

对数据峰度程度的描述需要计算峰度系数的，其计算公式为：

未分组数据的峰度系数：

$$\beta = \frac{\sum_{i=1}^{n}(x_i-\bar{x})^4}{ns^4} \quad (4.31)$$

已分组数据的峰度系数：

$$\beta = \frac{\sum_{i=1}^{k}(x_i-\bar{x})^4 f_i}{(\sum_{i=1}^{k}f_i)s^4} \quad (4.32)$$

公式中的 β 为峰度系数，显然它是根据离差四次方的平均数再除以标准差的四次方而求得。通过峰度系数来说明数据分布的尖峰和扁平程度，是通过与正态分布的峰度系数进行比较而言的。通常情况下，正态分布的峰度系数为 3，所以当 $\beta>3$ 时，数据为尖峰分布，当 $\beta<3$ 时，数据为扁平分布。

【例 4.19】　继续沿用例 4.5 中在一班随机抽取的 10 名学生的数学成绩，计算偏态系数和峰度系数。（一班：85,81,89,81,72,82,77,81,79,83）

解：已知 $\bar{x}=81, s^2=20.67, s=4.55$，将数据代入式（4.29）和（4.31），得：

$$\alpha = \frac{\sum_{i=1}^{n}(x_i - \bar{x})^3}{ns^3} = \frac{(85-81)^3 + (81-81)^3 + \cdots + (83-81)^3}{10 \times 4.55^3} \approx -0.23$$

$$\beta = \frac{\sum_{i=1}^{n}(x_i - \bar{x})^4}{ns^4} = \frac{(85-81)^4 + (81-81)^4 + \cdots + (83-81)^4}{10 \times 4.55^4} \approx 2.62$$

根据以上的计算结果可以看出,该样本呈现左偏分布,且分布曲线为扁平分布。

【例 4.20】 沿用例 4.10 的数据,计算客户贷款额的偏态系数和峰度系数。

解:将例 4.10 中的数据代入式(4.30)和(4.32)中,计算过程如表 4-12 所示:

表 4-12 偏态与峰度系数计算表

贷款额(万元)	贷款户数(f)	组中值(x)	$x-\bar{x}$	$(x-\bar{x})^3 f$	$(x-\bar{x})^4 f$
20 以下	15	10	-39.5	-294 448	36 515 700.94
20~40	27	30	-19.5	-200 202	3 903 931.688
40~60	42	50	0.5	5.25	2.625
60~80	21	70	20.5	180 917.6	3 708 811.313
80~100	12	90	40.5	797 161.5	32 285 040.75
100 以上	3	110	60.5	664 335.4	40 192 290.19
合计	120	—	—	517 770	116 605 777.5

已知 $\bar{x} = 49.5, s = 24.80$

$$\alpha = \frac{\sum_{i=1}^{k}(x_i - \bar{x})^3 f_i}{(\sum_{i=1}^{k} f_i)s^3} = \frac{517\,770}{120 \times 24.8^3} \approx 0.28$$

$$\beta = \frac{\sum_{i=1}^{k}(x_i - \bar{x})^4 f_i}{(\sum_{i=1}^{k} f_i)s^4} = \frac{116\,605\,777.5}{120 \times 24.8^4} \approx 2.57$$

计算表明,样本数据呈右偏,扁平分布。

注意:Excel 和 SPSS 中计算偏态系数和峰度系数的计算公式是一致的,定义正态分布的偏态系数为 0,峰度系数为 0:

偏态系数的计算公式为:

$$\frac{n}{(n-1)(n-2)} \sum_{i=1}^{n} \left[\frac{x_i - \bar{x}}{s}\right]^3;$$

峰度系数的计算公式为:

$$\left\{\frac{n(n+1)}{(n-1)(n-2)(n-3)} \sum_{i=1}^{n} \left(\frac{x_i - \bar{x}}{s}\right)^4\right\} - \frac{3(n-1)^2}{(n-1)(n-3)}$$

本章内容导图

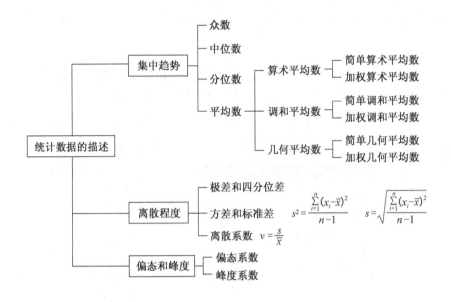

思政案例实务:大学生手机使用情况的调查

随着智能手机技术的飞速发展,手机功能更加全面,适用范围迅速扩增,各类应用软件广泛运用。第45次互联网络发展状况统计报告显示:截至2020年,我国网民中99.3%的人使用手机上网,手机成为最大的新媒体终端。其中,30岁以下的年轻人占的比重最大,这一阶段的群体大多是大学阶段的学生。手机已经成为大学生学习与生活中不可或缺的工具。

手机使用是把双刃剑,对于大学生群体,手机的使用到底是虚拟的伊甸园,还是潘多拉的盒子? 一方面,大学生通过手机接触到前所未有的广阔空间,能更加有效和广泛地获取信息、学习知识、交流情感和了解社会;另一方面,过度使用手机产生的手机依赖现象会造成一些心理和行为方面的问题,如烦躁不安、情绪低落、成绩下降、成绩不良、学业拖延等。有研究发现,手机依赖会导致相应的前额叶脑区运行代谢能力受限,导致情绪调节能力受损,可能会引起一系列的心理问题,比如,孤独和焦虑。过度使用手机还可能导致个体自尊水平下降,抑郁水平显著上升。因过度使用手机而引起的手机依赖现象日渐加剧,手机依赖已成为新的公共卫生问题。

作为使用手机主体之一的大学生,其手机使用行为是否健康直接关系着网络文明和大学生的成长发展。为掌握大学生使用手机的基本情况,我们设计了一份关于大学生手机使用情况的调查问卷。问卷中设置了一个重要指标,即手机屏幕日使用时间。

【思政案例】

已知在6月份第一周,某高校某班48位同学的手机屏幕日使用的时间如下(单位:小时),分别运用 Excel 和 SPSS 软件对这些数据进行描述性统计分析。

3	12	6	10	6	10	10	9	5	6
6	8	14	12	1	12	5	1	10	6	6	4
6	14	14	15	16	1	5	5	6	7	4	8
8	8	12	10	8	12	10	10	1	9	10	5

一、Excel 操作

1. 将原始数据输入到 Excel 表格中。点击"数据—数据分析"在数据分析工具栏中选择"描述统计",如左下图所示。单击"确定"按钮,弹出"描述统计"对话框,如右下图所示。

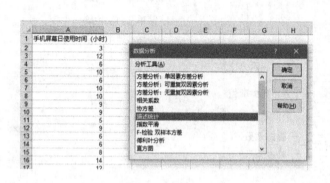
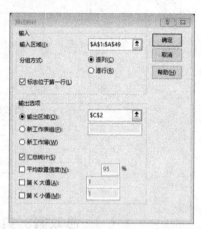

2. 在"输入区域"中输入样本数据所在单元格地址,本例中为"＄A＄1：＄A＄49"选中"标志位于第一行"选项,分析结果中则会显示出标题行。在"输出区域"中给出结果输出位置,勾选"汇总统计",点击"确定"得到描述统计结果如右图所示。

3. 结果中"标准误差"为 $s/\sqrt{n}$;"区域"为数据的全距;峰度大于零为尖峰分布,小于零为平峰分布;偏度大于零为右偏分布,小于零为左偏分布。

4. 实际应用中也可以通过相关函数得到描述统计结果。如在任意单元格输入"=AVERAGE(A2：A49)"后回车,即可以得到样本数据的平均值;输入"=STDEVA(A2：A49)"既可以得到样本数据的标准差等。其他函数如下表所示。

算术平均数	=AVERAGE(数据范围)	求和	=SUM(数据范围)
中位数	=MEDIAN(数据范围)	几何平均数	=GEOMEAN(数据范围)
众数	=MODE(数据范围)	调和平均数	=HARMEAN(数据范围)
样本标准差	=STDEV(数据范围)	样本方差	=VAR(数据范围)
总体标准差	=STDEVP(数据范围)	总体标准差	=VARP(数据范围)

5. 可以点击"公式—插入函数—统计—AVERAGE—确定",在函数参数对话框中输入数据区域,点击"确定"得到样本数据的平均值。

二、SPSS 操作

1. 将数据录入到 SPSS 中,将"手机屏幕日使用时间"这一变量定义为数值型变量。

2. 在菜单栏中一次选择"分析—描述统计—描述"命令,打开"描述"对话框,选中"销售量",单击 ➡ 将其选入"变量"列表中,如下左图所示。

3. 单击"选项"按钮进入"描述:选项"对话框,选中所需的描述统计量,单击"继续"按钮,保存设置。单击"确定"按钮,即可得到描述统计结果,如下右图所示。

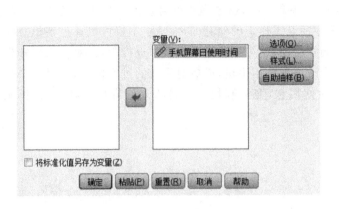 

【思政案例实训】

对本班学生进行《手机依赖程度的问卷调查》,对问卷数据进行描述统计分析,并制作分布数列表和分布图,完成统计分析报告。

【思政案例启示】

大学生课余时间充裕,这些课余时间除开一些必要的活动还剩下的时间怎么使用呢?这个时候手机就出现在大学生大部分的课余时间中了。因为手机中的 APP 给大学生带来了众多的便利和外界信息,所以让人欲罢不能。而其中如微信、淘宝、手游、小视频、资讯类等软件就是大学生对手机形成依赖的重要原因,针对如果摆脱对这些软件的依赖,我们做出了以下几点建议。

针对微信:首先,不要实时回复信息,可以选择间隔 2~4 小时集中回复信息。其次,屏蔽一些非必要的群聊,可以在选择定期查看或者在需要查看的情况下查看。最后,屏蔽一些微商或者总发无用信息好友的朋友圈,因为这些朋友圈信息只会消耗你的流量和时间。如果需要微商,只在想要的时候查看他们的朋友圈。

针对淘宝:首先,能不登录就不登录,只在需要买物品的时候才登录寻找购买物品。其次,不要看推荐,登录淘宝直接买自己所需要的物品。千万别看推荐,因为你一看就会发现这些你都想要,然后你就会开始挑选、比较,时间就这样过去了。最后,果断购买,当你看中某件商品时一定要果断购买,因为现在淘宝对假货等管制很严格,所以在同一价格区间商品的差距都不大。只要遵循一分钱一分货的原理,你就不会淘到过于劣质的产品。

针对手游:首先,不玩单人玩的游戏,因为你要和朋友一起玩游戏那就需要有共同空余时间,若没有共同时间,这就会减少你玩游戏的概率和时长。其次,不充钱玩游戏,因为当一个游戏你充钱进去了那你就会对它形成依赖,你会舍不得花钱买到的皮肤、装备。最后,使用低端的千元手机,因为低端的手机在玩游戏的体验确实不好,这样就可以降低你玩手游的欲望。

针对小视频：首先，规定浏览时长，设置一个短时间的闹钟提醒自己，到时间就放下手机。其次，不连接 WiFi，因为小视频都是很消耗流量的，所以当你看见你的流量在减少的话那你就会自觉的减少刷视频的时间。

针对资讯类：直接浏览自己喜欢的话题，现在社会信息流通很快而且量大，所以最好挑选自己喜欢的板块进行阅览。

以上就是一些如何摆脱手机依赖的方法和建议，其实单单摆脱是不够的，大学生应该找寻自己更多的兴趣爱好来填补自己的课余时间，这才是正确合理的。其实手机作为高科技产物，确实是可以给我们带来很多生活及工作上的便利的，大学生不仅可以通过手机及时与家里人联系，向老师汇报学习、与同学交流，也可以通过手机软件进行学习，对自己的知识进行补充。只要大学生能够学会合理适度地使用手机，避免对手机的过度依赖，大可不必机不离身，每天拿着，而是应该在需要时使用它，充分利用高科技给人们带来的好处，扬长避短即可。

第五章

参数估计

第一节 参数估计的基本方法

当我们要研究的总体数量特征未知时,最常用的方法就是利用抽取的样本的数量特征对其进行估计,即参数估计。所谓参数估计也就是用样本统计量去估计总体的参数。比如,用样本均值估计总体,用样本比例估计总体比例等等。参数估计的方法有点估计和区间估计两种,下面分别予以介绍。

一、点估计

(一) 几个基本概念

1. 参数(Parameter)

参数是用来描述总体特征的概括性值。如总体均值 μ、总体比例 π 等,在进行推断统计时,总体数据通常是不完全的,所以参数是一个未知的常数。

2. 统计量(Statistic)

统计量是用来描述样本特征的概括性值。如样本均值 $\bar{x}$,样本比例 p 等。由于样本是经过随机抽样的,所以统计量是随机变量,可以根据抽样结果计算得出。推断统计的目的就是根据已知的样本统计量去估计未知总体参数。例如,根据样本地区的平均消费去推断总体所有地区的平均消费;根据样本产品的瑕疵率去推断总体产品的瑕疵率等等。

3. 估计量(Estimator)

估计量是用于估计总体参数的统计量的名称。例如,根据样本汽车的平均价格去估计总体汽车的平均价格时,样本汽车的平均价格就是估计量。显然,样本是随机的,所以估计量也是一个随机变量。

4. 估计值(Estimate)

根据随机抽样的结果计算的估计量的具体数值即为估计值。例如,根据某次抽样结果计算得到样本乘客的平均通过安检的时间为 67.89 秒,用于估计总体旅客的平均通过安检的时间的 67.89 就是估计值。

5. 点估计(Point Estimate)

点估计就是用样本估计量的观察值直接作为总体参数的估计值。比如,用样本均值 $\bar{x}$ 直接作为总体均值 μ 的估计值,用样本比例 p 直接作为总体比例 π 的估计值等等。

【例 5.1】 今年中国铁路交通飞速发展,旅客的满意度越来越受到社会关注,其中火车站安检通过的时间是乘客满意度调查的重要指标之一,调查员于 2020 年年底在某火车站随机抽取 36 名旅客,测量他们通过安检的时间(单位:秒)如下:

80	95	89	98	87	55
65	48	43	51	49	65
21	68	49	65	84	62
92	95	69	94	92	58
121	75	58	68	41	39
99	56	62	67	39	45

根据此样本数据，对同期该火车站乘客的平均安检时间以及通过时间在1分钟以及以上的乘客所占比例做出点估计。

解：根据抽样调查的36个数据计算得出样本平均通过时间为67.89秒，样本数据中通过时间在1分钟以上的占61.11%。据此可以估计同期该火车站所有乘客通过安检通道的平均时间为67.89秒，而通过时间在1分钟以及以上的占61.11%。

这里的67.89秒和61.11%就作为火车站总体乘客的平均安检通过时间和通过时间在1分钟以及以上的比例的估计值，这些都是采用点估计方法。

（二）点估计优良性评价的标准

在点估计问题中，为了估计总体汽车的价格，我们一般会用样本汽车的价格均值作点估计，这里能否利用样本中某种汽车的价格或样本汽车价格的中位数作为点估计呢？实际上，我们在对具体问题的估计中总是希望使用估计效果最好的估计量，而数理统计证明，一个好的估计量一定满足以下几个评价标准：

1. 无偏性（Unbiasedness）

无偏性是指估计量抽样分布的数学期望等于被估计的总体参数。这表明从一次抽样结果来看，样本估计量的值与总体参数可能存在误差，但结合抽样分布的情况看，所有估计量的平均数等于总体参数实际值，即平均来讲估计是无偏的。

可以说样本均值 $\bar{x}$ 和样本比例 p 分别是总体均值 μ 和总体比例 π 的无偏估计量，这是由数理统计已经证明了的，即 $E(\bar{x})=\mu$ 和 $E(p)=\pi$。

2. 有效性（Efficiency）

有效性是指估计量的离散程度比较小。对估计量有效性的评价往往是在无偏性基础之上进行的，若两个估计量都是总体参数的无偏估计量，则标准差较小的估计量更有效。很明显，样本均值与总体中某个值都是总体均值的无偏估计，但是样本均值抽样分布的标准差为 $\sigma_{\bar{x}}=\sigma/\sqrt{n}$，小于总体中各单位值的标准差 σ，可以判断样本均值比总体中某个值作为总体均值的估计值更有效。

3. 一致性（Consistency）

一致性是指随着样本容量的增大，估计值与总体参数真值越来越接近。可以证明，样本均值 $\bar{x}$ 和样本比例 p 分别是与总体均值 μ 和总体比例 π 一致的估计量。

在实际问题的分析中，我们不一定能找到完全符合以上标准的优良估计量，但总是希望所采用的估计量尽可能接近这些标准。理论证明，样本均值作为总体均值的估计量、样本比例作为总体比例的估计量，都具有上述优良性质，所以通常采用样本均值或样本比例作为相应的总体均值或总体比例的点估计量。

点估计的优点是简单、具体、明确。它能够提供总体参数的具体估计值，可以作为行动决策的数量依据。但是要使点估计的结果恰好等于总体参数的值几乎是不可能的,通常有一定的抽样误差,而点估计本身无法说明抽样误差的大小。若估计总体参数可能落在某一个区间内就有把握多了,因此在实际问题估计中,我们更多地使用区间估计。

二、区间估计

(一) 区间估计的基本原理

区间估计(Interval Estimate)是指在点估计的基础上,根据给定的置信度估计总体参数取值范围的方法。比如,根据样本结果估计出旅客的通过安检时间总体的均值介于150秒到200秒之间,而且估计的概率(可能性)是95%,这就是区间估计。我们以总体均值的区间估计为例说明区间估计的基本原理。

由样本均值的抽样分布可知,在大样本情况下,样本均值近似服从正态分布,且样本均值的数学期望等于总体均值,即$E(\bar{x})=\mu$,样本均值的标准差为$\sigma_{\bar{x}}=\sigma/\sqrt{n}$,由此可以利用正态分布概率表确定样本均值$\bar{x}$落在总体均值$\mu$的两侧各为一个抽样标准差范围内的概率为0.687;落在两个标准差范围内的概率为0.955,等等。以此类推,我们可以确定样本均值$\bar{x}$落在总体均值μ的两侧任何几个抽样标准差值的范围内的概率。但实际估计时,要求的情况恰好相反。$\bar{x}$是已知的,μ是未知的,怎么样根据$\bar{x}$估计μ呢?

可以这样考虑:既然有95.5%的样本均值会落在$\mu-2\sigma_{\bar{x}}$到$\mu+2\sigma_{\bar{x}}$范围内,若以这95.5%的样本均值为中心,左右也各取2个$\sigma_{\bar{x}}$构造出的区间$(\bar{x}-2\sigma_{\bar{x}},\bar{x}+2\sigma_{\bar{x}})$也必定包含总体均值$\mu$,如图5-1中的$\bar{x}_1$和$\bar{x}_2$。而在区间$(\mu-2\sigma_{\bar{x}},\mu+2\sigma_{\bar{x}})$之外的$\bar{x}$所构造出的区间$(\bar{x}-2\sigma_{\bar{x}},\bar{x}+2\sigma_{\bar{x}})$一定不包括总体均值$\mu$,如图5-1中的$\bar{x}_3$。利用这种关系,我们就可以根据$\bar{x}$估计$\mu$,即在所有可能样本均值构造的区间$(\bar{x}\pm2\sigma_{\bar{x}})$中,有95.5%的可能性包含总体均值$\mu$。实际进行一次抽样时,从样本数据中计算出$\bar{x}$,可以认为总体均值$\mu$被包含在该样本所构造的区间之内的概率也是95.5%。

综上所述,总体均值区间估计的数学表达式可以概括为:

$$P(\bar{x}-z_{\alpha/2}\sigma_{\bar{x}} \leqslant \mu \leqslant \bar{x}+z_{\alpha/2}\sigma_{\bar{x}})=1-\alpha \tag{5.1}$$

式中:$\bar{x}-z_{\alpha/2}\sigma_{\bar{x}}$称为置信下限,$\bar{x}+z_{\alpha/2}\sigma_{\bar{x}}$称为置信上限;$1-\alpha$称为置信水平,表示该区

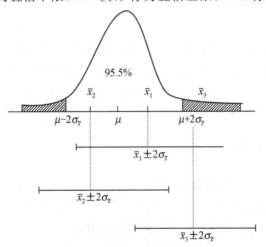

图5-1 区间估计示意图

间包括总体均值的概率;$z_{\alpha/2}$称为概率度,是标准正态分布的临界值,依据给定的置信水平$1-\alpha$查表确定;$\bar{x}\pm z_{\alpha/2}\sigma_{\bar{x}}$称为总体均值$\mu$在$1-\alpha$置信水平下的置信区间。

(二) 区间估计的准确程度和可靠程度

如前所述,点估计方法既不能说明抽样误差的大小,也不能说明估计的结果有多大把握程度,但区间估计方法可以弥补这一不足。

在式(5.1)中,$z_{\alpha/2}\sigma_{\bar{x}}$是估计总体均值时的误差范围,表示用$\bar{x}$估计$\mu$时最大允许误差,可见这一乘积的值越大,说明样本均值与总体均值的误差越大,则区间估计的准确性就越差;反之,这一乘积的值越小,说明样本均值与总体均值的误差越小,则区间估计的准确性就越好。

在式(5.1)中,置信水平$1-\alpha$则反映着区间估计的可靠程度,显然置信水平越大,据此查正态概率表得到的概率度$z_{\alpha/2}$值也越大,然而估计的误差范围也随之越大,则区间估计的准确性就越差。

上述分析证明,在其他条件不变的情况下,要提高区间估计的可靠程度,就会增大允许误差,从而降低估计的准确程度;而缩小允许误差,提高估计的准确程度,则会降低区间估计的可靠程度。在实际工作中,通常是根据实际情况首先确定一个合理的可靠程度,据此再确定可接受的误差范围。

(三) 区间估计的步骤

现将总体均值的区间估计步骤归纳如下:

1. 确定置信水平$1-\alpha$,即估计的可靠性或把握程度。对于置信度要求较高的统计问题,实际统计推断中通常采用95%。
2. 根据置信水平$1-\alpha$,查标准正态分布表确定$z_{\alpha/2}$的值。
3. 实际抽样,并计算样本的均值$\bar{x}$和抽样误差$\sigma_{\bar{x}}$。
4. 确定置信区间:$\bar{x}\pm z_{\alpha/2}\sigma_{\bar{x}}$

第二节 总体均值的区间估计

前面给出了总体均值区间估计的一般步骤,在实际估计中,通常要依据研究问题的不同或者资料条件的不同而采用不同的处理方法,主要有大样本情况下对单一总体均值的区间估计、小样本情况下对单一总体均值的区间估计以及大样本情况下对两个总体均值之差的区间估计等几种情况,下面分别予以介绍。

一、单一总体均值的区间估计

依据中心极限定理,我们不难推断:只要进行大样本($n\geqslant 30$)抽样,无论总体是否服从正态分布,样本均值$\bar{x}$的抽样分布均近似服从正态分布。当总体标准差σ已知时,在重复抽样情况下,总体均值μ在$1-\alpha$置信水平下的置信区间为:

$$\bar{x}\pm z_{\alpha/2}\frac{\sigma}{\sqrt{n}} \qquad (5.2)$$

如果采取的是有限总体不重复抽样,而且抽样样本数比较大$\left(\frac{n}{N}>5\%\right)$时,则样本均值$\bar{x}$抽样分布的标准差应乘以修正系数$\sqrt{\frac{N-n}{N-1}}$,这时总体均值$\mu$在$1-\alpha$置信水平下的置信区间可以写为:

$$\bar{x} \pm z_{\alpha/2} \frac{\sigma}{\sqrt{n}} \sqrt{\frac{N-n}{N-1}} \tag{5.3}$$

当总体标准差未知时,在大样本条件下,则可以用样本标准差s代替总体标准差σ,这时无论总体是否服从正态分布,总体均值μ在$1-\alpha$置信水平下的置信区间可以写为:

$$\bar{x} \pm z_{\alpha/2} \frac{s}{\sqrt{n}} \quad (\text{重复抽样}) \tag{5.4}$$

$$\bar{x} \pm z_{\alpha/2} \frac{s}{\sqrt{n}} \sqrt{\frac{N-n}{N-1}} \quad (\text{有限总体且不重复抽样}) \tag{5.5}$$

现在我们按照以上介绍的方法来解决例 5.1 中的相关问题。

【例 5.2】 假定调查人员在该火车站得到的信息是:虽然每个乘客通过安检的时间有所不同,但是每个人通过安检时间的总体标准差$\sigma=100$秒。试根据随机抽样的结果,在 95% 的置信水平下估计所有乘客的平均通过安检时间的置信区间。

解:由于$n=36$,此题属于大样本抽样;已知$\sigma=100$;当天的乘客总量N未知,可按公式(5.2)做出区间估计如下:

样本旅客等候时间的均值:

$$\bar{x} = \frac{\sum x}{n} = \frac{2\,444}{36} = 67.89(\text{秒})$$

由已知$1-\alpha=0.95$,查标准正态分布概率表得:

$$z_{0.025} = 1.96$$

于是在 95% 的置信水平下置信区间为:

$$67.89 \pm 1.96 \frac{100}{\sqrt{36}} = 67.89 \pm 32.67$$

结果表明:误差范围是 32.67,总体均值在 95% 的置信水平下的置信区间为(35.22,100.56)。即调查人员可以 95% 的把握认为该抽查的安检通道乘客通过安检的时间总体均值介于 35.22 到 100.56 秒之间。

【例 5.3】 若已知当天从该通道通过的乘客的总量为$N=360$人,调查人员是按照不重复抽样的方法进行调查得到样本数据的,假定总体标准差$\sigma=100$秒,试在 95% 的置信水平下估计该安检通道所有乘客的平均通过安检时间的置信区间。

解:由于$n=36$,为大样本抽样;$\sigma=100$;$N=360$,且$n/N=10\%>5\%$,可按照公式(5.3)做出区间估计如下:

在置信度为 95% 的水平下,置信区间为:

$$67.89 \pm 1.96 \frac{100}{\sqrt{36}} \sqrt{\frac{360-36}{360-1}} = 67.89 \pm 31.03$$

结果表明:误差范围是 31.03,总体均值在 95% 置信水平下置信区间为(36.86,98.92)。即调查人员可以 95% 的把握认为该安检通道乘客通过安检时间的总体均值介于 36.86 到

98.92秒之间。

对比例5.2和例5.3我们会发现,对于同样的资料,按照重复抽样方法得到的置信区间略大些,说明重复抽样的误差大于不重复抽样的误差,但随着样本容量增大,抽样比会缩小,$\sqrt{\frac{N-n}{N-1}}$接近于1,两种方法的抽样误差就趋于一致了。因此,尽管实际抽样中一般是进行不重复抽样的,但是为了计算简便,在大样本情况下通常是按照重复抽样方法估计置信区间的。

【例5.4】 如果总体的乘客通过安检的时间标准差σ未知,试根据上述随机抽样的结果,在95%的置信水平下估计该安检通道的所有乘客平均通过安检时间的置信区间。

解:由于$n=36$,为大样本抽样;总体标准差σ未知,可以用样本的标准差s代替,按照式(5.5)做出区间估计如下:

$$s=\sqrt{\frac{(80-67.89)^2+(65-67.89)^2+\cdots+(45-67.89)^2}{36-1}}=22.04$$

在95%的置信水平下置信区间为:

$$67.89\pm1.96\frac{22.04}{\sqrt{36}}\sqrt{\frac{360-36}{360-1}}=67.89\pm6.84$$

结果表明:误差范围是6.84,总体均值在95%的置信水平下的置信区间为(61.05,74.73)。即调查人员可以95%的把握认为该安检通道乘客通过安检时间的总体均值介于61.05到74.73秒之间。

二、单一总体均值的区间估计(小样本)

在实际工作中,为了经济节约,常常进行小样本抽样;或有时受条件限制(如带有破坏性的检查),做大样本抽样是十分困难的,所以实践中利用小样本对总体均值进行估计的情况较为常见。

正如前文所述,若总体服从正态分布,只要总体标准差σ已知,无论样本容量如何,样本均值$\bar{x}$的抽样分布都服从正态分布,即使是在小样本的情况下,也可以按式(5.2)和式(5.3)计算总体均值的置信区间。

【例5.5】 假设研究人员于某日在该火车站通道随机抽取10位旅客的安检通过时间组成样本,得到样本如下:

78	65	55	85	59
61	49	81	62	96

据以往情况知:安检通过时间服从正态分布,且标准差为100秒。试以95%的置信水平估计平均通过时间的置信区间。

解:已知通过安检的时间服从正态分布,且总体标准差σ=100,尽管$n=10$为小样本,但样本均值的抽样分布仍为正态分布。

计算:$\bar{x}=69.1$;$1-\alpha=95\%$;$z_{\alpha/2}=1.96$,可根据式(5.2)估计得:

$$\bar{x}\pm z_{\alpha/2}\frac{\sigma}{\sqrt{n}}=69.1\pm1.96\times\frac{100}{\sqrt{10}}=69.1\pm61.98$$

即置信区间为(7.12,131.08)。也就是说,我们可以95%的概率估计该通道乘客通过安检时间的总体均值介于7.12到131.08秒之间。

上面讨论的样本$\bar{x}$的分布都有一个前提,需要知道总体的标准差σ。而在抽样估计的问题中,一般情况下总体的标准差σ是未知的,这时可以考虑用样本的标准差s来代替σ,于是便得到一个新的统计量t,即:

$$t = \frac{\bar{x} - \mu}{s/\sqrt{n}}$$

这个t的分布已不是正态分布了,称t为服从自由度为$n-1$的t分布,记为$t \sim t(n-1)$。t分布与正态分布一样都是对称分布,但较正态分布离散度强,t分布密度曲线较标准正态分布密度曲线更为扁平,t分步为一曲线族,随着自由度$n-1$的增大,其曲线中部向上隆起,两尾部向下低垂,逐渐逼近于标准正态分布曲线(图5-2)。因此,对于正态总体σ不明确的样本均值$\bar{x}$的抽样分布,首先要分清n是否大于30。不大于30即为小样本,按t分布处理。反之,称为大样本,按z分布(正态分布)处理。

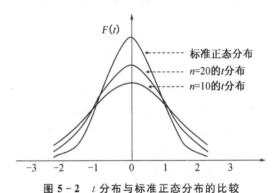

图 5-2 t 分布与标准正态分布的比较

t的取值在$(-\infty,\infty)$之间,计算样本均值$\bar{x}$落在某一区间内的概率可以通过查t分布表得到。

如果总体服从正态分布,但是总体的标准差σ未知,且在小样本抽样情况下,则需要用样本标准差s代替σ,这时应采用t分布来建立总体均值μ在$1-\alpha$置信水平下的置信区间,公式为:

$$\bar{x} \pm t_{\alpha/2} \frac{s}{\sqrt{n}} \tag{5.6}$$

式中:$t_{\alpha/2}$是自由度为$n-1$时,t分布中上侧面积为$\alpha/2$时的t值,可通过书后的附表查得;s为样本标准差。

【例5.6】 假设研究人员于某日在该火车站随机抽取12位旅客的安检通过时间组成样本,得到样本:

162	86	213	250	95	159
321	204	271	97	70	320

据以往情况知:安检通过时间服从正态分布,且总体标准差未知。试以95%的置信水平估计平均通过时间的置信区间。

解:已知安检通过时间服从正态分布,且总体标准差未知,小样本,可根据式(5.6)估计。

$\bar{x}=187.33$, $s=90.20$, 由 $1-\alpha=95\%$, 查表得 $t_{(0.025,11)}=2.201$。所以,置信区间为:

$$187.33 \pm 2.201 \times \frac{90.20}{\sqrt{12}} = 187.33 \pm 57.31$$

即置信区间为(130.02,244.64),也就是说我们可以95%的概率估计该安检通道乘客安检通过时间的总体均值介于130.02和244.64秒之间。

对比例5.5与例5.6可以看出,在小样本情况下,由于 $t_{\alpha/2} > z_{\alpha/2}$,所以即使其他条件一样,通常式(5.6)的区间宽度会大于式(5.2)的,这也验证了前文所说的关于 t 分步比正态分布离散程度较强的说法,因此在实际抽样中,为了提高估计的精确度,最好抽取大样本。

三、两个总体均值差异的区间估计(大样本)

在实际管理工作中,我们经常需要对来自两个不同总体的均值进行比较,如比较两个地区平均收入的差异、比较两种产品平均寿命的差异等,往往是利用样本数据对这些情况做出估计。根据抽样分布理论我们可以得出:若两个样本容量都较大($n_1 \geq 30$ 且 $n_2 \geq 30$),则对两个总体均值差异做区间估计的公式为:

$$(\bar{x}_1 - \bar{x}_2) \pm z_{\alpha/2} \sqrt{\frac{\sigma_1^2}{n_1} + \frac{\sigma_2^2}{n_2}} \qquad (5.7)$$

当两个独立样本分布分别已知,即 $x_1 \sim N(\mu_1, \sigma_1^2)$, $x_2 \sim N(\mu_2, \sigma_2^2)$,无论其容量大小,这时估计两个总体均值差异 $\mu_1 - \mu_2$ 在 $1-\alpha$ 置信水平下的置信区间都为式(5.7)。

当已知两个独立样本总体均布服从正态分布但两个总体的标准差 σ_1 和 σ_2 未知,且样本容量 n_1 和 n_2 都足够大,这时可以样本的标准差 s_1 和 s_2 代替 σ_1 和 σ_2,用式(5.7)估计两个总体均值差异 $\mu_1 - \mu_2$ 在 $1-\alpha$ 置信水平下的置信区间。

【例5.7】 火车站为了提高顾客满意度,在2020年下半年对火车站的安检设施进行了改良,有关调查人员想对比该火车站2020年年底与年中抽查的安检通道乘客平均通过时间的差异,于是在年中的火车站数据中随机抽取30名乘客的等待时间,得到数据如下:

99	105	97	85	56	98
67	35	56	45	38	87
61	47	63	127	67	75
92	61	98	90	57	96
79	59	67	49	46	79

将以上数据和例5.1的数据整理如下:

	年中	年底
样本容量	30	36
样本均值	72.70	67.89
样本标准差	22.74	22.04

根据以上整理的结果,试以95%的置信水平估计该火车站年底与年中乘客平均通过安检时间差异的置信区间。

解：由于两个样本相互独立，而且均为大样本，因此 $\bar{x}_1-\bar{x}_2$ 也近似服从于正态分布，可应用式(5.7)求置信区间，并以样本标准差代替未知的总体标准差，所以在置信度95%时的置信区间为：

$$(\bar{x}_1-\bar{x}_2)\pm z_{\alpha/2}\sqrt{\frac{s_1^2}{n_1}+\frac{s_2^2}{n_2}}=(72.70-67.89)\pm 1.96\sqrt{\frac{22.74^2}{30}+\frac{22.04^2}{36}}=4.81\pm 10.87$$

结果表明，以95%的概率估计该安检通道旅客总体通过安检时间的差异介于-6.06与15.68秒之间。本例中，所求置信区间包含0，说明我们没有足够的理由认为该地区2020年年底与年中乘客的平均安检时间有明显差异。

【**例5.8**】 某研究所想要估计某城市与近郊地区家庭消费水平的差异状况，随机在这两个地区抽取一定量的家庭构成样本，得到样本家庭消费的资料如下：

	市区	近郊
家庭数	78	56
年消费均值	80 000	50 000
年消费标准差	7 000	6 000

试以95%的置信水平估计两个地区家庭平均消费差异的置信区间。

解：由于是大样本抽样，与例5.7情况相同，在95%的置信水平下置信区间为：

$$(\bar{x}_1-\bar{x}_2)\pm z_{\alpha/2}\sqrt{\frac{s_1^2}{n_1}+\frac{s_2^2}{n_2}}=(80\,000-50\,000)\pm 1.96\sqrt{\frac{7\,000^2}{78}+\frac{6\,000^2}{56}}=30\,000\pm 2\,210$$

置信区间为(27 790，32 210)，即在95%的置信水平下，两个地区家庭的年平均消费差异的区间估计为27 790到32 210元之间，估计城市居民户均消费比郊区至少高27 790元。

通过例5.7和例5.8可以得到以下结论：对于两个总体均值差异的区间估计，如果所求置信区间的置信上限与置信下限均为正值，则意味着两个总体均值实际之差可能为正，即 $\mu_1>\mu_2$，例5.8属于这种情况；如果所求置信区间的置信上限与下限都为负值，则意味着两个总体均值实际之差可能为负，即 $\mu_1<\mu_2$；如果所求置信区间包含0，则意味着不能判断出两个总体均值实际存在差异，如例5.7。

第三节 总体比例的区间估计

与总体均值的区间估计一样，在对总体比例进行区间估计时，通常也分为对单一总体比例的区间估计以及对两个总体比例之差的区间估计等情况。

一、单一总体比例的区间估计（大样本）

在统计推断问题中，常常需要推断总体中具有某种特征的数量所占的百分比，这种随机变量与二项分布有密切关系。如二项分布当 $n\pi$ 与 $n(1-\pi)$ 不小于5时，样本的比例 p 的抽样分布趋于正态分布。p 的数学期望等于总体的比例 π，即：$E(p)=\pi$；而 p 的抽样标准差在重复抽样条件下为 $\sigma_p=\sqrt{\dfrac{\pi(1-\pi)}{n}}$。在利用样本的比例 p 估计总体比例 π 时，由于 π 未知，

在大样本情况下,我们可以用样本比例 p 来代替 π,于是得:

$$\sigma_p = \sqrt{\frac{\pi(1-\pi)}{n}} \approx \sqrt{\frac{p(1-p)}{n}}$$

可以利用前面所介绍的估计总体均值的方法对总体比例进行区间估计。

总体比例 π 在 $1-\alpha$ 置信水平下的置信区间为:

$$p \pm z_{\alpha/2} \sqrt{\frac{p(1-p)}{n}} \quad \text{(重复抽样)} \tag{5.8}$$

$$p \pm z_{\alpha/2} \sqrt{\frac{p(1-p)}{n}\left(\frac{N-n}{N-1}\right)} \quad \text{(有限总体且不重复抽样)} \tag{5.9}$$

【例 5.9】 在例 5.1 问题中,根据重复抽样的结果,试以 95% 的概率估计该火车站年底安检通过时间在 1 分钟以及以上的旅客所占比例的置信区间。

解:已知 $n=36$,根据抽样结果计算的样本比例为 $p=22/36=61.11\%$,由于 np 与 $n(1-p)$ 都大于 5,假设当天抽查的通道乘客总量 N 未知,可按式(5.8)进行估计。根据 $1-\alpha=95\%$,查表得 $z_{\alpha/2}=1.96$,所以有:

$$p \pm z_{\alpha/2}\sqrt{\frac{p(1-p)}{n}} = 61.11\% \pm 1.96\sqrt{\frac{61.11\%(1-61.11\%)}{36}} = 61.11\% \pm 15.93\%$$

即置信区间为(45.18%,77.04%),也就是说我们可以 95% 的概率估计该火车站此通道年底的平均通过时间在 1 分钟及以上的乘客所占的比例在 45.18% 到 77.04% 之间。

【例 5.10】 某公司有某产品 1 200 件,公司准备对该产品的合格率进行检测,采取不重复抽样方法随机抽取 300 件作为样本。结果显示有 270 件产品合格,其余 30 件不合格。试以 90% 的概率估计该公司全部产品中合格比例的置信区间。

解:已知 $n=300$,根据结果计算的合格比例为 $p=270/300=90\%$。由于 np 与 $n(1-p)$ 都大于 5,且 $n/N=300/1\,200=25\%>5\%$,可按式(5.9)进行估计。根据 $1-\alpha=90\%$ 得 $z_{\alpha/2}=1.645$,所以有:

$$p \pm z_{\alpha/2}\sqrt{\frac{p(1-p)}{n}\left(\frac{N-n}{N-1}\right)} = 90\% \pm 1.645\sqrt{\frac{90\%(1-90\%)}{300}\left(\frac{1\,200-300}{1\,200-1}\right)} = 90\% \pm 2.5\%$$

即之心区间为(87.5%,92.5%),也就是说我们可以 90% 的概率估计该公司产品合格比例在 87.5% 到 92.5% 之间。

二、两个总体比例差异的区间估计

根据抽样分布,如果两个样本容量足够大,即指 $n_1\pi_1$ 与 $n_1(1-\pi_1)$ 且 $n_2\pi_2$ 与 $n_2(1-\pi_2)$ 都不小于 5,p_1 和 p_2 分别近似服从正态分布,则有:

$$p_1 - p_2 \sim N\left(\pi_1 - \pi_2, \frac{\pi_1(1-\pi_1)}{n_1} + \frac{\pi_2(1-\pi_2)}{n_2}\right)$$

在对总体参数进行估计时,由于总体比例 π 是未知的,所以需要以样本比例 p 代替,因此在 $1-\alpha$ 置信水平下,两个总体比例差异的置信区间为:

$$(p_1 - p_2) \pm z_{\alpha/2}\sqrt{\frac{p_1(1-p_1)}{n_1} + \frac{p_2(1-p_2)}{n_2}} \tag{5.10}$$

【例 5.11】 根据例 5.7 调查的资料,试以 95% 的概率估计该火车站 2020 年年底与年中抽查的安检通道乘客通过时间在 1 分钟以上者所占比例的差异的置信区间。

解：根据样本数据计算得年中 $p_1=20/30=66.67\%$，年底 $p_2=22/36=61.11\%$，由于 $n_1 p_1=20, n_1(1-p_1)=10; n_2 p_2=22, n_2(1-p_2)=14$ 均大于5，且为大样本，因此 p_1-p_2 也近似服从正态分布，可用式(5.10)求得置信度95%时的置信区间为：

$$(p_1-p_2) \pm z_{\alpha/2} \sqrt{\frac{p_1(1-p_1)}{n_1}+\frac{p_2(1-p_2)}{n_2}}$$

$$=(66.67\%-61.11\%) \pm 1.96\sqrt{\frac{66.67\%(1-66.67\%)}{30}+\frac{61.11\%(1-61.11\%)}{36}}$$

$$=5.56\% \pm 23.20\%$$

即置信区间为(-17.64%,28.76%)，结果表明以95%的概率估计该火车站此通道年底与年中的乘客安检通过时间在1分钟及以上的乘客所占比例差异的置信区间在-17.64%与28.76%之间，即并未看出年底与年中之间存在差异。

第四节 样本容量的确定

一、样本容量与抽样误差

所谓样本容量是指抽取的样本中包含的单位数目，通常用 n 表示。从参数区间估计的讨论中，我们看到估计值与总体参数之间存在着一定差异，这种差异是由样本的随机性引起的，称为抽样误差。在对社会经济问题进行抽样调查时，样本容量的多少，与抽样误差和调查费用都有直接的关系。在其他条件不变的情况下，如果样本容量很大，即使抽样误差很小，但是调查的工作量会很大，时间和经费也会被浪费掉，这样一来就体现不出来抽样调查的优越性。反之，如果样本容量过小，工作量和耗费会减少，但是抽样误差太大，抽样推断就会失去意义。所以抽样设计中的一个重要内容就是要确定需要的样本容量即抽样数目。

二、决定样本容量的因素

（一）总体变异程度（总体方差或总体标准差）

在其他条件相同的情况下，具有较大方差的总体需要较大容量的样本，具有较小方差的总体则可以选择较小容量的样本。这个道理直观上很容易理解，从估计的公式中也可以看出。例如，在正态总体均值的估计中，样本均值的方差为 $\sigma/\sqrt{n}$，显然，要保持估计的精确度和可靠性不变，总体方差大，样本容量也相应要大；总体方差小，样本容量则可相应小些。

（二）允许误差范围 E 的大小

允许误差是指允许的抽样误差，即用绝对值表示的估计值与总体参数之差，记为：$E=|\hat{\theta}-\theta|$。例如，样本均值与总体均值之间的允许误差可以表示为：$\Delta_{\bar{x}}=|\bar{x}-\mu|$。

由于在样本容量确定时，抽样误差都是根据研究目的所需的精确度给定的，所以称之为允许误差。另外，由于允许误差以绝对值的形式表现了抽样误差的可能范围，所以又称为极限误差。

在其他条件不变的情况下，允许误差的大小取决于研究的目的。如果要求估计的精确度高，允许误差就小，那么，样本容量就要大些；如果要求估计的精确度不高，允许误差可以大些,则样本容量可以小些。

(三)置信度 $1-\alpha$ 的大小

如果要求估计的结果具有较高的可靠性,则在其他条件不变的情况下,要增大样本容量;反之,则可相应减少样本容量。

除了以上三个因素外,样本容量还与抽样的方式有关。例如重复抽样和不重复抽样,由于根据这两种方法抽取的样本容量计算出的样本统计量具有不同的抽样分布,所以两种方法估计的结果误差也不同,因此,需要的样本容量也不相同。此外,抽样还有其他的组织方式,这些方式的选择都会影响样本容量的确定。

三、估计总体均值时所需的样本容量

在重复抽样条件下,若规定在一定的置信水平下允许的误差范围为 E,即 $E=z_{\alpha/2}\frac{\sigma}{\sqrt{n}}$,则可以推导出确定样本容量的计算公式如下:

$$n=\frac{(z_{\alpha/2})^2\sigma^2}{E^2} \tag{5.11}$$

同样,在不重复抽样条件下,我们可以得出确定样本容量的公式为:

$$n=\frac{N(z_{\alpha/2})^2\sigma^2}{(N-1)E^2+(z_{\alpha/2})^2\sigma^2} \tag{5.12}$$

在实际应用中,通常 σ 值是未知的,为了求得样本容量,需要对 σ 做出估计,一般采用以往经验值或类似的样本值 s 来代替。

【例 5.12】 研究人员欲估计 2021 年年底该火车站此安检通道乘客的平均通过时间是多少。已知当日该通道乘客总量为 360 人,按照以往经验,总体标准差约为 100 秒。要求在 95% 的置信水平下,使平均通过时间的误差范围不超过 25 秒,应抽取多大的样本?

解: 已知 $N=360, \sigma=100, E=25$,根据 $1-\alpha=95\%$,查表得 $z_{\alpha/2}=1.96$,在重复抽样条件下,根据(5.11)式得:

$$n=\frac{(z_{\alpha/2})^2\sigma^2}{E^2}=\frac{(1.96)^2 100^2}{25^2}=61.4656\approx 62$$

即应抽取 62 名乘客作为样本。

在不重复抽样条件下,根据(5.12)式得:

$$n=\frac{N(z_{\alpha/2})^2\sigma^2}{(N-1)E^2+(z_{\alpha/2})^2\sigma^2}=\frac{360(1.96)^2 100^2}{(360-1)25^2+(1.96)^2 100^2}=52.63\approx 53$$

即应抽取 53 名乘客作为样本。

四、估计总体比例时所需样本容量

与估计总体均值时样本容量的确定方法类似,根据比例的允许误差计算式同样可以推断出估计总体比例时所必需的样本容量。

重复抽样条件下若规定在一定的置信水平下允许的误差范围为 E,则有:

$$E=z_{\alpha/2}\sqrt{\frac{\pi(1-\pi)}{n}}$$

则可以推导出确定样本容量的计算公式为:

$$n = \frac{(z_{a/2})^2 \pi(1-\pi)}{E^2} \tag{5.13}$$

在实际应用中,式中总体比例 π 的值未知,可以用以前的经验值或样本值来代替,若没有可以代替的值,应考虑选取方差最大值来估计。由于此比例的方差 $\sigma^2 = \pi(1-\pi)$,所以通常取 $\pi = 0.5$ 来推断。

同样在不重复抽样条件下,我们可以得出确定样本容量的公式为:

$$n = \frac{N(z_{a/2})^2 \pi(1-\pi)}{(N-1)E^2 + (z_{a/2})^2 \pi(1-\pi)} \tag{5.14}$$

【例 6.13】 该火车站某日安检通道通过乘客 360 人,研究人员欲估计其中平均通过时间在 1 分钟及以上者所占比例是多少。要求在 95% 的置信水平下,比例误差范围不超过 10%,应抽取多大样本?

解: 已知 $N=360, E=10\%, z_{a/2}=1.96$,由于比例的方差 $\sigma^2 = \pi(1-\pi)$ 未知,又没有可以借鉴的 π 值,所以应取 $\pi=0.5$ 进行估计,在重复抽样条件下根据式(5.13)得:

$$n = \frac{(z_{a/2})^2 \pi(1-\pi)}{E^2} = \frac{(1.96)^2 0.5(1-0.5)}{0.1^2} = 96.84 \approx 97$$

即应抽取 97 名乘客作为样本。

本章内容导图

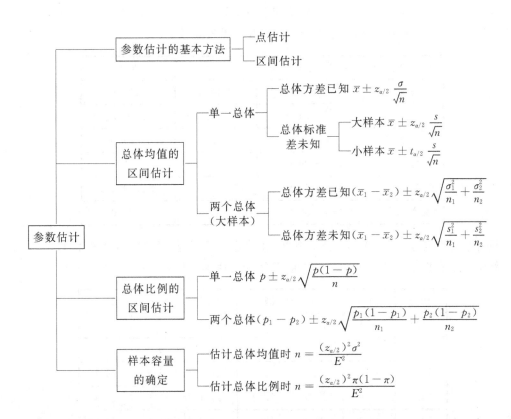

思政案例实务：你的体重标准吗？

随着人们生活水平的提高和生活方式的改变，青少年的体质逐年下降，体重却稳步上升。青少年的身心健康状况关系到国家的昌盛、民族的复兴和一个家庭的幸福。为了改善青少年的体质健康状况，中共中央国务院于2007年颁发了《关于加强青少年体育增强青少年体质的意见》，该政策出台之后，青少年的体质状况有所改进，但是效果并不显著。党的十九大之后，为了进一步促进青少年体育活动，体育总局、教育部、中央文明办、发展改革委、民政部、财政部、共青团中央又联合出台了《青少年体育活动促进计划》，此计划于2017年11月28日印发并实施。一项关于青少年超重、肥胖现状的调查显示，高中生超重检出率为25.4%，大学生超重检出率为29.5%，仅有50%的青少年拥有正常的体型。

相关实证研究表明影响青少年体重的主要因素有遗传因素、运动不足、饮食因素、不良生活方式以及精神因素。随着网络时代的到来，人们出行方便的同时，青少年活动量变得越来越少；外卖的便捷使得青少年特别是大学生容易养成高热量的饮食习惯；游戏、长视频、短视频等花样繁多的网络资源使得学生们熬夜、通宵不睡成为家常便饭。另外，在高考、考研、绩点、就业等方面不断加码的"内卷"所带来的压力也成为青少年肥胖的主要因素。

青少年正处于生长发育的阶段，这个阶段的生长发育是否正常、体形是否匀称和健美，将会对其身体素质、心理健康、就业与择业及以后的生活产生重要的影响。

【思政案例】

国际上通常用体重指数（BMI）来衡量肥胖，体重指数等于体重（千克）除以身高（米）的平方，成年人可以根据下表BMI分类标准判断体重是否超重。

BMI分类	世界卫生组织标准	亚洲标准	中国参考标准
偏瘦	<18.5	<18.5	<18.5
正常	18.5~24.9	18.5~22.9	18.5~23.9
超重	≥25.0	≥23.0	>24.0
偏胖	25.0~29.9	23.0~24.9	24.0~26.9
肥胖	30.0~34.9	25.0~29.9	27.0~29.9
重度肥胖	35.0~39.9	≥30.0	≥30.0

现对某大学某专业的49名学生的身高、体重进行了调查，通过计算得到其BMI指数如下表所示。求在概率90%的保证下，学生BMI指数的置信区间。

19.9	19.3	23.3	27.4	25.9	20.0	25.3
21.8	19.8	19.9	22.5	19.2	18.3	21.5
21.7	22.2	22.5	20.2	17.5	19.2	18.0
14.5	22.1	17.3	24.5	21.0	22.8	19.5
23.6	19.0	20.0	23.2	29.1	23.9	21.4
20.9	18.5	23.1	19.3	22.2	21.9	20.3
22.0	22.8	24.7	21.2	20.5	23.9	19.6

一、Excel 操作

1. 将原始数据输入到 Excel 中,位置是 A2:A50,A1 处标上"BMI 指数",如下图所示。

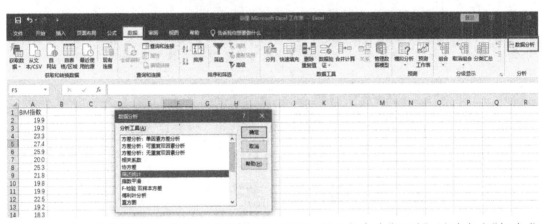

2. 点击"数据—数据分析—描述统计"按钮来进行运算,如下图所示。

3. 在描述统计窗口中,输入区域选择 A1～A50,分组方式为"逐列",同时点击"标志位于第一行",输出区域选择 C2,平均置信度改为 90%,如下图所示。

4. 点击确定之后,所求的变量会显示如下图。

	A	B	C	D
1	BIM指数			
2	19.9		BIM指数	
3	19.3			
4	23.3		平均	21.39383
5	27.4		标准误差	0.382326
6	25.9		中位数	21.37429
7	20.0		众数	#N/A
8	25.3		标准差	2.676282
9	21.8		方差	7.162484
10	19.8		峰度	1.021263
11	19.9		偏度	0.388035
12	22.5		区域	14.61898
13	19.2		最小值	14.51861
14	18.3		最大值	29.13758
15	21.5		求和	1048.298
16	21.7		观测数	49
17	22.2		置信度(90.0%)	0.641246
18	22.5			

5. 求出 90% 置信度下学生平均消费额的估计区间。

用样本均值加减步骤 4 求出的总体均值误差范围(置信度 90% 对应的值)就得出置信区间,分别放到 G2 和 G3 单元格中,并用文字指出置信上限和置信下限,如下图所示。

G2			fx	=D4+D17			
	A	B	C	D	E	F	G
1	BIM指数						
2	19.9		BIM指数			置信上限	22.04
3	19.3					置信下限	20.75
4	23.3		平均	21.39383			
5	27.4		标准误差	0.382326			
6	25.9		中位数	21.37429			
7	20.0		众数	#N/A			
8	25.3		标准差	2.676282			
9	21.8		方差	7.162484			
10	19.8		峰度	1.021263			
11	19.9		偏度	0.388035			
12	22.5		区域	14.61898			
13	19.2		最小值	14.51861			
14	18.3		最大值	29.13758			
15	21.5		求和	1048.298			
16	21.7		观测数	49			
17	22.2		置信(90.0%)	0.641246			
18	22.5						

6. Excel 中区间估计也可通过函数功能实现。如下图,在 D2 中输入样本容量 49;在 D3 中输入"=AVERAGE(A2:A50)";在 D4 中输入"STDEVP(A2:A50)";在 D5 中输入 0.1;在 D6 中输入"=CONFIDENCE.NORM(D5,D4,D2)"或点击"公式—插入函数—统计—CONFIDENCE.NORM"(若为小样本且总体标准差未知,选择 CONFIDENCE.T),设置参数分别为"D5,D4,D2",点击"确定"既可以得到置信度,置信区间的计算与前文相同。

二、SPSS 操作

1. 定义变量,取名为"BMI 指数",将原始数据输入到 SPSS 中,部分数据如下图所示。

2. 点击菜单栏"分析—描述统计—探索",如下图所示。

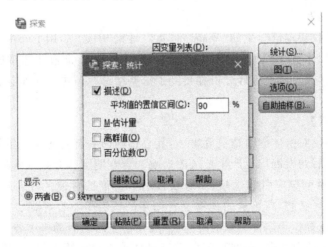

3. 将变量"BMI 指数"点击进入到因变量列表中,显示按钮处选择"两者"按钮。

4. 点击"统计"按钮进入到"探索:统计"对话框,默认系统平均信赖区间为 95%,将其更改为 90%,也可以根据其他需要更改为其他水平,点击继续,如下图所示。

5. 点击确定就可以得到参数区间估计的结果，如下图所示。

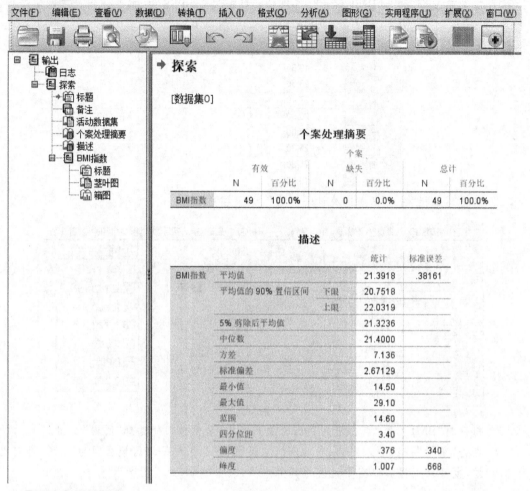

【思政案例实训】

通过问卷软件收集本班学生的"身高""体重""性别"等数据，用 Excel 或 SPSS 分别估计男女同学的"身高""体重"的置信区间，并估计全班同学 BMI 指数和超重比例（BMI＞24 为超重）的置信区间。通过以上统计分析你得到了哪些结论？试进行小组讨论，完成统计分析报告。

【思政案例启示】

青少年肥胖不仅对身体健康造成危害，对其心理的影响有时比生理的损害要严重得多，对其个性以及工作后的发展均会产生长久的影响。青春期肥胖导致中年后肥胖的概率可高达 80%。因此，肥胖问题应引起学校、家庭及社会各方面的普遍关注。培养良好的饮食习惯，纠正偏食高糖、高脂肪、高热量的食物及含糖多的饮料等不良习惯。加强体育锻炼与户外活动，学校应保证青少年体育锻炼的时间，开展丰富多彩的活动吸引青少年去参与。与此同时，还应加强学生的自我保健意识，定期进行身体检查对于降低肥胖、提高健康水平十分重要。

第六章

假设检验

第一节 假设检验的一般问题

一、假设检验的基本原理

假设检验是推断统计的基本内容,所谓假设检验(Hypothesis Test)就是事先做出一个关于总体参数的假设,然后利用样本信息来判断原假设是否合理,即判断样本信息与原假设是否有显著差异,从而决定应接受或否定原假设的推断统计方法,假设检验也称为显著性检验。如检验产品的寿命是否达到某种规定,商品的重量是否符合标准等。

【例 6.1】 某调查公司估计 2020 年新入学读研究生的学生平均年龄是 22 岁,研究人员从实际就读某学校的新生中随机抽取 40 人,调查得到他们读研时的年龄数据如下:

23	26	31	32	43	19	30	21	23	25
24	21	29	21	25	23	24	22	22	25
20	24	30	26	42	17	38	29	47	26
26	23	19	23	34	42	34	20	27	32

试依据调查结果判断部门经理的估计是否可靠?

这是关于总体研一新生的平均年龄是否等于 22 岁的假设检验问题。题中随机抽取 40 人构成样本,由样本数据计算得:$\bar{x} \approx 27.2$ 岁,这是否说明总体研一新生的平均年龄不等于 22 岁呢?

大家知道,由于抽样的随机性,样本均值与总体均值之间总是存在一定的抽样误差,即使总体研一新生的平均年龄如同调查公司所估计的 22 岁(即 $\mu=22$ 岁),样本的平均年龄仍有可能大于或小于 22 岁。

上一章介绍了抽样误差范围与置信度的关系,即在 95% 的置信水平下,样本均值与总体均值的误差范围不超过 1.96 倍的抽样平均误差,即 $|\bar{x}-\mu| \leqslant 1.96 \frac{\sigma}{\sqrt{n}}$,也可以说 $|\bar{x}-\mu| > 1.96 \frac{\sigma}{\sqrt{n}}$ 或 $\frac{|\bar{x}-\mu|}{\sigma/\sqrt{n}} > 1.96$ 的概率只有 5%,通常认为这是一个很小的概率,据此可将 $\frac{|\bar{x}-\mu|}{\sigma/\sqrt{n}} > 1.96$ 视为小概率事件,这种事件在 100 次抽样中只发生 5 次,相对于一次抽样而言,可以认为小概率事件是不可能发生的。在本例中,已知 $n=40$,假设 $\mu=22$,经计算得 $\bar{x}=27.2$,$s=7.20$,计算统计量 $z=\frac{|\bar{x}-\mu|}{s/\sqrt{n}}=\frac{|27.2-22|}{7.2/\sqrt{40}}=4.57>1.96$。

结果表明在一次抽样中小概率事件发生了,这似乎不尽合理,所以可以认为调查公司估计的平均年龄为22岁的情况不可靠。

综上可见,假设检验是根据"小概率事件在一次抽样试验中几乎是不可能发生的"这一原理,先对总体参数做出某种假设,然后依样本统计量的估计值判断假设是否合理,从而做出是否接受原假设的抉择。

二、假设检验的步骤

(一) 提出原假设和备择假设

对每个假设检验问题,一般可同时提出两个相反的假设,即原假设和备择假设。原假设(Null Hypothesis)又称零假设,是待检验的假设,记为 H_0;备择假设(Alternative Hypothesis)是拒绝假设后可供选择的假设,记为 H_1。原假设和备择假设是对立的,检验结果二者必取其一:或者接受 H_0 而拒绝 H_1;或者拒绝 H_0 而接受 H_1。

原假设和备择假设不是随意提出的,应根据检验问题的具体背景而定。常常是采取"不轻易拒绝原假设"的原则,即把没有充分理由不能轻易否定的命题作为原假设,而相应地把没有足够把握就不能轻易肯定的命题作为备择假设。一般的,假设有三种形式:

1. $H_0: \mu = \mu_0$;$H_1: \mu \neq \mu_0$ 或 $H_0: p = \pi_0$;$H_1: p \neq \pi_0$

当我们关心的问题是样本估计值与假设的总体参数有没有显著性的差异,而不问其差异的方向时,应当采用这种形式的假设。把这种假设形式的检验称为双侧检测(Two-Tailed Test)。如例6.1中可提出假设:$H_0: \mu = 22$;$H_1: \mu \neq 22$。

2. $H_0: \mu \geq \mu_0$;$H_1: \mu < \mu_0$ 或 $H_0: \pi \geq \pi_0$;$H_1: \pi < \pi_0$

当我们关心的问题是样本估计值显著地低于假设的总体参数时,应当采用这种形式的假设。把这种假设形式的检验称为左单侧检验。例如对某种电池使用寿命提出假设:$H_0: \mu \geq 1\,000$ 小时;$H_1: \mu < 1\,000$ 小时。

3. $H_0: \mu \leq \mu_0$;$H_1: \mu > \mu_0$ 或 $H_0: \pi \leq \pi_0$;$H_1: \pi > \pi_0$

当我们关心的问题是样本估计值显著地高于假设的总体参数时,应当采用这种形式的假设。把这种假设形式的检验称为右单侧检验。例如对某种不合格率提出假设:$H_0: \pi \leq 3\%$;$H_1: \pi > 3\%$。

左单侧检验和右单侧检验统称为单侧检测(One-Tailed Test)。采用哪种假设形式,要根据所研究的实际问题而定。如果对研究问题只需判断有无显著差异的情况,则采用双侧检验。如果所关心的问题是总体参数是否比某个值偏大(或偏小),则适宜采用单侧检验。另外,在假设检验中,原假设总是与等号相联系的。

(二) 选择适当的统计量,并确定其分布形式

不同的假设检验问题需要选择不同的统计量作为检验统计量。在例6.1中,由于 $n=40>30$,是大样本,所以 $\bar{x}$ 近似服从正态分布,以样本标准差代替总体标准差,所以用的统计量是 $z = \dfrac{\bar{x} - \mu_0}{s/\sqrt{n}} = 4.57$,在 H_0 为真时,$z \sim N(0,1)$。

(三) 选择显著性水平 α,确定原假设 H_0 的接受区域和拒绝区域

显著性水平(Level of Significance)即表示原假设 H_0 为真时拒绝 H_0 的概率,即拒绝原假设所冒的风险,用 α 表示。假设检验应用小概率事件实际不可能发生的原理,这里的小概

率就是指 α。但是要小到什么程度才算小概率？对此并没有统一的标准。通常取 $\alpha=0.1$、0.05 或 0.01 等。在实际应用中，一般是先给定了显著性水平 α，这样就可以由有关的概率分布表查得临界值(Critical Value) z_α，从而确定 H_0 的接受区域和拒绝区域。临界值 z_α 就是接受区域和临界区域的分界点。

对于不同形式的假设，H_0 的接受区域和拒绝区域也有所不同。双侧检验的拒绝区域位于统计量分布曲线的两侧，如图 6-1(a)所示；左单侧检验的拒绝区域位于统计量分布曲线的左侧，如图 6-1(b)所示；右单侧检验的拒绝区域位于统计量分布曲线的右侧，如图 6-1(c)所示。

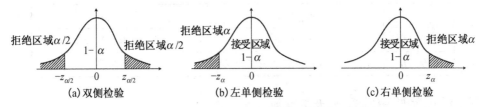

图 6-1　假设检验的接受区域与拒绝区域示意图

在例 6.1 中，若取 $\alpha=0.05$，由于是双侧检验，所以 $z_{\alpha/2}=\pm 1.96$。
接受区域：$-1.96 \leqslant z \leqslant 1.96$；拒绝区域：$z > 1.96$ 或 $z < -1.96$。

（四）做出结论

根据样本资料计算出检验统计量 z 的具体值，并用其与临界值 z_α 比较，做出接受或拒绝原假设 H_0 的结论。如果检验统计量的值在拒绝区域内，说明样本所描述的情况与原假设有显著性差异，应拒绝原假设；反之，则接受原假设。

对于例 6.1，由于 $z=4.57$ 落在拒绝区域内，所以拒绝原假设 H_0。可以得出结论：在 $\alpha=0.05$ 的显著性水平下，抽样结果的平均年龄显著高于调查公司的估计值，有理由认为调查公司的估计不可靠。

三、假设检验中的两类错误

在做出接受或拒绝原假设 H_0 的结论时，是基于样本信息来判断的。由于样本的随机性，使假设检验有可能出现两类错误，具体情况如下。

（一）第一类错误

当原假设 H_0 为真，但由于样本的随机性使样本统计量落入了拒绝区域，这时所做的判断是拒绝原假设，这类错误称为第一类错误，亦称拒真错误。假设检验通常认为"一次抽样中小概率事件发生了"是不合理的，从而根据抽样结果做出了拒绝原假设的结论。但事实上，小概率事件只是发生概率很小而已，并非绝对不发生。假如例 6.1 中真实情况是总体平均年龄的确是 22 岁，但是抽到的样本平均年龄是 27 岁，属于小概率事件发生了，按照检验的规则应当拒绝原假设 $H_0:\mu=22$，从而认为调查公司的估计不可靠，这就犯了第一类错误。犯第一类错误的概率，亦称拒真概率，它实质上就是前面提到的显著性水平 α，即 $P($拒绝 $H_0 | H_0$ 为真$)=\alpha$。

（二）第二类错误

当原假设 H_0 为不真，但由于样本的随机性使样本统计量落入接受区域，这时的判断是

接受原假设,这类错误称为第二类错误,亦称取伪错误。犯第二类错误的概率亦称取伪概率,用 β 表示,即 $P(接受 H_0 | H_0 不真)=\beta$。

由上述分析可见,接受原假设时,只是因为没有发生小概率事件,还没有充足的理由拒绝它(即还没有足够的把握拒绝它)。因此,所谓"接受原假设",并非肯定原假设就是正确的。

假设检验中,原假设 H_0 可能为真也可能不真,我们的判断(决策)有接受和拒绝两种。因此,检验的结果共有四种情况,可概括为表 6-1。

表 6-1 检验假设的四种情况

	H_0 为真	H_0 不真
接受 H_0	正确决策	第二类错误(取伪)(概率为 α)
拒绝 H_0	第一类错误(拒真)(概率为 α)	正确决策

四、假设检验中的各种决策规则

上面介绍了假设检验的一般程序,给出了一般的检验决策规则,但在实际工作中还有其他较为实用的检验决策规则,概括来讲包括 z 值(或 t 值)检验法、置信区间检验法和 p 值检验法三种方法,下面以总体均值的假设检验为例说明各种检验情况的决策规则。

(一)z 值(或 t 值)检验法

利用服从正态分布的统计量 z 进行的假设检验称为 z 值检验法。z 值检验法检验的程序是:根据总体标准差、样本容量 n 和样本均值 $\bar{x}$ 计算出检验统计量 z 的值,即 $z=\dfrac{\bar{x}-\mu_0}{\sigma/\sqrt{n}}$。对于给定的检验水平 α 查正态分布表可得临界值 $z_{\alpha/2}$,将所计算的 z 值与临界值比较,便可得出检验结论。具体应用有以下三种情况:

1. 采用双侧检验,$H_0:\mu=\mu_0$,$H_1:\mu\neq\mu_0$,则临界值为 $-z_{\alpha/2}$ 和 $z_{\alpha/2}$。

决策规则:当 $-z_{\alpha/2}\leqslant z\leqslant z_{\alpha/2}$ 时,接受原假设;反之则拒绝原假设。对于例 6.1,由于 $z=4.57>1.96$,所以拒绝原假设 H_0。

2. 若采用左侧检验,$H_0:\mu\geqslant\mu_0$,$H_1:\mu<\mu_0$,则临界值为 $-z_\alpha$。

决策规则:当 $z<-z_\alpha$ 时,拒绝原假设;反之则接受原假设。

3. 若采用右侧检验,$H_0:\mu\leqslant\mu_0$,$H_1:\mu>\mu_0$,则临界值为 z_α。

决策规则:当 $z>z_\alpha$ 时,拒绝原假设;反之则接受原假设。

利用服从 t 分布的统计量去检验总体均值的方法称为 t 值检验法,其检验的决策规则与 z 值检验法类似,具体的应用将在下一节中介绍。

(二)置信区间检验法

利用总体参数的置信区间进行假设检验的方法称为置信区间检验法。

按照置信区间检验法检验的程序是:在原假设为真时,根据给定的检验水平 α 确定样本均值落在总体均值 μ_0 两侧(或一侧)最大的允许范围,再根据抽样的结果观察样本均值 $\bar{x}$ 是否落在这一允许范围内,做出检验结论。具体应用情况有:

1. 若采用双侧检验,则置信区间为 $\mu_0\pm z_{\alpha/2}\dfrac{\sigma}{\sqrt{n}}$。

决策规则:当样本均值 $\bar{x}$ 落在区间 $\mu_0 \pm z_{\alpha/2}\dfrac{\sigma}{\sqrt{n}}$ 内,则接受原假设;反之则拒绝原假设。

对于例 6.1,由于 $\mu_0 \pm z_{\alpha/2}\dfrac{s}{\sqrt{n}}=22\pm1.96\times\dfrac{7.20}{\sqrt{40}}=22\pm2.23$,即置信区间为 $(19.77,24.23)$,而样本均值 $\bar{x}=27.2$,落在拒绝区域,可以认为样本均值与假设的总体均值存在显著差异,所以拒绝原假设 H_0。

2. 若采用左侧检验,则置信区间为 $\left(\mu_0 - z_\alpha\dfrac{\sigma}{\sqrt{n}},+\infty\right)$。

决策规则:当样本均值 $\bar{x}$ 落在区间 $\left(\mu_0 - z_\alpha\dfrac{\sigma}{\sqrt{n}},+\infty\right)$ 内,则接受原假设;反之则拒绝原假设。

3. 若采用右侧检验,则置信区间为 $\left(-\infty,\mu_0 + z_\alpha\dfrac{\sigma}{\sqrt{n}}\right)$。

决策规则:当样本均值 $\bar{x}$ 落在区间 $\left(-\infty,\mu_0 + z_\alpha\dfrac{\sigma}{\sqrt{n}}\right)$ 内,则接受原假设;反之则拒绝原假设。

(三) p 值检验法

p 值(p-value)是指在原假设为真时,样本统计量落在观察值以外(抽样分布尾部区域)的概率,也称为观察到的显著性水平。

p 值检验法检验的程序是:根据总体标准差、样本容量 n 和样本平均数 $\bar{x}$,计算出检验统计量 z 的值。查正态分布表确定样本均值落在 z 以外(抽样分布尾部区域)的概率 p 值,将所计算的 p 值与 α 比较,便可得出检验结论。

p 值的计算同样分以下三种情况:

1. 若采用双侧检验,p 值 $=2P\left(z\geqslant\dfrac{|\bar{x}-\mu_0|}{\sigma/\sqrt{n}}\right)$;

2. 若采用左侧检验,p 值 $=P\left(z\leqslant\dfrac{\bar{x}-\mu_0}{\sigma/\sqrt{n}}\right)$;

3. 若采用右侧检验,p 值 $=P\left(z\geqslant\dfrac{\bar{x}-\mu_0}{\sigma/\sqrt{n}}\right)$。

p 值检验法决策规则:若 p 值 $<\alpha$,则拒绝原假设 H_0;若 p 值 $>\alpha$,则接受原假设 H_0。

显然,p 值是假设检验中可以导致拒绝原假设的概率值。p 值越小,就越容易拒绝原假设;p 值越大,就越不容易拒绝原假设。对于例 6.1 有:

$$p \text{ 值}=2P\left(z\geqslant\dfrac{|\bar{x}-\mu_0|}{\sigma/\sqrt{n}}\right)=2P\left(z\geqslant\dfrac{27.2-22}{7.20/\sqrt{40}}\right)=2P(z\geqslant 4.57)=4.88\times 10^{-6}$$

由于 p 值 $=4.88\times 10^{-6}<\alpha=0.05$,所以拒绝原假设 H_0,可以认为调查公司的估计不可靠。

通过上述检验规则的介绍可以看到三种检验方法存在着密切的关系,表现在:双侧检验时,若 z 值(或 t 值)检验法的检验结果是在显著性水平 α 下接受 H_0,则意味着在置信水平 $1-\alpha$ 下置信区间 $\mu_0 \pm z_{\alpha/2}\dfrac{\sigma}{\sqrt{n}}$ 必包括 $\bar{x}$,这同样意味着 p 值一定大于 α 值;相反,若 z 值(或 t

值)检验法的检验结果是在显著性水平 α 下拒绝 H_0,则意味着在置信水平 $1-\alpha$ 下置信区间 $\mu_0 \pm z_{\alpha/2} \frac{\sigma}{\sqrt{n}}$ 必不包括 $\bar{x}$,同样意味着 p 值一定小于 α 值。无论采用哪种检测方法,其检验的结论是一致的。单侧检验时,其各种检验方法检验的结果也存在同样的关系。

为了便于理解,我们运用例 6.1,将假设检验中的各种决策规则表示为图 6-2。

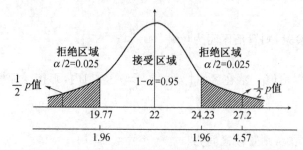

图 6-2　例 6.1 中各种检验方法决策规则示意图

第二节　总体均值的假设检验

上一节介绍了总体均值的假设检验的基本原理和程序,本节主要通过实例介绍对总体均值进行假设检验的方法。在实际检验时,与进行区间估计一样,通常要依据研究问题的不同或资料条件的不同而采用不同的处理方法,包括大样本情况下对单一总体均值的假设检验、小样本情况下对单一总体均值的假设检验、独立样本情况下对两个总体均值之差的假设检验、配对样本情况下对两个总体均值之差的假设检验等几种情况。

一、单一总体均值的假设检验(大样本)

由抽样分布定理可知:当正态分布总体方差已知时,无论样本容量大小,样本均值都服从正态分布;若是非正态分布总体方差已知,只要是大样本抽样,样本均值仍然近似服从正态分布,即样本均值 $\bar{x}$ 服从 $N(\mu, \sigma^2/n)$。

构造检验统计量为:

$$z = \frac{\bar{x} - \mu_0}{\sigma/\sqrt{n}} \tag{6.1}$$

当 $\mu = \mu_0$ 时,统计量服从 $N(0,1)$。

如果非正态总体方差未知且大样本时,实际应用中是用样本标准差 s 代替总体标准差 σ,构造检验统计量为:

$$z = \frac{\bar{x} - \mu_0}{s/\sqrt{n}} \tag{6.2}$$

在对实际问题的假设检验中,z 检验法较为常用,但近年来随着计算机技术的普及应用,许多计算机软件的统计功能中都可以报告 p 值,因此 p 值检验法不失为一种简便易行的检验方法。

【例6.2】 某鞋厂生产专业的篮球运动鞋,根据历史资料统计结果,平均耐磨寿命为120天,标准差为36天。现在从近期生产的专业篮球鞋中抽取300双做试验,测得样本平均耐磨寿命 $\bar{x}=180$ 天。试按5%的显著性水平判断新的篮球鞋平均耐磨寿命与以往篮球鞋的耐磨寿命有没有显著的差异。

解:由于问题是判断新旧篮球鞋耐磨寿命有没有显著的差异,并没有问及差异的方向,因此,此题属于双侧检验。

z 检验法过程如下:

(1) 提出假设:$H_0: \mu=120$;$H_1: \mu \neq 120$。

(2) 由于是大样本抽样,且总体标准差 σ 已知,所以使用式(6.1)的检验统计量。

(3) 显著性水平 α 取 0.05,由于是双侧检验,由 $1-\alpha=0.95$ 查正态分布概率表得 $z_{\alpha/2}=\pm 1.96$。决策规则为:若 $z>1.96$ 或 $z<-1.96$,则拒绝 H_0;若 $-1.96 \leqslant z \leqslant 1.96$,则接受 H_0。

(4) 根据抽样结果,计算统计量 z 的实际值:

$$z=\frac{\bar{x}-\mu}{\sigma/\sqrt{n}}=\frac{180-120}{36/\sqrt{300}}=28.87$$

(5) 检验判断:由于实际 $z=28.87>1.96$,落在拒绝区域,所以拒绝 H_0。

结论:以5%的显著性水平可以认为新的篮球鞋平均耐磨寿命与以往的有显著差异。

置信区间检验法:

(1) 提出假设:$H_0: \mu=120$;$H_1: \mu \neq 120$。

(2) 由于是大样本抽样,且总体标准差 σ 已知,所以使用式(6.1)的检验统计量。

(3) 显著性水平 α 取 0.05,由于是双侧检验,置信区间为:$\mu \pm z_{\alpha/2} \frac{\sigma}{\sqrt{n}}=120 \pm 1.96 \frac{36}{\sqrt{300}}$,即(115.93,124.07)。决策规则为:若 $115.93 \leqslant \bar{x} \leqslant 124.07$,则接受 H_0;若 $\bar{x}<115.93$ 或 $\bar{x}>124.07$,则拒绝 H_0。

(4) 根据抽样结果:样本均值 $\bar{x}=180>124.07$,所以拒绝 H_0。

结论:以5%的显著性水平可以认为新的篮球鞋平均耐磨寿命与以往的有显著差异。

p 值检验法:

(1) 提出假设:$H_0: \mu=120$;$H_1: \mu \neq 120$。

(2) 由于是大样本抽样,且总体标准差 σ 已知,所以使用式(6.1)的检验统计量。

(3) 显著性水平 α 取 0.05,由于是双侧检验,则有:

$$p \text{ 值}=2P\left(z \geqslant \left|\frac{\bar{x}-\mu}{\sigma/\sqrt{n}}\right|\right)=2P\left(z \geqslant \frac{|180-120|}{36/\sqrt{300}}\right)=2P(z \geqslant 28.87) \approx 0$$

(4) 由于 p 值近似为 0,为极小概率,所以拒绝 H_0。

结论:有把握认为新的篮球鞋平均耐磨寿命与以往的有显著差异。

通过此题的解题过程说明,利用三种检验方法,得到的统计结论是一致的。

【例6.3】 根据过去大量资料,某超市引进的某种水果的平均保质期服从正态分布,其平均保质期为90天,标准差为12天。现从最近引进的一批该水果中随机抽取20个,测得样本平均保质期为100天。试在0.05的显著性水平下判断这批水果的保质期是否有显著提高,并报告 p 值。

解:由于问题是判断新水果保质期有没有显著提高,问及差异的方向,本着不能轻易肯定的命题作为备择假设的原则,此题属于右单侧检验。

根据题意,提出假设:$H_0: \mu \leq 90$;$H_1: \mu > 90$

由于是正态总体,且标准差已知,因此使用式(6.1)的检验统计量。依 $\alpha=0.05$ 查表得临界值

$$z_\alpha = z_{0.05} = 1.645$$

计算检验统计量:

$$z = \frac{100-90}{12/\sqrt{20}} = 3.7$$

由于 $z=3.7 > z_\alpha = 1.645$,所以应该拒绝 H_0 而接受 H_1。即有把握认为该批水果的保质期有显著提高。

由于是右单侧检验,所以

$$p \text{ 值} = P\left(z \geq \frac{\bar{x}-\mu}{\sigma/\sqrt{n}}\right) = P\left(z \geq \frac{100-90}{12/\sqrt{20}}\right) = P(z \geq 3.7) = 0.5 - 0.4999 = 0.0001$$

因为 p 值 $= 0.0001 < \alpha = 0.05$,所以拒绝原假设。结论与上述 z 检验法相同。

【例6.4】 某厂声称其新开发的合成钓鱼线的强度服从正态分布,且平均强度为8千克。现从中抽取50条钓鱼线,测试结果为平均强度为7.8千克,标准差为0.5千克。问能否接受该厂的声称。($\alpha=0.01$)

解:由于问题是判断能否接受该厂的声称,没有问及差异的方向,因此,此题属于双侧检验。

依题意提出假设:$H_0: \mu = 8$;$H_1: \mu \neq 8$

由于是总体标准差未知,但为大样本抽样,因此使用式(6.2)的检验统计量。依 $\alpha = 0.01$,$-z_{\alpha/2} = -z_{0.005} = -2.575$,计算检验统计量:$z = \frac{\bar{x}-\mu}{s/\sqrt{n}} = \frac{7.8-8}{0.5/\sqrt{50}} = -2.829$。由于 $z = -2.829 < -z_{\alpha/2} = -2.575$,所以拒绝原假设,接受备择假设。即新合成的钓鱼线的平均强度并不似厂商所称,它不等于8千克。

若采用 p 值检验法,过程如下:

$$p \text{ 值} = 2P\left(z \leq \frac{\bar{x}-\mu}{\sigma/\sqrt{n}}\right) = 2P\left(z \leq \frac{7.8-8}{0.5/\sqrt{50}}\right) = 2P(z \leq -2.829) = 0.0046 < 0.01$$

因为 p 值 $< \alpha$,所以表明小概率事件发生,应该拒绝原假设,认为厂商所声称的新合成钓鱼线的平均强度等于8千克是不可信的。

二、单一总体均值的假设检验(小样本)

设总体服从正态分布 $X \sim N(\mu, \sigma)$,但总体标准差 σ 未知,此时对总体均值的检验不能用上述 z 检验法,因为此时的检验统计量 z 中包含了未知参数 σ。为了得到一个不含未知参数的检验统计量,很自然会用样本标准差 s 来代替 σ,于是得到 t 统计量。由第五章内容可知,在小样本抽样状况下,若 $H_0: \mu = \mu_0$ 成立时,检验统计量及其分布为:

$$t = \frac{\bar{x} - \mu_0}{s/\sqrt{n}} \sim (n-1) \tag{6.3}$$

利用服从 t 分布的统计量去检验总体均值的方法称为 t 检验法。其具体做法是:根据题意提出假设(与 z 检验法中的假设形式相同);构造检验统计量 t 并根据样本信息计算其具

体值;对于给定的检验水平 α,由 t 分布表查得临界值;将所计算的 t 值与临界值比较,做出检验结论。决策规则如下:

若采用双侧检验,$H_0:\mu=\mu_0,H_1:\mu\neq\mu_0$,则临界值为 $-t_{\alpha/2}$ 和 $t_{\alpha/2}$。

决策规则:当 $-t_{\alpha/2}\leq t\leq t_{\alpha/2}$ 时,接受原假设;反之则拒绝原假设。

若采用左侧检验,$H_0:\mu\geq\mu_0,H_1:\mu<\mu_0$,则临界值为 $-t_\alpha$。

决策规则:当 $t<-t_\alpha$ 时,拒绝原假设;反之则接受原假设。

若采用右侧检验,$H_0:\mu\leq\mu_0,H_1:\mu>\mu_0$,则临界值为 t_α。

决策规则:当 $t>t_\alpha$ 时,拒绝原假设;反之则接受原假设。

【例 7.5】 某食品厂采用自动包装机分装产品,假定每包食品的重量服从正态分布,每包标准重量为 600 克。某日随机抽查 10 包,测得每包净重数据(单位:克)如下:588、585、596、578、602、615、580、590、610、606。试在 0.05 的显著性水平下,检验当天自动包装机工作是否正常,并报告 p 值。

解:根据题意,检验的目的是观察产品的平均每包重量是否与标准重量一致,属于双侧检验问题。因此,可建立如下假设:$H_0:\mu=600,H_1:\mu\neq600$。由于是正态总体且标准差未知,且为小样本抽样,可使用式(6.3)的 t 检验统计量,依 $\alpha=0.05$ 查表得临界值 $t_{(\alpha/2,n-1)}=t_{(0.025,9)}=2.262$。

根据样本数据计算得:$\bar{x}=595,s=12.84,n=10$

检验统计量

$$t=\frac{\bar{x}-\mu_0}{s/\sqrt{n}}=\frac{595-600}{12.84/\sqrt{10}}=-1.23$$

由于 $|t|=1.23<t_{(\alpha/2,n-1)}=2.262$,所以接受 H_0,即可认为这天自动包装机工作正常。

$$p\text{ 值}=2P\left(t\geq\frac{|\bar{x}-u|}{s/\sqrt{n}}\right)=2P\left(t\geq\frac{|595-600|}{12.84/\sqrt{10}}\right)=2P(t\geq1.23)=0.374$$

显然 p 值 $=0.374>\alpha=0.05$,所以接受原假设。结论与上述 t 检验法一致。

t 检验法适用于小样本情况下总体方差未知时对正态总体均值的假设检验。随着样本容量 n 的增大,t 分布趋于标准正态分布。所以大样本情况下($n\geq30$),总体方差未知时对正态总体均值的假设检验仍可用 z 检验法。

三、两个总体均值之差的假设检验

在实际推断统计中,有时涉及对两个总体均值之差的假设检验,如比较两种产品的平均使用寿命、两种方法的平均结果,这就需要利用相应两个样本的观察值,对两个总体均值的差异做出检验和判断,其检验方法与步骤与上面我们所介绍的单一总体均值的假设检验方法与步骤完全类似。

首先提出假设,假设的基本形式为:

双侧检验,$H_0:\mu_1-\mu_2=0,H_1:\mu_1-\mu_2\neq0$

右单侧检验,$H_0:\mu_1-\mu_2\leq0,H_1:\mu_1-\mu_2>0$

左单侧检验,$H_0:\mu_1-\mu_2\geq0,H_1:\mu_1-\mu_2<0$

利用不同方式获取的样本,在检验时的情况又有所不同,检验通常分为独立样本和配对样本两种情形,关于配对样本检验将在本章第五节具体进行介绍。对于两个独立样本,由于样本容量不同、对总体标准差掌握的情况不同,检验的过程会有所不同,具体分析如下:

（一）两个正态总体标准差已知或大样本

由第五章介绍的内容可知，如果两个总体都服从正态分布、标准差都已知，或两个总体均不服从正态分布、标准差都未知，但两个独立样本的容量 n_1 和 n_2 都足够大时，样本均值之差 $\bar{x}_1 - \bar{x}_2$ 的抽样分布服从或近似服从正态分布，可采用的检验统计量：

$$z = \frac{(\bar{x}_1 - \bar{x}_2) - (\mu_1 - \mu_2)}{\sqrt{\frac{\sigma_1^2}{n_1} + \frac{\sigma_2^2}{n_2}}} \tag{6.4}$$

或

$$z = \frac{(\bar{x}_1 - \bar{x}_2) - (\mu_1 - \mu_2)}{\sqrt{\frac{s_1^2}{n_1} + \frac{s_2^2}{n_2}}} \tag{6.5}$$

于是构造检验统计量

$$z = \frac{\bar{x}_1 - \bar{x}_2}{\sqrt{\frac{\sigma_1^2}{n_1} + \frac{\sigma_2^2}{n_2}}} \tag{6.6}$$

当 $\mu_1 = \mu_2$ 时，$z \sim N(0,1)$。对于显著性水平 α，查正态分布表，得临界值 $z_{\alpha/2}$，比较 z 统计值与临界值，做出检验结论。

【例 6.6】 有两种方法可用于制造某种以抗拉强度为重要指标的产品。以往经验表明，用这两种方法生产出来的产品抗拉强度都近似服从正态分布。方法 1 给出的标准差为 6 千克，方法 2 给出的标准差为 8 千克。管理部门想知道用这两种方法所生产出来的产品平均抗拉强度是否相同，于是从方法 1 生产的产品中随机选取 12 个产品组成一个样本，算得样本均值为 40 千克，从方法 2 生产的产品中随机选取 16 个产品组成一个样本，算得样本均值为 34 千克。在显著性水平 $\alpha = 0.05$ 下，检验两种方法的抗拉强度是否有显著差异。

解：这个问题研究的是两个总体均值是否相同，先作假设：
$H_0: \mu_1 - \mu_2 = 0, H_1: \mu_1 - \mu_2 \neq 0$

因为两个总体都是近似服从正态分布，且方差都已知，所以采用检验统计量：

$$z = \frac{(\bar{x}_1 - \bar{x}_2) - (\mu_1 - \mu_2)}{\sqrt{\frac{\sigma_1^2}{n_1} + \frac{\sigma_2^2}{n_2}}}$$

它近似服从 $N(0,1)$。又因为 $\bar{x}_1 = 40, \bar{x}_2 = 34, n_1 = 12, n_2 = 16, \sigma_1 = 6, \sigma_2 = 8$，所以

$$z = \frac{40 - 34}{\sqrt{\frac{6^2}{12} + \frac{8^2}{16}}} = 2.2678$$

对于 $\alpha = 0.05$，查正态分布表得临界值 $z_{\alpha/2} = z_{0.025} = 1.96$。因为 $z = 2.2678 > 1.96$，所以拒绝 H_0，即认为两种方法所生产出来的产品平均抗拉强度有显著差异。

（二）两正态总体标准差未知且小样本

若总体都服从正态分布，当两个总体标准差未知时，需要用样本的标准差来估计，但小样本估计的方法与大样本情况不同，此时如果 $\sigma_1^2 = \sigma_2^2$，可通过两个样本方差合并求得总体方差的合并估计值，采用的检验统计量为：

$$t=\frac{(\bar{x}_1-\bar{x}_2)-(\mu_1-\mu_2)}{\sqrt{\frac{s^2}{n_1}+\frac{s^2}{n_2}}} \tag{6.7}$$

t 分布的自由度为 n_1+n_2-2，其中 $s^2=\frac{(n_1-1)s_1^2+(n_2-1)s_2^2}{n_1+n_2-2}$。

所以检验统计量

$$t=\frac{\bar{x}_1-\bar{x}_2}{s\sqrt{\frac{1}{n_1}+\frac{1}{n_2}}} \tag{6.8}$$

当 $\mu_1=\mu_2$ 时，服从 $t(n_1+n_2-2)$。给定显著性水平 α，由 t 分布表查得临界值，将所计算的 t 值与临界值比较，做出检验结论。

【**例 6.7**】 某地区高考负责人想知道某年来自城市学生的平均成绩是否比来自农村学生的平均成绩高。已知总体服从正态分布且方差大致相同，由抽样获得如下资料：城市中学考生 $\bar{x}_1=545,n_1=17,s_1=50$；农村中学考生 $\bar{x}_2=495,n_2=15,s_2=55$。在显著性水平 $\alpha=0.05$ 下进行检验。

解：建立假设 $H_0:\mu_1\leqslant\mu_2,H_1:\mu_1>\mu_2$

由于两个总体都服从正态分布且方差相等，所以选取检验统计量

$$t=\frac{\bar{x}_1-\bar{x}_2}{s\sqrt{\frac{1}{n_1}+\frac{1}{n_2}}}=\frac{545-495}{\sqrt{\frac{(17-1)50^2+(15-1)55^2}{17+15-2}}\sqrt{\frac{1}{17}+\frac{1}{15}}}=2.69$$

查 t 分布表，$t_\alpha(n_1+n_2-2)=t_{0.05}(30)=1.70$，由于 $t>t_\alpha$，所以拒绝 H_0，即某地区某年来自城市中学考生的平均成绩比来自农村中学考生的平均成绩高。

（三）两个非正态总体

当两个样本来自非正态总体时，只要样本容量都很大，就可以利用中心极限定理，推出当 $\mu_1=\mu_2$ 时的检验统计量

$$z=\frac{\bar{x}_1-\bar{x}_2}{\sqrt{\frac{\sigma_1^2}{n_1}+\frac{\sigma_2^2}{n_2}}} \tag{6.9}$$

近似服从 $N(0,1)$。如果 σ_1^2,σ_2^2 未知，就用 s_1^2,s_2^2 分别代替，其检验方法与正态总体条件下的检验相同。

【**例 6.8**】 在两种工艺条件下纺得细纱，各抽 100 个样本试验其强力（单位：克）。整理数据得：

工艺一：$\bar{x}_1=280,n_1=100,s_1=28$；

工艺二：$\bar{x}_2=286,n_2=100,s_2=28.5$

在显著性水平 $\alpha=0.05$ 下，检验这两种工艺生产的细纱强力有无差异。

解：建立假设 $H_0:\mu_1=\mu_2,H_1:\mu_1\neq\mu_2$

因为两个总体的分布类型未知，方差也未知，所以在大样本的前提下，可以采用检验统计量

$$z=\frac{\bar{x}_1-\bar{x}_2}{\sqrt{\frac{s_1^2}{n_1}+\frac{s_2^2}{n_2}}}=\frac{280-286}{\sqrt{\frac{28^2}{100}+\frac{28.5^2}{100}}}=-1.5018$$

对于显著性水平 $\alpha=0.05$，查正态分布表，得临界值 $z_{\alpha/2}=z_{0.025}=1.96$。因为 $|z|=1.5018<1.96$，所以接受 H_0，即认为两种工艺生产的细纱强力无显著差异。

第三节　总体比例的假设检验

一、单一总体比例的假设检验（大样本）

来自总体的样本为 $(x_1,x_2,\cdots,x_n)$。其中，各个 $x_i(i=1,2,\cdots,n)$ 只取 1（"成功"）和 0（"失败"）两个值。样本中"成功"的次数为 n_1。当 n 达到一定程度时，样本比例 $p=\dfrac{n_1}{n}$ 近似服从正态分布 $N\left(p,\dfrac{p(1-p)}{n}\right)$。因此，对于假设 $H_0:p=\pi_0$，在 H_0 成立的前提下，有

$$z=\frac{p-\pi_0}{\sqrt{\dfrac{\pi_0(1-\pi_0)}{n}}}\sim N(0,1) \tag{6.10}$$

【例 6.9】 某机构声称 5 年来各种新发行债券的承销价高于面值的比率没有超过 50%。为了检验此种说法，随机抽选了 60 支新发行债券，其中有 24 支的承销价高于面值。试以 $\alpha=0.10$ 的显著性水平进行检验。

解：依题意，可建立如下假设 $H_0:p\geqslant 50\%$，$H_1:p<50\%$
已知 $n=60$ 为大样本，$p=24/60=0.4$，于是有

$$z=\frac{p-\pi_0}{\sqrt{\dfrac{\pi_0(1-\pi_0)}{n}}}=\frac{0.4-0.5}{\sqrt{\dfrac{0.5(1-0.5)}{60}}}=-1.55$$

计算 p 值：

$$P(z<-1.55)=0.0606<0.10$$

所以拒绝原假设，即没有理由怀疑该机构的估计。

对于此题，如果采用二项分布的话，那么

$$P(X\leqslant 24)=\sum_{x=1}^{24}P(x;n=60,p=0.5)=0.0775<0.10$$

通过二项分布计算的 p 值与通过正态分布计算的 p 值比较接近，但是，前者更加精确。对于单个总体比例进行假设检验时，如果遇到的是小样本，或者可以很方便用 Excel 时，用二项分布计算 p 值显然是合适的。

二、两个总体比例的假设检验

如果两个样本独立地抽自两个独立的总体，根据两个样本统计量 p_1 和 p_2 就可以检验总体比例 π_1 和 π_2 是否相等，在两个样本都是大样本的前提下，有

$$z=\frac{(p_1-p_2)-(\pi_1-\pi_2)}{\sqrt{\dfrac{p_1(1-p_1)}{n_1}+\dfrac{p_2(1-p_2)}{n_2}}}\sim N(0,1) \tag{6.11}$$

需要注意的是由于总体比例一般未知，因此式(6.11)的方差用样本比例计算。

【例 7.10】 一软件公司声称,新开发的一款软件,南方地区消费者的喜爱程度高于北方地区的消费者。为了进一步了解事实,进行抽样调查,了解两地喜爱该软件的人数比例,调查结果如下表。试以 0.01 的显著性水平检验。

南方地区	北方地区
$p_1=0.65$	$p_2=0.55$
$n_1=300$	$n_2=400$

解:依题意可建立如下假设 $H_0:\pi_1 \leqslant \pi_2, H_1:\pi_1 > \pi_2$
因为

$$z=\frac{(p_1-p_2)-(\pi_1-\pi_2)}{\sqrt{\frac{p_1(1-p_1)}{n_1}+\frac{p_2(1-p_2)}{n_2}}}=\frac{(0.65-0.55)-0}{\sqrt{\frac{0.65\times(1-0.65)}{300}+\frac{0.55\times(1-0.55)}{400}}}=2.695$$

所以计算 p 值,$P(Z>2.695)=0.0035<0.10$,因此拒绝原假设,即可以认为南方地区的消费者更偏好该软件。

第四节 总体方差的假设检验

一、单一正态总体方差的假设检验

方差是反映现象在数量上变异程度的指标,反映变化的均衡程度。对于正态总体方差检验主要有两种:一是检验总体方差是否等于某一给定的确定值;二是检验总体方差是否显著性地在某个给定的范围内。

在参数估计中,我们已经知道可以用样本方差 $s^2=\dfrac{\sum(x-\bar{x})^2}{n-1}$ 作为总体方差 σ^2 的无偏估计。样本方差计算公式中的 $n-1$ 为自由度,说明样本中有 $n-1$ 个样本的取值是可以独立确定的,这是由于分子中 $\bar{x}$ 的约束使得独立的样本单位少了一个。

所建立的假设为 $H_0:\sigma^2=\sigma_0^2$,备择假设为 $H_1:\sigma^2\neq(>$ 或者 $<)\sigma_0^2$
检验统计量为:

$$\chi^2=\frac{(n-1)S^2}{\sigma^2} \tag{6.12}$$

或者是

$$\chi^2=\frac{\sum(x_i-\bar{x})^2}{\sigma^2} \tag{6.13}$$

在原假设成立的条件下,该统计量服从自由度为 $n-1$ 的 χ^2 分布,即

$$\chi^2=\frac{(n-1)S^2}{\sigma^2}\sim\chi^2(n-1) \tag{6.14}$$

在给定的显著水平下,可查 χ^2 分布表或使用 Excel 中的 Chinv 函数,得到两个临界值 $\chi^2_{\alpha/2}(n-1)$ 和 $\chi^2_{1-\alpha/2}(n-1)$,若 $\chi^2_{1-\alpha/2}(n-1)\leqslant\chi^2\leqslant\chi^2_{\alpha/2}(n-1)$,则检验统计量 χ^2 落入接受区域,这时不能拒绝原假设;若检验统计量 χ^2 落入上述区域之外,即落入了拒绝区域,这时应

拒绝原假设,接受备择假设。

【例 6.11】 某车间生产铜丝,生产一向比较稳定。今从中随机抽取 10 根,测得铜丝折断力的均值为 575.2,方差为 75.73。问:是否仍然可以相信该车间生产的铜丝折断力的方差依然是 64?(要求 $\alpha=0.05$,并且已知铜丝折断力服从正态分布)

解:依题意建立假设 $H_0:\sigma^2=64, H_1:\sigma^2\neq 64$,根据样本数据计算得到:

$$\chi^2=\frac{(n-1)S^2}{\sigma^2}=9(75.73/64)=10.65$$

根据显著性水平 $\alpha=0.05$,查 χ^2 分布表得:

$$\chi^2_{1-\alpha/2}(n-1)=\chi^2_{0.975}(9)=2.7, \qquad \chi^2_{\alpha/2}(n-1)=\chi^2_{0.025}(9)=19$$

$2.7<\chi^2=10.65<19$,落入接受域,所以不能拒绝原假设,即没有显著的证据认为该车间生产的铜丝折断力的方差不是 64。

【例 6.12】 某电工器材厂生产一种保险丝,保险丝的熔化时间服从正态分布,按规定,熔化时间的方差不得超过 400。今从一批产品中随机抽取 25 个样品,测得熔化时间的方差为 410。在显著性水平 $\alpha=0.05$ 条件下,能认为这批产品的方差显著偏大吗?

解:依题意建立假设:$H_0:\sigma^2\leqslant 400, H_1:\sigma^2>400$

根据样本数据得:

$$\chi^2=\frac{(n-1)S^2}{\sigma^2}=24(410/400)=24.6$$

于是根据 $\alpha=0.05$,查表得 $\chi^2_\alpha(n-1)=\chi^2_{0.05}(24)=36.42$。因为 $\chi^2=24.6<36.42$,所以落入接受区域,即我们没有理由认为这批产品的方差显著偏大。

根据以上例题类似地讨论 $H_0:\sigma^2\geqslant\sigma_0^2$,可得到其拒绝区域为

$$\frac{(n-1)S^2}{\sigma_0^2}<\chi^2_{1-\alpha}(n-1)。$$

二、两个正态总体方差比(σ_1^2/σ_2^2)的假设检验

假定有两个样本,分别为 $x_i\sim N(\mu_x,\sigma_x^2), y_j\sim N(\mu_y,\sigma_y^2)$,两样本容量分别为 n_1 和 n_2,且相互独立。其中,$\mu_x、\sigma_x^2$ 和 $\mu_y、\sigma_y^2$ 分别为两正态总体的均值和方差。S_x^2, S_y^2 分别为两样本方差,下面分两种情况对方差比 σ_x^2/σ_y^2 进行检验。

(一) 两总体均值 $\mu_x、\mu_y$ 已知

在两个总体均值已知的情况下,我们用样本方差去估计两总体的方差 σ_x^2 和 σ_y^2。此时样本方差的计算公式如下:

$$S_x^2=\frac{1}{n_1}\sum_{i=1}^{n_1}(x_i-\mu_x)^2$$

和

$$S_y^2=\frac{1}{n_2}\sum_{i=1}^{n_2}(y_i-\mu_y)^2$$

式中,两个样本方差的分母(自由度)都为各自的样本容量。

根据数理统计分析有:$\frac{n_1 S_x^2}{\sigma_x^2}\sim\chi^2(n_1), \frac{n_2 S_y^2}{\sigma_y^2}\sim\chi^2(n_2)$,且统计量

$$F = \frac{S_x^2/\sigma_x^2}{S_y^2/\sigma_y^2} \sim F(n_1, n_2) \tag{6.15}$$

即统计量 F 服从 F 分布。

对于双侧检验建立假设 $H_0: \sigma_x^2 = \sigma_y^2$, $H_1: \sigma_x^2 \neq \sigma_y^2$。在原假设成立下,检验统计量为:

$$F = \frac{S_x^2}{S_y^2} \sim F(n_1, n_2) \tag{6.16}$$

根据显著性水平 α 和自由度,查 F 分布表可以得到两个临界值:$F_{\alpha/2}(n_1, n_2)$、$F_{1-\alpha/2}(n_1, n_2)$。若样本统计量 F 满足 $F < F_{1-\alpha/2}(n_1, n_2)$ 或 $F > F_{\alpha/2}(n_1, n_2)$,那么就可在 $1-\alpha$ 概率水平下拒绝原假设。反之,如果计算的样本统计量值在区域 $[F_{1-\alpha/2}(n_1, n_2), F_{\alpha/2}(n_1, n_2)]$ 之中,那么我们就不能拒绝原假设。

对于左单侧检验,建立的备择假设为 $H_1: \sigma_x^2 < \sigma_y^2$,据以判断的临界值为 $F_{1-\alpha}(n_1, n_2)$,拒绝区域为样本统计量 $F < F_{1-\alpha}(n_1, n_2)$。

对于右单侧检验,建立的备择假设为 $H_1: \sigma_x^2 > \sigma_y^2$,据以判断的临界值为 $F_\alpha(n_1, n_2)$,拒绝区域为样本统计量 $F > F_\alpha(n_1, n_2)$。

(二) 两总体均值 μ_x、μ_y 未知

在两个总体均值未知的情况下,我们用如下公式计算的样本方差去估计两总体的方差 σ_x^2, σ_y^2:

$$S_x^2 = \frac{1}{n_1 - 1} \sum_{i=1}^{n_1} (x_i - \bar{x})^2$$

和

$$S_y^2 = \frac{1}{n_2 - 1} \sum_{i=1}^{n_2} (y_i - \bar{y})^2$$

式中,$\bar{x}$、$\bar{y}$ 分别为两样本的平均值,两个样本方差的分母(自由度)都为各自的样本容量减去1。

由于 $\frac{(n_1-1)S_x^2}{\sigma_x^2} \sim \chi^2(n_1-1)$, $\frac{(n_2-1)S_y^2}{\sigma_y^2} \sim \chi^2(n_2-1)$,且统计量

$$F = \frac{S_x^2/\sigma_x^2}{S_y^2/\sigma_y^2} \sim F(n_1-1, n_2-1) \tag{6.17}$$

即可将其作为检验统计量。

建立的原假设为: $H_0: \sigma_x^2 = \sigma_y^2$,在原假设成立的情况下,检验统计量

$$F = \frac{S_x^2}{S_y^2} \sim F(n_1-1, n_2-1) \tag{6.18}$$

对于双侧检验,备择假设 $H_1: \sigma_x^2 \neq \sigma_y^2$。若样本统计量 F 满足 $F < F_{1-\alpha/2}(n_1-1, n_2-1)$ 或 $F > F_{\alpha/2}(n_1-1, n_2-1)$ 时,拒绝原假设。反之就不能拒绝原假设。

对于左单侧检验,建立的备择假设为 $H_1: \sigma_x^2 < \sigma_y^2$,据以判断的临界值为 $F_{1-\alpha}(n_1-1, n_2-1)$,拒绝区域为样本统计量 $F < F_{1-\alpha}(n_1-1, n_2-1)$。

对于右单侧检验,建立的备择假设为 $H_1: \sigma_x^2 > \sigma_y^2$,据以判断的临界值为 $F_\alpha(n_1-1, n_2-1)$,拒绝区域为样本统计量 $F > F_\alpha(n_1-1, n_2-1)$。

【例 6.13】 某种脱脂乳制品在处理前后分别取样,分析其含脂率,得到数据如下:

处理前	处理后
$n_1 = 10$	$n_2 = 11$
$S_1^2 = 0.005$	$S_2^2 = 0.00477$

假定处理前后含脂率都服从正态分布,问处理前后含脂率的方差是否不变(取 $\alpha = 0.05$)。

解:依题意建立假设:$H_0: \sigma_1^2 = \sigma_2^2, H_1: \sigma_1^2 \neq \sigma_2^2$

取统计量 $F = \dfrac{S_1^2}{S_2^2} = 0.005/0.00477 = 1.06$,查表 $\alpha = 0.05$,

$$F_{1-\alpha/2}(n_1-1, n_2-1) = \frac{1}{F_{\alpha/2}(n_2-1, n_1-1)} = \frac{1}{F_{0.025}(10,9)} = 1/3.96 = 0.25$$

$$F_{\alpha/2}(n_1-1, n_2-1) = F_{0.025}(9,10) = 3.78$$

即拒绝区域为 $F < 0.25$ 和 $F > 3.78$。因为样本统计量 $F = 1.06$,未落入拒绝区域,所以接受原假设,即认为处理前后方差没有显著变化。

第五节 配对样本的假设检验

配对样本是指对同一样本进行两次测试所获得的两组数据,或对两个完全相同的样本在不同条件下进行测试所得的两组数据。配对样本 t 检验就是根据样本数据对两个配对样本总体的均值是否有显著差异进行推断。

一、两配对样本 t 检验的前提条件

1. 两样本应该是配对的。即两样本的观察值数目相同,两样本的观察值的顺序不能随意更改。

2. 样本来自的两个总体应该服从正态分布。

二、两配对样本 t 检验的基本实现思路

设总体 X_1 服从 $N(\mu_1, \sigma_1^2)$,总体 X_2 服从正态分布 $N(\mu_2, \sigma_2^2)$,分别从这两个总体中抽取样本 $(x_{11}, x_{12}, \cdots, x_{1n})$ 和 $(x_{21}, x_{22}, \cdots, x_{2n})$,且两样本相互配对。要求检验 μ_1 和 μ_2 是否有显著差异。

第一步,引进一个新的随机变量 $y = x_1 - x_2$ 对应的样本值为 $(y_1, y_2, \cdots, y_n)$,其中 $y_i = x_{1i} - x_{2i} (i = 1, 2, \cdots, n)$。这样,检验的问题就转化为单样本 t 检验问题。即转化为检验 y 的均值是否与 0 有显著差异。

第二步,建立零假设:$H_0: \mu_y = 0$

第三步,构造 t 统计量

$$t = \frac{\bar{y}}{\frac{s_y}{\sqrt{n}}} \sim t(n-1)$$

第四步,计算 t 值和对应的 p 值。

第五步,做出推断:

若 $p<\alpha$,则拒绝零假设,即认为两总体均值存在显著差异;

若 $p>\alpha$,则不能拒绝零假设,即认为两总体均值不存在显著差异。

三、两配对样本 t 检验

两样本平均数差异检验,根据两个样本数据之间是否有关联性,分为独立样本和配对样本。独立样本是指两个样本的数据之间没有关联性;而配对样本,也称相关样本,是指两个样本的数据之间存在一一对应的关系。两个样本中的一对数据是有某种关联性的,例如在配对组实验中或在对同一样本实验前后获得的数据。

(一)两配对样本 t 检验的主要功能

两配对样本 t 检验是对两个配对样本的平均数之间进行差异检验。配对样本一般来自配对组或是对同一个样本的两次测试。例如要检验某一新式的提高学生阅读能力的教材,是否真的能达到预计的目标,对一些学生样本进行新式教材的实验教学,对学生在实验教学前后的阅读能力分别进行测量,并进行差异检验。这时不能运用独立样本 t 检验,而要用配对样本 t 检验,因为对于样本中的一对实验教学前后的数据是有关联的,是来自同一个学生。而配对组可以认为是两个同质的组,因此来自配对组的两个数据也是有关联的。

(二)两配对样本 t 检验的适用条件

对两配对样本进行平均数差异检验,需要考虑数据的各种条件,如两总体是否正态分布,两总体方差是否已知及相关系数是否已知,从而选择合适的检验方法。与两独立样本差异检验不同,两配对样本差异检验不用事先进行方差齐性检验,因为配对样本的数据是成对数据,可以认为方差一致。

【例 6.14】 某医疗机构针对具有心脏病史的病人研发了一种新药。为了检验这种新药的疗效是否显著,对 16 位病人进行为期半年的观察测试,测试指标为使用该药之前和之后的甘油三酯水平的变化,得到数据如下:

	服药前后的甘油三酯水平															
服药前	180	139	152	112	156	167	138	160	107	156	94	107	145	186	112	104
服药后	100	92	118	82	97	171	132	123	174	92	121	150	159	101	148	130

假设甘油三酯水平近似服从正态分布,问:服药后甘油三酯水平是否有显著差异?

解:由题意可知,两个样本相互配对,我们只需检验 μ_1 和 μ_2 是否有显著差异。

首先,引进一个新的随机变量 $y=x_1-x_2$ 对应的样本值为 $(y_1, y_2, \cdots, y_n)$,其中 $y_i = x_{1i} - x_{2i} (i=1,2,\cdots,n)$。这样检验的问题就转化为单样本 t 检验问题,即转化为检验 y 的均值是否与 0 有显著差异。

其次,建立零假设 $H_0: \mu_Y = 0$

再次，构造 t 统计量

$$t = \frac{\bar{y}}{\frac{s_y}{\sqrt{n}}} \sim t(n-1)$$

最后，进行统计决策。根据计算结果，原假设显著性概率 $p=0.249>0.05$，因此在 95% 的置信水平上差异不显著，即服药前和服药后没有显著差异。

本章内容导图

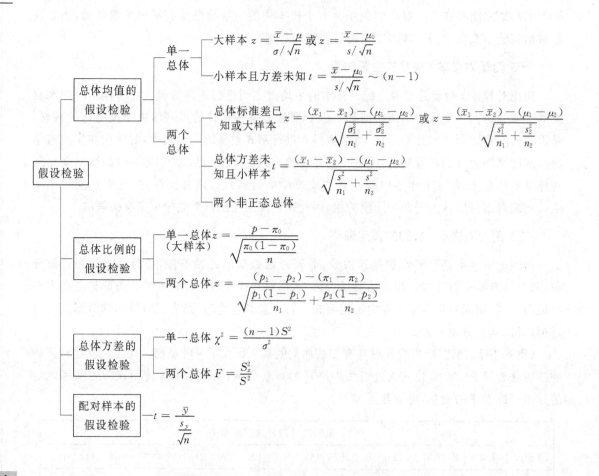

思政案例实务："内卷"严重，你准备好了吗？

"内卷"概念最早出现于格尔茨的《农业的内卷化》，形容一种"很辛苦又很不经济"的模式。近年来，"内卷"一词不断出现在热门新闻事件中，面临中考、高考的青少年内卷，996 成为工作常态的年轻人也内卷，更有人用"万物皆可卷"来暗讽各种非理性的内部竞争。

教育的内卷化最为人们熟知和关注，其客观原因是我国升学压力普遍存在。2021 年教育部发布的《2020 年全国教育事业发展统计公报》显示，2020 年全国小学毕业生 1 640.32 万人、初中招生 1 632.10 万人、毕业生 1 535.29 万人，普通高中招生 876.44 万人、毕业生 786.53 万人，普通本科招生 443.12 万人。据此测算，约 57.1% 的初中生能进入普通高中，约56.3%的普通高中生能入读普通本科,若将测算起点前移至小学,则约有27%的小学生最后能入读普通本科,剩下的近3/4的学生则在升学过程中被分流。面对这种升学压力,教师、家长、学生容易产生焦虑,为缓解这种焦虑,不少家长为子女报过多学科类校外培训班。家庭对校外培训的投入呈现出较高边际消费倾向,这使得资本不断涌入校外学科类培训市场,学生深陷应试技巧训练中,心理焦虑、精神崩溃,应试能力越来越强大,人格成长越来越苍白。2021年7月24日,中共中央办公厅、国务院办公厅印发《关于进一步减轻义务教育阶段学生作业负担和校外培训负担的意见》,并出台一系列相关政策,旨在破除义务教育阶段的教育内卷化。

内卷化同样蔓延至没有升学压力的大学阶段和工作阶段,绩点、考研、就业等因素给大学生造成较大压力,而金融、互联网、计算机、银行、医生等行业工作压力大且常与"996工作制"相挂钩。与此同时,在巨大压力下一些年轻人选择了"躺平",不再鸡血沸腾、渴求成功。与"丧"和"放弃"等词不同,"躺平"更多的是针对内卷,即低水平的、缺乏创造的环境中展开过度投入和恶行竞争。因此,对于年轻人选择"躺平"是可以理解的,同时也希望社会和年轻人能共同努力,超越内卷的阶段,让年轻人不要只盯着天花板看,而是能够站起来,走下去,看到更多的风景。

【思政案例一】

根据经验,"新托福"考试的考分服从正态分布,某市托福考试培训中心在其招生广告中宣传,参加该中心培训的考生平均成绩在95分以上,参考学生110分以上的百分比超过20%,参考学生考试成绩平均差异不超过10分。一调查机构随机抽取了在该中心培训的30名考生进行调查,得到他们的考分如下表。检验培训中心的广告宣传的真实性。($\alpha=0.05$)

| 80 | 82 | 112 | 118 | 83 | 85 | 108 | 106 | 104 | 87 | 103 | 98 | 102 | 84 | 115 |
| 60 | 96 | 116 | 65 | 110 | 90 | 95 | 102 | 114 | 90 | 75 | 90 | 108 | 114 | 100 |

一、Excel 操作

1. 检验"考生平均成绩在95分以上"的真实性

(1) 单元格 D1 中输入原假设"$\mu=95$",在 D2 中输入备择假设"$\mu>95$",在 D3 中输入样本容量30,在 D4 中输入样本均值"=AVERAGE(A1:A30)",在 D5 中输入样本标准差"=STDEV(A1:A30)"。

(2) 在 G2 中输入 Z 统计量"=(D4-95)/D5*D3^0.5",在 G3 中输入标准正态分布右单侧临界值"=NORM.S.INV(0.95)"。

(3) 由于 $Z<Z_\alpha$,因此不能拒绝原假设,即认为"考生平均成绩在95分以上"的广告宣传不属实。

	A	B	C	D	E	F	G
1	80		原假设H_0	$\mu=95$			
2	82		备择假设H_1	$\mu>95$		Z统计量	0.377888
3	112		样本容量n	30		临界值	1.644854
4	118		样本均值	96.06667		结论	不拒绝H_0
5	83		样本标准差	15.46059			

(4) 样本均值和样本标准差也可通过"数据—数据分析—描述统计"得到；标准正态分布临界值也可通过"公式—函数—统计—NORM.S.INV"并在对话框中输入"0.95"得到，如下图所示。

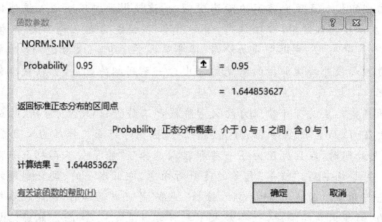

2. 检验"参考学生110分以上的百分比超过20%"的真实性

(1) 在单元格 D9 中输入原假设"p=20%"，在 D10 中输入备择假设"p>20%"，在 D11 中输入样本容量30。

(2) 选中所有数据，点击"开始—排序和筛选—降序"，可以得到分数在110分以上（含110分）的人数为7人，在 D12 中输入样本比例"=7/30"。

(3) 在 G10 中输入 Z 统计量"=(D12-0.2)/(0.2*0.8/30)^0.5"，在 G11 中输入标准正态分布右单侧临界值"=NORM.S.INV(0.95)"。

(4) 由于 $Z<Z_a$，因此不能拒绝原假设，即认为"参考学生110分以上的百分比超过20%"的广告宣传不属实。

8	108				
9	108	原假设H_0	p=20%		
10	106	备择假设H_1	p>20%	Z统计量	0.456435
11	104	样本容量n	30	临界值	1.644854
12	103	样本比例	0.233333	结论	不拒绝H_0
13	102				

3. 检验"参考学生考试成绩平均差异不超过10分"的真实性

(1) 在单元格 D15 中输入原假设"$\sigma^2=10^2$"，在 D16 中输入备择假设"$\sigma^2<10^2$"，在 D17 中输入样本容量30，在 D18 中输入样本方差"=VAR(A1:A30)"。

(2) 在 G16 中输入 χ^2 统计量"=(D17-1)*D18/10^2"，在 G11 中输入 χ^2 分布左单侧临界值"=CHISQ.INV(0.05,29)"。

(3) 由于 $\chi^2>\chi_a^2$，因此不能拒绝原假设，即认为"参考学生考试成绩平均差异不超过10分"的广告宣传不属实。

15	100	原假设H_0	$\sigma^2=10^2$		
16	98	备择假设H_1	$\sigma^2<10^2$	χ^2统计量	69.31867
17	96	样本容量n	30	临界值	17.70837
18	95	样本方差	239.0299	结论	不拒绝H_0

二、SPSS 操作

1. 在 SPSS 中输入原始数据。
2. 在菜单栏上点击"分析—比较均值—单样本 T 检验",如下图所示。

3. 在左侧列表中选择"成绩",将其放入检验变量对话框中,检验值输入"95",点击"选项",由于是右单侧检验,置信区间百分比改为"90",即 $1-2\alpha$。如下图所示。

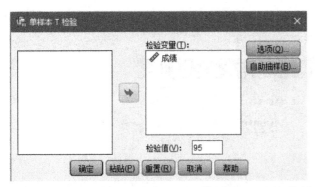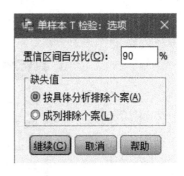

4. 点击"继续"和"确定"可以得到如下图的结果,0.708/2>0.05,因此不能拒绝原假设,即认为"考生平均成绩在 95 分以上"的广告宣传不属实。

单样本检验

检验值 = 95

	t	自由度	Sig.（双尾）	平均值差值	差值 90% 置信区间 下限	上限
成绩	.378	29	.708	1.067	-3.73	5.86

【思政案例二】

为比较甲、乙两班学生的英语成绩,已知甲、乙两班学生英语成绩都服从正态分布。现分别从两个班抽取 10 名学生,登记他们的英语成绩,数据如下。试在显著性水平为 0.05 的条件下,检验两个班学生的英语成绩有无显著差异。

甲班：　76　76　78　79　81　83　84　89　90　91

乙班：　77　77　78　79　82　83　84　86　87　92

分析：两样本均值的假设检验在方差未知且小样本情况下,首先要进行两个总体方差是否相等的显著性检验(又称为方差齐性检验)。

一、Excel 操作

1. 将两组数据输入表中 A2:A11 和 B2:B11，在菜单中选取"数据—数据分析—F 检验：双样本方差"，点击"确定"，如下图所示。

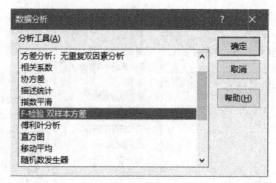

2. 在"F 检验:双样本方差"对话框中，"变量 1 的区域"方框内输入"＄A＄1:＄A＄11"；在"变量 2 的区域"方框内输入"＄B＄1:＄B＄11"；选定"标志"（数据区域第一行为标志名）；在"α"方框内键入 0.025（注意：由于在 Excel 中该检验的结果中只有 F 分布的"单尾临界值"，故这里"α"方框内应键入 α/2＝0.05/2＝0.025 的值）。在"输出选项"中选择"输出区域"为 D2。如下图所示。

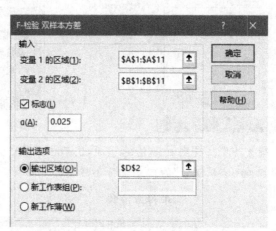

3. 点击"确定"，结果如下图所示。在 H6 中输入"＝F.INV(0.025,9,9)"得到左侧临界值，在 H7 中输入"＝F.INV(0.975,9,9)"得到右侧临界值。

	A	B	C	D	E	F	G	H
1	甲班	乙班						
2	76	77		F-检验 双样本方差分析				
3	76	77						
4	78	78			甲班	乙班		
5	79	79		平均	82.7	82.5		
6	81	82		方差	32.45555556	24.27777778	$F_{\alpha/2}$	0.248386
7	83	83		观测值	10	10	$F_{1-\alpha/2}$	4.025994
8	84	84		df	9	9		
9	89	86		F	1.336842105			
10	90	87		P(F<=f) 单尾	0.336205727			
11	91	92		F 单尾临界	4.025994158			

4. 由于 $F_{\alpha/2} < F < F_{1-\alpha/2}$，因此不能拒绝原假设，即两组数据的总体方差无显著差异，认为方差齐性。

5. 在菜单中选取"数据—数据分析—t-检验：双样本等方差假设"，点击"确定"。在"t-检验：双样本等方差假设"对话框中，"变量1的区域"方框内输入"＄A＄1：＄A＄11"；在"变量2的区域"方框内输入"＄B＄1：＄B＄11"；选定"标志"（数据区域第一行为标志名）；在"α"方框内键入0.05。如下图所示。

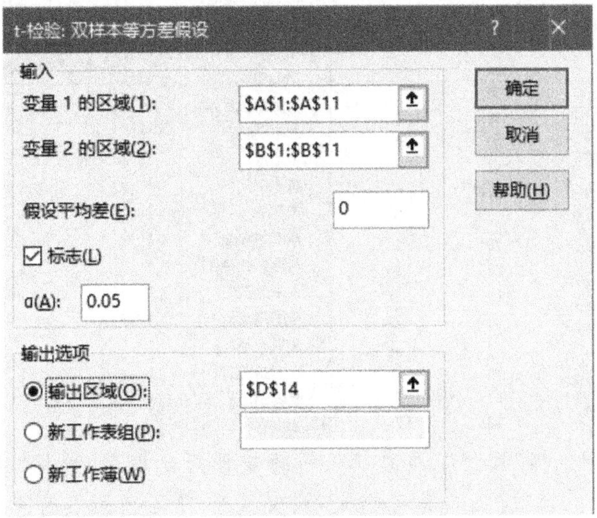

6. 点击"确定"，结果如下图所示。由于 $t = 0.084 < t_{\alpha/2} = 2.1$，因此不能拒绝原假设，即两个班学生的英语成绩没有显著差异。

t-检验：双样本等方差假设		
	甲班	乙班
平均	82.7	82.5
方差	32.45555556	24.27777778
观测值	10	10
合并方差	28.36666667	
假设平均差	0	
df	18	
t Stat	0.083967427	
P(T<=t) 单尾	0.467004571	
t 单尾临界	1.734063607	
P(T<=t) 双尾	0.934009142	
t 双尾临界	2.10092204	

对于小样本、方差未知且方差齐性不成立的两个正态总体均值比较检验可以用"t-检验：双样本异方差假设"来进行。对于大样本或小样本且总体方差已知的两个正态总体均值比较检验可以用"z 检验：双样本平均差检验"来进行。对于配对数据资料比较的 t-检验可以用"t-检验：平均值的二样本分析"来进行（在"假设平均差"中选0或不选）。上述检验步骤与前面介绍的"t-检验：双样本等方差假设"基本相同，限于篇幅这里不再详细介绍。

二、SPSS 操作

1. 在 SPSS 中设置"成绩"和"班级"变量，输入成绩数据，班级变量甲班为"1"，乙班为"2"。

2. 在菜单栏上点击"分析—比较均值—独立样本 T 检验",如下图所示。

3. 在左侧列表中选择"成绩",将其放入检验变量对话框中,选择"班级",将其放入分组变量对话框中,点击"选项"可以设定置信水平,默认为 95%。如下图所示。

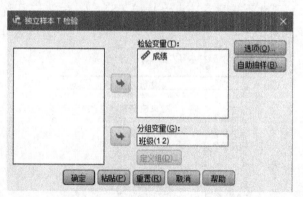

4. 点击"确定"可以得到如下图的结果,方差等同性检验的显著性 $p=0.526>\alpha$,即不拒绝原假设,认为方差齐性。平均值等同性 t 检验显著性 $p=0.934>\alpha$,即不拒绝原假设,认为两个班学生的英语成绩没有显著差异。

独立样本检验

		莱文方差等同性检验		平均值等同性 t 检验					差值95%置信区间	
		F	显著性	t	自由度	Sig.(双尾)	平均值差值	标准误差差值	下限	上限
成绩	假定等方差	.419	.526	.084	18	.934	.200	2.382	-4.804	5.204
	不假定等方差			.084	17.634	.934	.200	2.382	-4.812	5.212

5. 如果方差等同性检验的显著性小于 α,则平均值等同性 t 检验显著性取下方数值,本例中两种情况的显著性相同。

【思政案例实训】

通过问卷软件收集本班学生"性别""大学英语成绩"的数据,用 Excel 或 SPSS 检验本班英语平均分是否显著高于 80 分,以及男女同学英语平均分是否有显著差异。

【思政案例启示】

现在的社会竞争如此激烈,大学生能够划水毕业的时代一去不复返了,"内卷"不仅是一种自我调侃,也是大学生面对学业任务以及未来发展的各种压力的真实写照。一些研究认为"内卷"是科技普及和经济发展到一定阶段的必然产物,其实只要是生活在社会上的人都会面临压力和竞争,大学生要努力做到以下几点才能在面对未来的无限迷茫时避免陷入"内卷"的旋涡。首先,要明确目标,要有意识地去思考,明确自己想要什么,做长期的规划;其次,要重视选择,竞争的目的不是为了战胜别人,而是为了激发自己的潜能;再次,要主动提升,不要沉迷娱乐,要顺势而为,积极主动提升自己;然后,要另辟蹊径,跳出传统的思维模式,多与不同圈子优秀的人交流;最后,要升级认知,努力是成功的基础,但不是成功的关键。人生是一个过程,少一些对结果的追求,多一些热爱和坚持,坚持自己的生活方式,坚持对生活的美好向往是最重要的。

第七章
相关与回归分析

第一节 相关分析

一、什么是相关关系

在生产和经营活动中,经常要对变量之间的关系进行分析。例如,在企业生产中,要对影响生产成本的各种因素进行分析,以达到控制成本的目的;在农业生产中,需要研究农作物产量与施肥量之间的关系,以便分析施肥对产量的影响,进而确定合理的施肥量;在商业活动中,需要分析广告费支出与销售量之间的关系,进而通过广告费支出来预测销售量,等等。统计分析的目的在于如何根据统计数据确定变量之间的关系形态及其关联的程度,并探索出其内在的数量规律性。在实践中,人们发现变量之间的关系存在两种不同的类型,即函数关系和相关关系。

函数关系用于描述变量之间的确定性的关系,如:圆的半径和面积的关系,自由落体物体下落的距离与所需时间之间的关系,出租汽车的费用与里程关系等。它们共同的特点是:当其中的一个变量值确定了,另一个变量值也就完全确定了。但在现实的世界中,变量间的关系往往表现为相关关系,而并非函数关系。这是因为变量间的关系是复杂的、非确定性的,一个变量可能与多个变量相关,因此一个变量在数量上的变动不可能与另一个变量的变动完全同步,它要受许多其他因素的影响,这样两个变量就不可能是一一对应的函数关系。如家庭的消费支出和家庭收入,一般而言,收入高,支出也多些,但同样收入的家庭,其支出却可能有很大的差异,这是因为家庭消费支出除了受收入高低的影响外,还有其他许多因素在起作用,我们把变量间的这种非确定性的关系称为相关关系。

二、相关关系的描述与度量

我们可以用两种方法来表现两个变量间的相关关系。一种方法是通过比较直观的散点图来表现,另一种方法是通过相关系数来反映。散点图能够通过图示很直观地反映两个变量间各个取值的对应关系,但变量间的相关关系的强弱却不易比较。而相关系数却是衡量变量间相关关系强弱的一个指标。

(一)散点图

散点图又称相关图。它是用一直角坐标系的横轴代表变量 x,纵轴代表变量 y,将两个变量间相对应的变量值用坐标点的形式描绘出来,用来反映两变量之间相关关系的图形。散点图是研究相关关系的直观工具,一般在进行详细的定量分析之前,可以先利用它对现象之间存在的相关关系的方向、形式和密切程度作大致的判断。

图 7-1 中,图(a)和(b)表示的是变量间的完全相关的情况,此时两个变量的变动是按照一个固定的比例变动的,它们之间的关系是函数关系。图(c)和(d)表示的是两个变量间的相关关系,两个变量的取值并不落在一条直线上,而是分布在直线的两侧。当两个变量变动方向相同,即一个变量增加或减少,相应的另一个变量也同时增加或减少的情况属于正相关关系,如图(c)所示;当两个变量变动方向不相同,即一个变量增加或减少,相应的另一个变量同时减少或增加的情况属于负相关,如图(d)所示。图(e)表示的是两个变量间的非线性相关关系,两个变量的取值分布在二次曲线的两侧。图(f)表示的是两个变量不相关的情况,此时两个变量的取值互不影响,散点随机地分布在各坐标点。

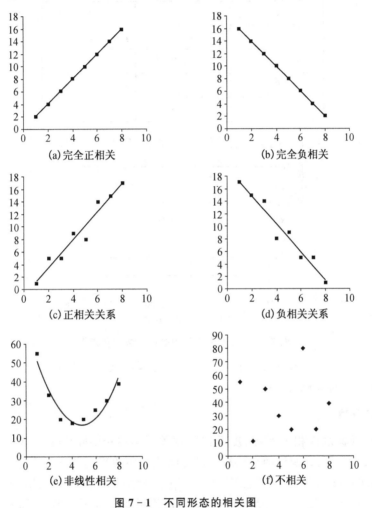

图 7-1　不同形态的相关图

【例 7.1】　为了调查国内航空公司的服务现状,随机抽取国内的 10 家航空公司,对其最近一年的航班正点率和顾客投诉次数进行了调查,所得数据如表 7-1 所示。

要求:根据样本数据绘制相关图,并说明变量间的相关程度。

表 7-1 航空公司数据

航空公司编号	航班正点率	投诉次数
1	81.8	21
2	76.6	58
3	76.6	85
4	75.7	68
5	73.8	74
6	72.2	93
7	71.2	72
8	70.8	122
9	91.4	18
10	68.5	125

解:运用 Excel 软件中绘制图表的功能,可以得到如图 7-2 的散点图。

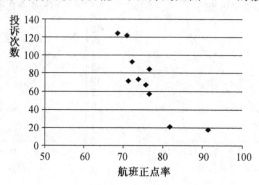

图 7-2 航班正点率和投诉次数的散点图

从图 7-2 可以看出,随着航班正点率的提高,投诉次数有下降的趋势,航班正点率和投诉次数之间有一定的负相关关系。

(二)相关系数

相关系数,或称线性相关系数、皮氏积矩相关系数(Pearson Product-Moment Correlation Coefficient,PPCC)等,是衡量两个随机变量之间线性相关程度的指标。它由卡尔·皮尔逊(Karl Pearson)在 1880 年提出,现已广泛地应用于科学的各个领域。总体相关系数用 ρ 表示,样本相关系数用 r 表示。一般情况下,总体相关系数 ρ 是未知的,通常是将样本相关系数 r 作为总体相关系数 ρ 的近似估计值。

相关系数 r 的计算公式为:

$$r = \frac{\sum(x-\bar{x})(y-\bar{y})}{\sqrt{\sum(x-\bar{x})^2}\sqrt{\sum(y-\bar{y})^2}} \tag{7.1}$$

此公式可以简化为以下形式:

$$r = \frac{n\sum xy - (\sum x)(\sum y)}{\sqrt{[n\sum x^2 - (\sum x)^2]}\sqrt{n\sum y^2 - (\sum y)^2}} \tag{7.2}$$

【例 7.2】 根据例 7.1 提供的数据,试计算航班正点率和投诉次数的样本相关系数。

表 7-2 计算相关系数表

航空公司编号	航班正点率(x)	投诉次数(y)	x^2	y^2	xy
1	81.8	21	6 691.24	441	1 717.8
2	76.6	58	5 867.56	3 364	4 442.8
3	76.6	85	5 867.56	7 225	6 511
4	75.7	68	5 730.49	4 624	5 147.6
5	73.8	74	5 446.44	5 476	5 461.2
6	72.2	93	5 212.84	8 649	6 714.6
7	71.2	72	5 069.44	5 184	5 126.4
8	70.8	122	5 012.64	14 884	8 637.6
9	91.4	18	8 353.96	324	1 645.2
10	68.5	125	4 692.25	15 625	8 562.5
合计	758.6	736	57 944.42	65 796	53 966.7

解: 将表 7-2 中的有关数据代入到公式(7.2)中:

$$r = \frac{n\sum xy - (\sum x)(\sum y)}{\sqrt{[n\sum x^2 - (\sum x)^2]}\sqrt{n\sum y^2 - (\sum y)^2}}$$

$$= \frac{10 \times 53\ 966.7 - 758.6 \times 736}{\sqrt{10 \times 57\ 944.42 - 758.6^2}\sqrt{10 \times 65\ 796 - 736^2}}$$

$$= -0.868\ 64$$

可以看出相关系数的计算过程很复杂,特别是在样本数据很大的情况下,我们就需要借助统计软件才能快速正确地计算出数据之间的相关系数,运用 Excel 软件可以得出如表 7-3 所示的结果。

表 7-3 相关系数表

	航班正点率	投诉次数
航班正点率	1	
投诉次数	−0.868 642 626	1

从上例中,我们得到航班正点率和投诉次数的相关系数约为 −0.87,那么这一数值说明了什么呢?为解释其含义,首先需要对相关系数的性质有所了解。相关系数 r 具有以下性质:

1. r 的取值范围为 $[-1,1]$,$r>0$ 表示正相关,$r<0$ 表示负相关,$|r|$ 表示了变量之间相关程度的高低。特殊地,$r=1$ 称为完全正相关,$r=-1$ 称为完全负相关,$r=0$ 称为不相关。通常 $|r| \geqslant 0.8$ 时,认为两个变量有高度的线性相关性;当 $0.5 \leqslant |r| < 0.8$ 时,认为中度相关;

当 $0.3 \leqslant |r| < 0.5$ 时,认为低度相关;当 $|r| < 0.3$ 时,说明两个变量之间的相关关系极弱。

2. r 仅仅是 x 与 y 之间线性关系的一个度量,它不能用于描述非线性关系。这意味着 $r=0$ 只表示各个变量之间不存在线性相关关系,但并不意味着 x 与 y 之间不存在其他类型的相关关系。

3. r 是变量之间相关关系的度量,但是 x 与 y 有相关关系不意味着它们之间就一定有因果关系。

根据相关系数的性质,我们可得例 7.2 中相关系数为 -0.87,表明了航班正点率和投诉次数之间存在着高度的负相关关系。

三、相关关系的显著性检验

如前所述,总体相关系数 ρ 是未知的,通常用样本相关系数 r 作为总体相关系数 ρ 的近似估计值。但由于 r 是根据样本数据计算出来的,它受到抽样波动的影响。由于抽取的样本不同,r 的取值也就不同,因此 r 是一个随机变量。能否根据样本系数说明总体的相关程度呢?这就需要考察样本相关系数的可靠性,也就是进行显著性检验。

(一)r 的抽样分布

为了对样本相关系数 r 的显著性进行检验,需要考察 r 的抽样分布。r 的抽样分布随总体相关系数 ρ 和样本容量 n 的大小而变化。当样本数据来自正态分布时,随着 n 的增大,r 的抽样分布趋于正态分布,尤其是在总体相关系数 ρ 很小或接近 0 时,趋于正态分布的趋势非常明显。而当 ρ 远离 0 时,除非 n 非常大,否则 r 的抽样分布呈现一定的偏态。因为 r 是围绕 ρ 的周围分布的,当 ρ 的数值接近 $+1$ 或 -1 时,比如 $\rho=0.97$,r 的值可能是以 0.97 为中心向两个方向变化,又由于 r 的取值范围在 $+1$ 和 -1 之间,所以一方的变化以 $+1$ 为限,全距是 0.03,而另一方的变化以 -1 为限,全距是 1.97,两个方向变化的全距不等,因此 r 的抽样分布也不可能对称。但当 $\rho=0$ 或接近于 0 时,两个方向的变化的全距接近相等,所以 r 的抽样分布也就接近对称了。

总之,当 ρ 为较大的正值时,r 呈现左偏分布;当 ρ 为较大的负值时,r 呈现右偏分布。只有当 ρ 接近于 0,而样本容量 n 很大时,才能认为 r 是接近于正态分布的随机变量。然而,在以样本相关系数 r 来估计总体相关系数 ρ 时,总是假设 r 为正态分布,但这一假设常常会带来一些严重的后果。

(二)r 的显著性检验

如果对 r 服从正态分布的假设成立,可以应用正态分布来检验。但从上面对 r 抽样分布的讨论可知,对 r 的正态性假设具有很大的风险,因此通常情况下不采用正态检验,而采用 R. A. Fisher 提出的 t 分布检验,该检验可以用于小样本,也可以用于大样本。检验的具体步骤如下:

1. 提出假设 $H_0: \rho=0$;$H_1: \rho \neq 0$。
2. 计算检验统计量

$$t = |r| \sqrt{\frac{n-2}{1-r^2}} \sim t(n-2) \tag{7.3}$$

3. 进行决策。根据给定的显著性水平 α 和自由度 $df=n-2$ 查 t 分布表,查出 $t_{\alpha/2}(n-2)$

的临界值。若 $|t|>t_{\alpha/2}$，则拒绝原假设 H_0，表明总体的两个变量之间存在显著的线性关系。

需要说明的是，SPSS 中的相关系数检验结论是通过检验统计量的显著性概率 p 值来做出的。也就是说，如果 p 值小于给定的显著性水平 α，则应拒绝零假设 H_0，认为两总体之间线性关系显著。

【例 7.3】 根据例 7.2 计算的相关系数，检验航班正点率与投诉次数之间的相关系数是否显著（$\alpha=0.05$）。

解：1. 提出假设 $H_0:\rho=0;H_1:\rho\neq 0$；

2. 计算检验统计量

$$t=|r|\sqrt{\frac{n-2}{1-r^2}}=|-0.8686|\sqrt{\frac{10-2}{1-(-0.8686)^2}}=4.9580$$

3. 进行决策。根据显著性水平 $\alpha=0.05$ 和自由度 $n-2=10-2=8$ 查 t 分布表得：$t_{\alpha/2}(n-2)=2.306$。由于 $t=4.9580>t_{\alpha/2}=2.306$，所以拒绝原假设 H_0，说明航班正点率与投诉次数之间存在着显著的负线性相关关系。

运行 SPSS 软件，得到的结果如表 7-4 所示：

表 7-4 相关分析结果

相关性

		航班正点率	投诉次数
航班正点率	Pearson 相关性	1	-.869**
	显著性（双侧）		.001
	N	10	10
投诉次数	Pearson 相关性	-.869**	1
	显著性（双侧）	.001	
	N	10	10

注："**"表示在.01 水平（双侧）上显著相关。

由表 7-4 可知：航班正点率与投诉次数简单相关系数为 -0.869，与在 Excel 中计算的结果一致。其相关系数检验的概率 p 值[显著性（双侧）]都为 0.001，因此当显著性水平 α 为 0.05 或 0.01 时，p 值均小于 α，即均应当拒绝相关系数检验的原假设，认为航班正点率与投诉次数之间存在着显著的负线性相关关系。

第二节　一元线性回归分析

一、回归分析的意义

"回归"一词是英国生物学家高尔登（F. Galton，1822—1911 年）在 1889 年研究祖先与后代身高之间的相互关系并发表关于遗传论文时，首先应用的名词。他根据实验数据，发现个子高的双亲，其子女也较高，但平均来看，却不比他们的双亲高；同样，个子矮的双亲，其子女也较矮，平均来看，也不如他们的双亲矮。他把这种身高趋向于人的平均高度的现象称为

"回归",并作为统计概念加以应用,由此逐步形成有独特理论和方法体系的回归分析。现今统计学的"回归"概念已不是原来生物学上的特殊规律性,而是指变量之间的依存关系。

相关分析和回归分析是研究现象之间相关关系的两种基本方法,相关分析与回归分析在实际应用中有密切关系。但它们的区别也很明显,在相关分析中,所分析的变量的地位一样,侧重于描述随机变量之间的种种相关特征,而在回归分析中则侧重于考察变量之间的数量伴随关系,并通过数学表达式将这种关系描述出来,进而确定一个或多个变量的变化对另一个特定变量的影响程度。具体来说,回归分析主要解决以下几个方面的问题:从一组样本数据出发,确定出变量之间的数学关系式;对这些关系式的可信程度进行各种统计检验,并从影响某一特定变量的诸多变量中找出哪些变量的影响是显著的,哪些是不显著的;利用所求的关系式,根据一个或几个变量的取值来预测另一个变量的取值。

二、一元线性回归模型

(一) 总体回归模型

当回归中只涉及一个自变量时称为一元回归,若因变量 y 与自变量 x 之间为线性关系时称为一元线性回归。一元线性回归模型可表示为:

$$y = \beta_0 + \beta_1 x + \varepsilon \tag{7.4}$$

其中 β_0 和 β_1 是模型的参数,ε 为误差项。$\beta_0 + \beta_1 x$ 反映了由于 x 的变化而引起的 y 的线性变化;ε 反映了除 x 和 y 的线性关系之外的随机因素对 y 的影响,是不能由 x 和 y 之间的线性关系所解释的变异性。

式(7.4)被称为理想回归模型,对这一模型,有以下几个主要假定:

1. ε_i 是一个随机变量且服从正态分布,因为 y_i 是 ε_i 的线性函数,所以 y_i 也是一个随机变量,同样服从正态分布。

2. 误差项 ε_i 的期望值为 0,即 $E(\varepsilon_i) = 0$。这意味着在式(7.4)中,由于 β_0 和 β_1 都是常数,所以 $E(\beta_0) = \beta_0$,$E(\beta_1) = \beta_1$。因此对一个给定的 x 值,y 的期望值为 $E(y) = \beta_0 + \beta_1 x$,这实际上等于假定模型的形式为一条直线。

3. ε_i 的方差相等,即 $\mathrm{Var}(\varepsilon_i) = \sigma^2_{\varepsilon_i} = \sigma^2$,这意味着对于一个特定的 x_i 值,y_i 的方差也都等于 σ^2。

4. 取不同的 x_i 得出的 ε_i 相互独立,即 $\mathrm{Cov}(\varepsilon_i, \varepsilon_j) = 0 (i \neq j)$。

假设 1~3 决定了 $\varepsilon_i \sim N(0, \sigma^2)$,同时也有 $y_i \sim N(\beta_0 + \beta_1 x_i, \sigma^2)$。

应当指出,在现实生活中,由于各种原因,上述假定常常不能得到满足。那么学习以这些假定为基础的回归分析理论与方法是否会失去意义呢?当然不会,同其他一切科学研究一样,对相关现象的分析方法的研究,可以从标准的理想状态出发,首先研究这一状态下的基本方法与规律,然后再以此为规范,进一步研究现实存在的非理想状态下可以采用的方法。关于非标准条件下的分析方法,属于计量经济学研究的内容,本书不做进一步的讨论。

(二) 总体线性回归方程

根据回归模型中假定,ε 的期望值等于 0,因此 y 的期望值 $E(y) = \beta_0 + \beta_1 x$,也就是说,$y$ 的期望值是 x 的线性函数。描述 y 的期望值如何依赖于自变量 x 的方程,称为回归方程。一元线性回归方程的形式为:

$$E(y)=\beta_0+\beta_1 x \tag{7.5}$$

一元线性回归方程的图示是一条直线,因此也称为直线回归方程。其中 β_0 是回归直线在 y 轴上的截距,是当 $x=0$ 时 y 的期望值;β_1 是直线的斜率,它表示当 x 每变动一个单位时,y 的平均变动值。

(三) 样本回归方程

如果回归方程中的参数 β_0 和 β_1 已知,对于一个给定的 x 值,利用方程(7.5)就能计算出 y 的期望值。但总体回归参数 β_0 和 β_1 是未知的,必须利用样本数据去估计它们。用样本统计量 b_0 和 b_1 代替回归方程中的未知参数 β_0 和 β_1,这时就得到了估计的回归方程:

$$\hat{y}=b_0+b_1 x \tag{7.6}$$

其中:b_0 是估计的回归直线在 y 轴上的截距,b_1 是直线的斜率,它表示对于一个给定的 x 值,$\hat{y}$ 是 y 的估计值。b_1 也表示 x 每变动一个单位时,y 的平均变动值。

三、回归方程的估计

如前所述,回归分析的主要任务就是要建立能够近似地反映真实总体回归函数的样本回归函数。在根据样本资料确定样本回归方程时,一般总是希望 y 的估计值从整体来看尽可能界定其实际观测值。这就是说,残差 e_i 越小越好。可是,由于 e_i 有正有负,简单的代数和会相互抵消,因此为了便于处理,通常采用残差平方和 $\sum e_i^2$ 作为衡量总偏差的尺度。这正是最小二乘法的思路,通过使残差平方和达到最小来估计回归系数的一种方法。即当 $\sum e_i^2 = \sum (y_i - \hat{y}_i)^2 = \sum (y_i - b_0 - b_1 x_i)^2$ 最小时的 b_0、b_1 是 β_0、β_1 的最佳估计量。根据微积分求极小值的原理,可知 $\sum e_i^2$ 存在极小值,同时欲使 $\sum e_i^2$ 达到最小,则 $\sum e_i^2$ 对 b_0 和 b_1 的偏导数必须等于零。

设 $f(b_0,b_1) = \sum (y_i - b_0 - b_1 x_i)^2$,对 b_0 和 b_1 求偏导数,并令其等于零,可得

$$\begin{cases} \dfrac{\partial f}{\partial b_0} = 2\sum (y_i - b_0 - b_1 x_i) \times (-1) = 0 \\ \dfrac{\partial f}{\partial b_1} = 2\sum (y_i - b_0 - b_1 x_i) \times (-x_i) = 0 \end{cases} \tag{7.7}$$

解上述方程组可得到计算 b_0 和 b_1 的公式:

$$\begin{cases} b_1 = \dfrac{n\sum xy - \sum x \sum y}{n\sum x^2 - (\sum x)^2} = \dfrac{\sum (x-\bar{x})(y-\bar{y})}{\sum (x-\bar{x})^2} = \dfrac{\sum xy - n\overline{xy}}{\sum x^2 - n\bar{x}^2} \\ b_0 = \bar{y} - b_1 \bar{x} \quad \left(\bar{y} = \dfrac{\sum y}{n}, \bar{x} = \dfrac{\sum x}{n} \right) \end{cases} \tag{7.8}$$

由式(7.8)可知,当 $x=\bar{x}$ 时,$\hat{y}=\bar{y}$,即回归直线 $\hat{y}_i = b_0 + b_1 x$ 通过点 $(\bar{x}, \bar{y})$。这是回归直线的重要特征之一,它对于回归直线的分析很有帮助。

【例 7.4】 根据表 7-1 的数据,以投诉次数为因变量,航班正点率为自变量,求样本的回归方程。

解:根据公式(7.8)得

$$b_1 = \frac{n\sum xy - \sum x \sum y}{n\sum x^2 - (\sum x)^2} = \frac{10 \times 53\,966.7 - 758.6 \times 736}{10 \times 57\,944.42 - 758.6^2} = -4.700\,62$$

$$b_0 = \bar{y} - b_1\bar{x} = 73.6 - (-4.700\,62) \times 75.86 = 430.189\,23$$

即航班正点率对投诉次数的估计方程为 $\hat{y} = 430.189\,23 - 4.700\,62x$，回归系数 $b_1 = -4.700\,62$ 表示航班正点率每提高一单位，投诉次数就平均减少 4.700 62 次。

将 x_i 的各个取值代入上述估计方程，可以得到投诉次数的各个估计值 $\hat{y}_i$，由图 7-3 可以看出散点图和回归直线的关系。

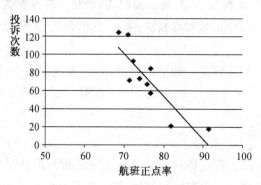

图 7-3　航班正点率对投资次数的回归直线

回归分析的计算量较大，特别是多元回归，用手工计算几乎是不可能的。因此，在实际分析中，回归的计算完全依赖于计算机，我们熟悉的 Excel 就有部分的统计功能，这些功能基本上能满足一些简单的统计分析。运用 Excel 可以迅速地得出上例中计算结果，如表 7-5 所示：

表 7-5　Excel 回归分析结果

	Coefficients	标准误差	t Stat	P-value
Intercept	430.189 232 9	72.154 832 19	5.962 029 428	0.000 337 402
航班正点率	-4.700 622 632	0.947 893 644	-4.959 019 047	0.001 108 261

"Coefficients" 列下即为截距和航班正点率的系数。

运用 SPSS 得到的计算结果如下：

表 7-6　SPSS 回归分析结果

系数[a]

模型		非标准化系数		标准系数	t	Sig.
		B	标准误差	试用版		
1	（常量）	430.189	72.155		5.962	.000
	航班正点率	-4.701	.948	-.869	-4.959	.001

"非标准化系数-B" 列下即为截距和航班正点率的系数，与 Excel 输出的结果一致。

四、一元线性回归的统计检验

在前面的讨论中，我们根据样本数据得出了估计的回归方程，它是否真实反映了自变量和因变量之间的关系，则需要通过验证后才能够证实。

（一）回归方程的拟合优度评价

回归直线在一定程度上描述了变量之间的数量关系，根据这一方程，可根据自变量的取值来估计或预测因变量的取值。但估计或预测的精度如何将取决于回归直线对观测数据的拟合优度。拟合优度是指样本观测值聚集在样本回归线周围的紧密程度，也反映了回归方程对实际情况的拟合效果。可以想象，如果各观测数据的散点都落在样本回归线上，那么这条回归线就是对数据的完全拟合，直线充分代表了各个点，此时用 x 估计 y 是没有误差的。各观测点越是紧密围绕回归直线，说明直线对观测数据的拟合程度越好，反之则越差。

评价直线的拟合优度，一般有两种方法，即观测散点图和计算有关的指标，散点图较直观，但不准确。这里主要介绍用判定系数和标准误差来对回归方程的拟合优度进行评价。

1. 判定系数

判定系数是建立在对总离差平方和进行分解的基础之上的（如图 7-4）。

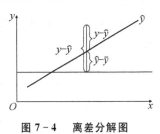

图 7-4 离差分解图

因变量 y 的取值是不同的，这种波动称为变差。变差的产生来自两个方面：一是自变量 x 的取值不同造成的；二是除 x 以外的其他因素（如 x 对 y 的非线性影响、测量误差等）的影响。对一个具体的观测值来说，变差的大小可以用实际观测值 y 与其均值 $\bar{y}$ 的离差来表示。而 n 次观察值的总变差可由这些离差的平方和来表示，称为总平方和或总离差平方和（Total Sum of Squares），记为 TSS，即

$$TSS = \sum_{i=1}^{n}(y_i - \bar{y})^2 \qquad (7.9)$$

从图 7-4 中可以看出，每个观测点的离差都可以分解为

$$y_i - \bar{y} = (y_i - \hat{y}) + (\hat{y} - \bar{y}) \qquad (7.10)$$

将式(7.10)两边平方，并对所有 n 个点求和，有

$$\sum(y_i - \bar{y})^2 = \sum(y_i - \hat{y}_i)^2 + \sum(\hat{y}_i - \bar{y})^2 + 2\sum(y_i - \hat{y}_i)(\hat{y}_i - \bar{y}) \qquad (7.11)$$

可以证明，$\sum(y_i - \hat{y}_i)(\hat{y}_i - \bar{y}) = 0$，因此有

$$\sum(y_i - \bar{y})^2 = \sum(y_i - \hat{y}_i)^2 + \sum(\hat{y}_i - \bar{y})^2 \qquad (7.12)$$

其中，$\sum(y_i - \hat{y}_i)^2$ 是各实际观测点与回归值的离差平方和，它是除了 x 对 y 的线性影响之外的其他因素对 y 变差的作用，是不能由回归直线来解释的 y 变差部分，称为残差平方和或误差平方和（Residual Sum of Squares），记为 RSS；$\sum(\hat{y}_i - \bar{y})^2$ 是回归值与均值的离差平方和，反映了 y 的总变差中由于 x 与 y 之间的线性关系引起的 y 的变差部分，它是可以由回归直线来解释的 y 变差部分，称为回归平方和（Explained Sum of Squares），记为 ESS。则三个平方和的关系是：

$$TSS = RSS + ESS \qquad (7.13)$$

显而易见，各个样本观测点与样本回归直线靠得越紧，RSS 在 TSS 中所占的比例越大。因此定义判定系数（记为 R^2）为回归平方和占总平方和的比例，其表达式为：

$$R^2 = \frac{ESS}{TSS} = 1 - \frac{RSS}{TSS} \qquad (7.14)$$

判定系数 R^2 的特性，总结如下：

(1) 判定系数 R^2 具有非负性。由判定系数的定义式可知，R^2 的分子分母均是不可能为负值的平方和，因此其比值必大于零。

(2) 判定系数的取值范围为[0,1]。由 R^2 的计算公式可以看出：当所有的实际观测值都落在回归直线上时，$y_i=\hat{y}_i$，残差平方和 $RSS=0$，这时 $R^2=1$，说明总离差可以完全由所估计的样本回归方程来解释；当实际观测值并不是全部位于回归直线上时，但又大致在其附近时，$RSS>0$，这时 $R^2<1$；当回归直线没有解释任何离差，即模型中自变量与因变量完全无关时，总离差可全部归于残差平方和，即 $TSS=RSS$，这时 $R^2=0$。

(3) 判定系数是样本观察值的函数，也是一个统计量。

【例 7.5】 评价本章例 7.4 中所得到的回归方程 $\hat{y}=430.18923-4.70062x$ 的拟合效果。

解：运用 Excel 和 SPSS 输出的回归分析结果，如表 7-7、表 7-8 和表 7-9、表 7-10 所示。

表 7-7 Excel 输出的拟合效果指标

回归统计	
Multiple R	0.868 642 626
R Square	0.754 540 012
Adjusted R Square	0.723 857 513
标准误差	18.887 217 92
观测值	10

表 7-8 Excel 输出的方差分析表

	df	SS	MS	F	Significance F
回归分析	1	8 772.583 994	8 772.584	24.591 87	0.001 108 261
残差	8	2 853.816 006	356.727		
总计	9	11 626.4			

表 7-9 SPSS 输出的模型拟合效果指标

模型汇总

模型	R	R 方	调整 R 方	标准估计的误差
1	.869[a]	.755	.724	18.887 22

表 7-10 SPSS 输出的方差分析表

Anova[b]

模型		平方和	df	均方	F	Sig.
1	回归	8 772.584	1	8 772.584	24.592	.001[a]
	残差	2 853.816	8	356.727		
	总计	11 626.400	9			

由表 7-7 和表 7-9 可知,判定系数 R^2(表 7-7 中的 R Square 或表 7-9 中的 R 方)为 0.754 5;另外,也可以根据方差分析表计算得到 R^2,表 7-8 中"SS"列下或表 7-10"平方和"列下依次为回归平方和 $ESS=8\,772.58$、残差平方和 $RSS=2\,853.82$、总平方和 $TSS=11\,626.4$。根据式(7.14)可得到判定系数 $R^2=0.754\,5=75.45\%$。

判定系数的实际意义是:在投诉次数取值的变差中有 75.45% 可以由投诉次数和航班正点率的线性关系来解释,或者说,在投诉次数取值的变动中,有 75.45% 是由航班正点率所决定的。投诉次数取值的差异有 2/3 以上是由航班正点率决定的,二者之间有较强的线性关系。

运用 SPSS 得出的计算结果如下,与 Excel 输出的回归分析结果一致。

2. 回归估计标准误差

当自变量 x 的值确定以后,就可根据回归直线方差推算出因变量的估计值 $\hat{y}$,$\hat{y}$ 与实际值 y 之间的离差 $y-\hat{y}$ 称为估计误差。实际值与估计值之间存在误差,是因为在研究社会经济现象的变动时,不可能把影响变动的各种因素都考虑到。因此,需对估计值的代表性进行评价,通常采用计算估计标准误差的方法。估计标准误差是指实际值 y 与估计值 $\hat{y}$ 的平均离差,即各观测值在回归直线周围的分散程度。对于一元线性回归,估计标准误差的公式如下:

$$s_y = \sqrt{\frac{\sum(y_i - \hat{y})^2}{n-2}} = \sqrt{\frac{RSS}{n-2}} = \sqrt{MSE} \qquad (7.15)$$

式中,MSE 为均方误差。

如果 s_y 的值很小,表现为观测点靠近回归直线,回归方程较好地反映了两个变量之间的关系,其代表性较强;相反,如果 s_y 的值很大,表现为观测点远离回归直线,这说明除已知自变量外,还有其他重要因素在影响着因变量的变动,方程的代表性差。

根据例 7.5 中 Excel 的回归分析结果(即表 7-8 中的"MS"列下)或 SPSS 输出结果(表 7-10 中的"均方"列下),可直接得出 $MSE=356.727\,0$,根据表 7-7 或表 7-9 可知标准误差$=18.887\,2$,这就是说,用航班正点率来估计投诉次数时,平均的估计误差为 18.887 2 次。

(二) 显著性检验

回归分析的主要目的是根据所建立的估计方程用自变量 x 来估计或预测因变量 y 的取值。在建立了估计方程后,还不能马上进行估计或预测,因为该估计方程是根据样本数据得出的,它是否反映了变量 x 和 y 之间的关系,则需要通过检验后才能证实。

回归方程的显著性检验包括两方面内容,即回归方程的显著性检验和回归系数的显著性检验。

1. 回归方程线性关系检验

回归方程线性关系检验用于检验因变量与所有自变量之间的线性关系是否显著。由离差平方和分解公式可知,回归模型的总离差平方和等于回归平方和与残差平方和之和。回归模型总体函数的线性关系是否显著,其实质就是判断回归平方和(ESS)与残差平方和(RSS)之比值的大小问题,可以通过方差分析的思想,构造 F 统计量来进行检验。由于回归平方和与残差平方和的数值会随着样本容量和自变量个数的不同而变化,因此不宜直接比较,因此考虑到自由度的影响,我们将 ESS 除以其相应的自由度(自变量的个数 k,一元线性回归中自由度为 1)后的结果称为均方回归,记为 MSR;将 RSS 除以其相应的自由度

$(n-k-1$,一元线性回归中自由度为 $n-2$)后的结果称为均方误差,记为 MSE。如果原假设($H_0:\beta_1=0$,即两个变量之间的线性关系不显著)成立,则 $\frac{MSR}{MSE}$ 的抽样分布服从分子自由度为1、分母自由度为 $n-2$ 的 F 分布,即

$$F=\frac{ESS/1}{RSS/(n-2)}=\frac{MSR}{MSE}\sim F(1,n-2) \tag{7.16}$$

所以当原假设 $H_0:\beta_1=0$ 成立时,$\frac{MSR}{MSE}$ 的值应接近于0;但如果原假设 $H_0:\beta_1=0$ 不成立,$\frac{MSR}{MSE}$ 的值将变得无穷大。因此,较大的 $\frac{MSR}{MSE}$ 比值将导致原假设 H_0 被拒绝,即我们可以断定自变量和因变量之间存在显著的线性关系。

检验的具体的步骤如下:

(1) 提出假设:

$H_0:\beta_1=0$,即两个变量之间的线性关系不显著;

$H_0:\beta_1\neq 0$,即两个变量之间的线性关系显著。

(2) 计算检验的统计量: $F=\frac{ESS/1}{RSS/(n-2)}\sim F(1,n-2)$。

(3) 做出统计决策。给定显著性水平 α,根据分子的自由度为1,分母的自由度为 $n-2$ 查 F 分布表得临界值 $F_\alpha(1,n-2)$,若 $F>F_\alpha$,则拒绝原假设;若 $F<F_\alpha$,则不拒绝原假设。根据统计软件输出的结果,可直接利用 p 值做出决策:若 p 值小于显著性水平 α,拒绝原假设;若 p 值大于 α,则不拒绝原假设。

【例7.6】 检验本章例7.4中所得到的回归方程 $\hat{y}=430.18923-4.70062x$ 的整体显著性。($\alpha=0.05$)

解:(1) 提出假设:

$H_0:\beta_1=0$,即两个变量之间的线性关系不显著;

$H_0:\beta_1\neq 0$,即两个变量之间的线性关系显著。

(2) 计算检验的统计量:

$$F=\frac{ESS/1}{RSS/(n-2)}=\frac{8772.58/1}{2853.82/(10-2)}=24.59$$

(3) 做出统计决策。根据显著性水平 $\alpha=0.05$,分子自由度 $df_1=1$ 和分母自由度 $df_2=10-2=8$,查 F 分布表,找到相应的临界值 $F_{0.05}(1,8)=5.32$,$F>F_{0.05}$,则拒绝原假设,表明所建立的回归方程是显著的,即航班正点率与投诉次数之间的线性关系是显著的。

运用统计软件,我们可以直接得到 F 值,如表7-8或表7-10所示的"F"列下即为 F 值,在表7-8中的"Significance F"列或表7-10中的"Sig."列下为相对应的 p 值,因此我们可以不用查 F 分布表,而是直接利用 p 值做出决策,本例中的 p 值为0.001,小于给定显著性水平 $\alpha=0.05$,应拒绝原假设。

2. 回归系数的显著性检验

回归系数的显著性检验是要检验自变量对因变量的影响是否显著。在一元线性回归模型中 $y=\beta_0+\beta_1 x+\varepsilon$ 中,如果回归系数 $\beta_1=0$,回归直线是一条水平线,表明因变量 y 的取值不依赖自变量 x,即两个变量之间没有线性关系。如果回归系数 $\beta_1\neq 0$,也不能肯定就得出两个变量之间存在线性关系的结论,要看这种关系是否具有统计学意义上的显著性。回归

系数的显著性检验就是检验回归系数 β_1 是否等于 0。为此,我们需要研究回归系数 β_1 的抽样分布。

估计的回归方程 $\hat{y}=b_0+b_1 x$ 是根据样本数据计算的。当抽取不同的样本时,就会得出不同的估计方程。实际上,b_0 和 b_1 是根据最小二乘法得到的用于估计参数 β_0 和 β_1 的统计量,他们都是随机变量,也有自己的分布。根据检验的需要,这里只讨论 b_1 的分布。统计证明,b_1 服从正态分布,其数学期望为 $E(b_1)=\beta_1$,标准差为

$$\sigma_{b_1} = \frac{\sigma}{\sqrt{\sum x_i^2 - n\bar{x}^2}} \tag{7.17}$$

其中 σ 是误差项 ε 的标准差。由于 σ 未知,用 σ 的估计量 s_{xy} 代入式(7.17),得到 σ_{b_1} 的估计量,即 b_1 的估计标准差为

$$s_{b_1} = \frac{s_{yx}}{\sqrt{\sum x_i^2 - n\bar{x}^2}} \tag{7.18}$$

这样,就可以构造出用于检验回归系数 β_1 的统计量 t 为

$$t = \frac{b_1 - E(b_1)}{s_{b_1}} = \frac{b_1 - \beta_1}{s_{b_1}} \tag{7.19}$$

该统计量服从自由度为 $n-2$ 的 t 分布,即 $t \sim t(n-2)$。如果原假设成立,则 $\beta_1 = 0$,检验的统计量为:

$$t = \frac{b_1}{s_{b_1}} \tag{7.20}$$

进行回归系数的显著性检验的具体步骤如下:
(1) 提出假设:
假设样本从一个没有线性关系的总体中选出,即:$H_0:\beta_1 = 0$;$H_1:\beta_1 \neq 0$。
(2) 计算检验统计量 t 值:

$$t = \frac{b_1}{s_{b_1}}$$

(3) 做出统计决策。确定显著性水平 α(一般取 $\alpha = 0.05$),并根据自由度 $n-2$ 查 t 分布表,找出相应的临界值 $t_{\alpha/2}$。若 $|t| > t_{\alpha/2}$,则拒绝 H_0;若 $|t| < t_{\alpha/2}$,则不能拒绝 H_0。拒绝 H_0 表明自变量对因变量的影响是显著的,换言之两变量之间存在着显著的线性关系,样本回归方程有效;若接受 H_0,则没有证据表明自变量对因变量的影响显著,或者说二者之间不存在显著的线性关系,样本回归方程无效。

值得注意的是,在一元线性回归分析中,因为只有一个自变量,所以线性关系的检验(F 检验)与回归系数的检验(t 检验)是等价的。这一点很容易理解,比如,若 F 检验表明航班正点率与投诉次数之间有显著的线性关系,必然也意味着回归系数不会等于 0。因此,在一元线性回归分析中,无须进行 F 检验,只需进行 t 检验即可。

【例 7.7】 对本章例 7.4 中所得到的回归方程 $\hat{y} = 430.18923 - 4.70062x$ 的回归系数进行检验($\alpha = 0.05$)。

解:可按下面步骤进行检验
(1) 提出假设:$H_0:\beta_1 = 0$;$H_1:\beta_1 \neq 0$。
(2) 计算检验统计量:

$$t = \frac{b_1}{s_{b_1}} = \frac{-4.70062}{0.94789} = -4.9590$$

(3) 做出统计决策。

根据给定的显著性水平 $\alpha=0.05$,自由度 $=n-1-1=10-1-1=8$,查 t 分布表,得 $t_{\alpha/2}=t_{0.025}=2.306$,$|t|>t_{\alpha/2}$,拒绝原假设 H_0。这意味着航班正点率是影响投诉次数的一个显著性因素。

我们同样可以利用例7.3中Excel和SPSS软件输出的结果进行检验。表7-5 Excel回归分析结果中的"t Stat"列或表7-6 SPSS回归分析结果中"t"列下,给出了"航班正点率"的系数的 t 统计量,还给出了相对应的 p 值(表7-5中的"P-value"列或表7-6中的"Sig."列),检验时可直接将 p 值与给定的显著性水平 α 进行比较,若 $p<\alpha$,则拒绝原假设;若 $p>\alpha$,则不拒绝原假设。本题中 $p=0.0011<\alpha=0.05$,所以拒绝原假设,则回归系数通过了显著性检验。

五、利用回归方程进行估计和预测

在对线性回归模型检验其显著性之后,如果所拟合的样本回归方程通过了检验,就可以利用该模型进行预测。所谓预测,就是当自变量 x 取一个特定值时,估计或预测 y 的取值。预测的方法有点预测和区间预测,由于点预测的结果往往与实际结果有偏差,所以我们通常用区间预测来估计因变量值的可能范围。预测的内容包括均值的预测和个值的预测。

(一) 均值的预测

【例7.8】 根据本章第二节例7.4中的样本回归方程 $\hat{y}=430.18923-4.70062x$,预测当航班正点率为80%时,计算其平均投诉次数及其置信区间。

1. 点估计

利用估计的样本回归方程,对于 x 的一个特定的值 x_0,求出 y 的一个估计值就是点估计。平均投诉次数点预测值

$$\hat{y}=430.18923-4.70062\times 80=54.13963$$

点估计的缺点是无法得知预测的误差和把握性。

2. 区间估计

利用样本的回归方程,对于 x 的一个特定的值 x_0,求出 y 的一个估计值的区间就是区间估计。

y 置信区间为:
$$[\hat{y}_0-t_{\alpha/2}s_{\hat{y}},\hat{y}_0+t_{\alpha/2}s_{\hat{y}}] \tag{7.21}$$

其中,$s_{\hat{y}}^2=s_y^2\left[\dfrac{1}{n}+\dfrac{(x_0-\bar{x})^2}{\sum x^2-n\bar{x}^2}\right]$,表示 $\hat{y}$ 方差的估计值;$s_{\hat{y}}=s_y\sqrt{\dfrac{1}{n}+\dfrac{(x_0-\bar{x})^2}{\sum x^2-n\bar{x}^2}}$,表示 $\hat{y}$ 标准差的估计值。

当 $x_0=\bar{x}$ 时,$\hat{y}_0$ 的标准差的估计量最小,此时,$s_{\hat{y}_0}=s_y\sqrt{1/n}$,这就是说,当 $x_0=\bar{x}$ 时,估计是最准确的。x_0 偏离 $\bar{x}$ 越远,y 的平均值的置信区间就越宽,估计的效果也就越不好。

根据前面的计算结果,已知 $n=10$,$s_y=18.8872$,查表得:
$$t_{\alpha/2}(n-2)=t_{0.025}(10-2)=2.306$$

根据式(7.21)得出置信区间为:

$$54.13963\pm 2.306\times 18.8872\times\sqrt{\dfrac{1}{10}+\dfrac{(80-75.86)^2}{57944.42-10\times 75.86^2}}=54.13963\pm 16.47985$$

即为[37.660,70.619]，也就是说当航班正点率为 80%时，投诉次数的平均值在 37.660 次到 70.619 次之间。

可以看出，上述的计算非常复杂，运用 SPSS 可以简便快速得出计算结果(如图 7-5 所示)，当航班正点率为 80%，运行 SPSS 得出投诉次数的点估计为 54.139 42(图 7-5 中“PRE_1”列最后一行的数据)，其平均投诉次数在 95%的置信水平下的置信区间为[37.659 53，70.619 31](图 7-5 中“LMCI_1”列最后一行的数据为均值置信区间的下端值，“UMCI_1”列最后一行的数据为均值置信区间的上端值)。

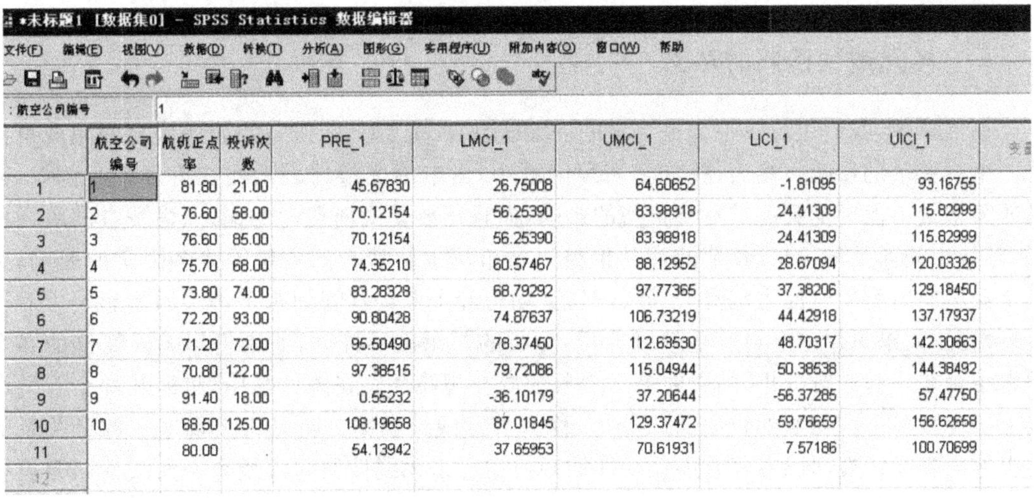

	航空公司编号	航班正点率	投诉次数	PRE_1	LMCI_1	UMCI_1	LICI_1	UICI_1
1	1	81.80	21.00	45.67830	26.75008	64.60652	-1.81095	93.16755
2	2	76.60	58.00	70.12154	56.25390	83.98918	24.41309	115.82999
3	3	76.60	85.00	70.12154	56.25390	83.98918	24.41309	115.82999
4	4	75.70	68.00	74.35210	60.57467	88.12952	28.67094	120.03326
5	5	73.80	74.00	83.28328	68.79292	97.77365	37.38206	129.18450
6	6	72.20	93.00	90.80428	74.87637	106.73219	44.42918	137.17937
7	7	71.20	72.00	95.50490	78.37450	112.63530	48.70317	142.30663
8	8	70.80	122.00	97.38515	79.72086	115.04944	50.38538	144.38492
9	9	91.40	18.00	0.55232	-36.10179	37.20644	-56.37285	57.47750
10	10	68.50	125.00	108.19658	87.01845	129.37472	59.76659	156.62658
11		80.00	.	54.13942	37.65953	70.61931	7.57186	100.70699
12								

图 7-5 回归方程的预测

(二) 个值的预测

【例 7.9】 继续沿用本章第二节例 7.4 中的样本回归方程 $\hat{y}=430.189\,23-4.700\,62x$，预测当航班正点率为 80%时，计算其投诉次数及其预测区间。

1. 点估计

在点估计条件下，对于同一个自变量值，个值的点预测值与平均数的点预测值是一致的，即与例 7.8 均值的预测结果一致。

2. 区间估计

要得到 y 的个值的预测区间，必须知道当 $x=x_0$ 时，用 $\hat{y}$ 估计 y 的个值的方差。统计学家已给出了 y 对 $\hat{y}$ 的方差估计量，用 s_{ind}^2 表示，其计算公式为：

$$s_{ind}^2=s_y^2+s_{\hat{y}}^2=s_y^2\left[1+\frac{1}{n}+\frac{(x_0-\bar{x})^2}{\sum x^2-n\bar{x}^2}\right] \tag{7.22}$$

则 y 对 $\hat{y}$ 的标准差的估计值的公式为：

$$s_{ind}=s_y\sqrt{1+\frac{1}{n}+\frac{(x_0-\bar{x})^2}{\sum x^2-n\bar{x}^2}} \tag{7.23}$$

y 的个值的预测区间为：

$$\hat{y}_0\pm t_{\alpha/2}s_{ind} \tag{7.24}$$

运行 SPSS，得到当航班正点率为 80%时，其投诉次数在 95%置信水平下的预测区间为[7.571 86，100.706 99](图 7-5 中“LICI_1”列最后一行的数据为个值预测区间的下端值，

"UICI_1"为列最后一行的数据为个值预测区间的上端值)。

从预测的结果中,可以看出,在预测的把握程度相同的情况下,单个值的置信区间要比均值的置信区间要宽。也就是说,在预测的把握程度相同的情况下,单个值的预测精度要比均值的预测精度低。

第三节　多元线性回归分析

一、多元线性回归的意义

在上节中,我们讨论了一个自变量的一元线性回归模型,即假定我们所研究的因变量只受一个自变量的影响。然而,在许多实际问题中,影响因变量的因素往往有多个。例如,商品的需求量不但要受到商品本身价格的影响,而且还要受到消费者的偏好、消费者的收入水平、其他相关商品的价格、预期的商品价格以及市场上消费者的数量等诸多因素的影响;又如企业增加值受生产性固定资产、原材料、劳动力和企业经营管理水平等多因素影响。对于上述情况,如果只用一个自变量进行分析,分析的结果就不准确,如果将影响因变量的多个因素结合在一起进行分析,则更能揭示现象的内在规律性。在统计学中,将涉及两个及两个以上自变量对一因变量的线性回归分析,称为多元线性回归分析。将表现这一数量关系的方程称为多元线性回归方程或多元线性回归模型。多元线性回归模型是一元线性回归模型的扩展,其原理也与一元线性回归的原理基本相同,但计算上要复杂得多,在实际应用中,我们需借助于计算机来完成。

二、多元线性回归模型

(一) 总体线性回归模型

设因变量为 y,k 个自变量分别为 $x_1, x_2, \cdots, x_k$,多元线性回归模型就是描述因变量 y 如何依赖于自变量 $x_1, x_2, \cdots, x_k$ 和误差项 ε 的方程。其一般形式可表示为:

$$y = \beta_0 + \beta_1 x_1 + \beta_2 x_2 + \cdots + \beta_k x_k + \varepsilon \tag{7.25}$$

式(7.25)表明:y 是 $x_1, x_2, \cdots, x_k$ 的线性函数($\beta_0 + \beta_1 x_1 + \beta_2 x_2 + \cdots + \beta_k x_k$ 部分)加上误差项 ε。误差项反映了除 $x_1, x_2, \cdots, x_k$ 对 y 的线性关系之外的随机因素对 y 的影响,是不能由 $x_1, x_2, \cdots, x_k$ 与 y 之间的线性关系所解释的变异性。

多元线性回归模型的假设:

假设 1~4 与一元线性回归模型的假设相同。

假设 5:自变量之间没有线性关系。

(二) 总体线性回归方程

$$E(y) = \beta_0 + \beta_1 x_{1i} + \beta_2 x_{2i} + \cdots + \beta_k x_{ki} \tag{7.26}$$

总体线性回归方程描述了 y 的期望值与自变量的关系。

（三）样本回归方程

$$\hat{y}_i = b_0 + b_1 x_{1i} + b_2 x_{2i} + \cdots + b_k x_{ki} \qquad (7.27)$$

式中 $b_0, b_1, b_2, \cdots, b_k$ 是参数 $\beta_0, \beta_1, \beta_2, \cdots, \beta_k$ 的估计值，$\hat{y}_i$ 是因变量 y_i 的估计值。其中的 $b_1, b_2, \cdots, b_k$ 是偏回归系数，它反映的是当其他的变量不变时，此变量变动一个单位所引起的因变量的平均变动量。

三、多元线性回归方程参数的估计

回归方程中的 $b_0, b_1, b_2, \cdots, b_k$ 仍然是根据最小二乘法求得。也就是使残差平方和 $Q = \sum e^2 = \sum (y_i - \hat{y}_i)^2 = \sum (y_i - b_0 - b_1 x_{1i} - b_2 x_{2i} - \cdots - b_k x_{ki})^2$ 最小，通过分别对式中的 $b_1, b_2, \cdots, b_k$ 求偏导，然后令它们等于零，从而得到一个有 $(k+1)$ 个线性方程组成的方程组，如下所示：

$$\begin{cases} \dfrac{\partial Q}{\partial b_0} = 0, \\ \dfrac{\partial Q}{\partial b_i} = 0, \quad (i=1,2,\cdots,k) \end{cases} \qquad (7.28)$$

求解上述方程组需要借助于计算机，可直接利用 Excel 或 SPSS 得出回归结果。

【例 7.10】 上市公司股票价格受多种内在和外在因素影响，其中每股盈利和每股净资产是对公司股票价格影响较大的两个内在因素，而流通比率往往也成为市场炒作因素。现从沪深证券交易所挂牌上市的全部商业零售类上市公司中随机抽取了 18 家公司考察，数据如表 7-11 所示，试建立以每股盈利（元/股）、每股净资产（元/股）和流通比率为解释变量、以股票价格（元）为被解释变量的线性回归模型，估计模型参数并解释其含义。

表 7-11 公司股票价格及主要影响变量数据

公司编号	股票价格（元）	每股盈利（元/股）	每股净资产（元/股）	流通比率	公司编号	股票价格（元）	每股盈利（元/股）	每股净资产（元/股）	流通比率
	y	x_1	x_2	x_3		y	x_1	x_2	x_3
1	7.81	0.36	2.51	0.853	10	8.47	0.24	3.64	0.796
2	13.99	0.40	4.03	0.661	11	11.16	0.31	3.08	0.750
3	8.07	0.28	3.71	0.749	12	13.11	0.32	4.19	0.660
4	9.24	0.22	3.17	0.610	13	7.88	0.21	2.68	0.784
5	9.52	0.35	2.79	0.948	14	12.37	0.37	2.08	0.815
6	6.54	0.15	2.19	0.641	15	17.87	0.67	4.58	0.690
7	22.98	0.89	5.71	0.363	16	5.60	0.03	2.70	0.679
8	10.08	0.30	4.55	0.810	17	13.70	0.63	3.94	0.808
9	6.64	0.33	2.34	0.521	18	24.25	0.88	5.22	0.505

解：由 Excel 和 SPSS 输出的多元回归结果如表 7-12 和表 7-13 所示。

表 7-12 Excel 输出的多元回归结果

	Coefficients	标准误差	t Stat	P-value
Intercept	3.195 083	3.481 351	0.917 771	0.374 279
x_1	16.379 03	2.795 217	5.859 662	4.15E-05
x_2	1.232 256	0.620 84	1.984 822	0.067 117
x_3	-3.137 68	3.479 499	-0.901 76	0.382 436

表 7-13 SPSS 输出的多元回归结果

系数^a

模型		非标准化系数		标准系数	t	Sig.
		B	标准误差	试用版		
1	（常量）	3.195	3.481		.918	.374
	x_1	16.379	2.795	.715	5.860	.000
	x_2	1.232	.621	.244	1.985	.067
	x_3	-3.138	3.479	-.083	-.902	.382

根据统计软件输出的结果，得到线性回归方程为：

$$\hat{y} = 3.195 + 16.379x_1 + 1.232x_2 - 3.138x_3$$

各回归系数的实际意义为：在每股净资产和流通比率不变的情况下，公司每股盈利提高 1 元，股票价格平均上升 16.379 元；在每股盈利和流通比率不变的情况下，公司每股净资产增加 1 元，股票价格平均上升 1.232 元；在每股盈利和每股净资产不变的情况下，公司股票流通比率提高 1 个百分点(0.01)，股票价格平均下降 3.138 元。

四、多元线性回归模型的检验

（一）回归方程的拟合优度评价

1. 多重判定系数

同一元线性回归一样，在多元线性回归模型中，为了衡量模型与数据拟合效果是否良好，需要利用多重判定系数来评价其拟合程度。在一元线性回归中，我们曾介绍了因变量总离差和的分解，在多元线性回归分析中，总离差平方和的分解公式依然成立。在多元回归分析中，回归平方和占总平方和的比例，称为多重判定系数。其计算公式为

$$R^2 = \frac{ESS}{TSS} = 1 - \frac{RSS}{TSS} \tag{7.29}$$

式中 $TSS = \sum(y_i - \bar{y})^2$ 为总平方和；$ESS = \sum(\hat{y}_i - \bar{y})^2$ 为回归平方和；$RSS = \sum(y_i - \hat{y}_i)^2$ 为残差平方和。

利用 R^2 来评价多元线性回归方程的拟合程度时，有一点值得注意，由于自变量个数的

增加,将影响到因变量中被估计回归方程的变差数量。当增加自变量时,会使预测误差变得比较小,从而减少残差平方和 SSE,由于回归平方和 $SSR=SST-SSE$,当 SSE 变小时,SSR 就会变大,从而使 R^2 变大。如果模型中增加一个自变量,即使这个自变量在统计上并不显著,R^2 也会变大。因此,为避免增加自变量而高估 R^2,统计学家提出用样本量 n 和自变量的个数 k 去修正 R^2,计算出修正的多重判定系数。

修正的多重判定系数的计算公式为:

$$R^2 \text{修正值} = 1 - \frac{n-1}{n-(k+1)} \cdot \frac{RSS}{TSS} = 1 - \frac{n-1}{n-(k+1)}(1-R^2) \tag{7.30}$$

式中,n 为样本容量;k 是模型中自变量个数。$n-1$ 和 $n-k-1$ 实际上分别是总离差平方和与残差平方和的自由度。

修正的多重判定系数具有的性质如下:

(1) R^2 修正值的解释与 R^2 类似,R^2 修正值越大,说明回归直线的拟合效果越好;R^2 修正值越小,回归直线的拟合效果就越差。

(2) R^2 修正值 $\leqslant R^2$。因为 $k \geqslant 1$,所以根据 R^2 修正值和 R^2 各自的定义式可以得出这一结论。对于给定的 R^2 值和 n 值,k 值越大 R^2 修正值越小。与 R^2 不同,R^2 修正值不会由于模型中自变量个数 k 的增加而越来越接近 1。因此,在多元回归分析中,通常用修正的 R^2 值,对回归模型进行评价。

(3) R^2 修正值小于 1,但未必都大于 0。在拟合效果极差的情况下,R^2 修正值有可能取负值。

【例 7.11】 继续沿用本章例 7.10。评价多元线性回归方程 $\hat{y}=3.195+16.379x_1+1.232x_2-3.138x_3$ 的拟合效果。

解:运行 Excel 和 SPSS,得出如表 7-14 和表 7-15 所示的结果:

表 7-14 Excel 输出结果

回归统计	
Multiple R	0.954 305
R Square	0.910 698
Adjusted R Square	0.891 562
标准误差	1.769 528
观测值	18

表 7-15 SPSS 输出结果

模型汇总

模型	R	R 方	调整 R 方	标准估计的误差
1	.954[a]	.911	.892	1.769 53

根据统计软件的输出结果可知,多重判定系数 $R^2=0.911=91.1\%$(Excel 输出结果中 "R Square"或 SPSS 输出结果中的"R 方")。其实际意义是:在的变差中,能被每股盈利、每股净资产和流通比率的多元回归方程所解释的比例为 91.1%。

本例中,修正后的多重判定系数 R^2 修正值 $=0.892=89.2\%$,与多重判定系数几乎相等,其意义与 R^2 类似。它表示:在用样本量和模型中自变量个数进行调整后,在股票价格的变差中,能被每股盈利、每股净资产和流通比率的多元回归方程所解释的比例为 89.2%。

2. 估计的标准误差

同一元线性回归的情况一样，多元回归中随机误差项的方差在确定模型的有效性方面起着关键性的作用。类似于式(7.15)我们有：

$$s_y = \sqrt{\frac{\sum(y_i - \hat{y})^2}{n - (\text{被估计的参数个数})}} = \sqrt{\frac{RSS}{n-(k+1)}} = \sqrt{MSE} \qquad (7.31)$$

式中 n 为样本容量；k 是模型中自变量个数，使用这一公式计算较为烦琐，实际问题中可通过统计软件求解。

根据例 7.11 中 Excel 和 SPSS 输出结果（即表 7-14 和表 7-15）可直接得出，标准误差 $=1.7695$，其含义是用每股盈利、每股净资产和流通比率预测股票价格水平时，平均的预测误差为 1.7695 元。

若各实际观测值越靠近直线，则 s_y 越小，回归直线对各观测值的代表性就越好；若实际观测值全部落在直线上，则 $s_y=0$。

(二) 显著性检验

多元线性回归中的显著性检验同样包括对回归方程线性关系的检验和对回归系数的检验。在一元线性回归中，这两种检验是等价的，但在多元回归分析中，它们不再等价。线性关系检验主要是检验因变量同多个自变量的线性关系是否显著，在 k 个自变量中，只要有一个自变量同因变量的线性关系显著，F 检验就能通过，但这不一定意味着每个自变量同因变量的关系都显著。回归系数检验则是对每个回归系数分别进行单独的检验，它主要用于检验每个自变量对因变量的影响是否都显著。如果某个自变量没有通过检验，就意味着这个自变量对因变量的影响不显著，也许就没有必要将这个自变量放进回归模型中了。因此在多元回归分析中，既要进行 F 检验，也要进行 t 检验。

1. 回归方程线性关系检验

线性关系检验是检验因变量 y 与 k 个自变量之间的关系是否显著，称为总体显著性检验。检验的具体步骤如下：

(1) 建立原假设：

$H_0: \beta_1 = \beta_2 = \cdots = \beta_k = 0$，即回归方程整体不显著；

$H_0: \beta_i$ 不全等于 $0(i=1,2,\cdots,k)$，即回归模型整体显著。

(2) 计算检验的统计量：

$$F = \frac{ESS/k}{RSS/(n-1-k)} \sim F(k, n-k-1) \qquad (7.32)$$

(3) 做出统计决策。给定显著性水平 α，根据分子的自由度为 k，分母的自由度为 $n-1-k$ 查 F 分布表得临界值 $F_\alpha(k, n-k-1)$，若 $F > F_\alpha$，则拒绝原假设；若 $F < F_\alpha$，则不拒绝原假设。根据统计软件输出的结果，可直接利用 p 值做出决策：若 p 值小于显著性水平 α，拒绝原假设；若 p 值大于 α，则不拒绝原假设。

【例7.12】 对本章例7.10中多元线性回归方程 $\hat{y}=3.195+16.379x_1+1.232x_2-3.138x_3$ 进行 F 检验($\alpha=0.05$)。

解:检验步骤如下:

(1) 提出假设:

$H_0:\beta_1=\beta_2=\cdots=\beta_k=0$;

$H_1:\beta_i$ 不全等于 $0(i=1,2,\cdots,k)$

(2) 计算检验的统计量:

$$F=\frac{ESS/k}{RSS/(n-k-1)}=47.591$$

(3) 做出统计决策。

给出的显著性水平 $\alpha=0.05$,根据分子的自由度为3,分母的自由度为 $18-3-1=14$,查 F 分布表得 $F_{0.05}(3,14)=3.34$,由于 $F>F_{0.05}$,因此拒绝原假设。

也可以运用 Excel 和 SPSS 软件,可直接得出 F 检验数据及检验结果,如表7-16、表7-17所示。

表7-16 Excel方差分析表

	df	SS	MS	F	Significance F
回归分析	3	447.0504	149.0168	47.59051	1.37E-07
残差	14	43.83721	3.131229		
总计	17	490.8876			

表7-17 SPSS方差分析表

Anova[b]

模型		平方和	df	均方	F	Sig.
1	回归	447.050	3	149.017	47.591	.000[b]
	残差	43.837	14	3.131		
	总计	490.888	17			

从表中可以看出 F 值为47.591,相应的 p 值为0.000,所以,拒绝模型整体不显著的原假设,即该模型是整体显著的。

F 检验表明:股票价格与每股盈利、每股净资产和流通比率之间的线性关系是显著的,但这并不意味着股票价格与每个变量之间的关系都显著,因为 F 检验说明的是总体的显著性。要判断每个自变量对股票价格的影响是否显著,则需要对各回归系数分别进行检验。

2. 回归系数的显著性检验

多元回归中进行这一检验的目的主要是为了检验各自变量对因变量的影响是否显著,以便对自变量的取舍做出正确的判断。一般来说,当发现某个自变量的影响不显著时,应将其从模型中删除。这样才能够做到以尽可能少的自变量去达到尽可能高的拟合优度。

多元回归中回归系数的检验同样采取 t 检验,其原理和基本步骤与一元回归模型中的 t 检验基本相同,检验的具体步骤如下:

(1) 建立原假设

假设样本从一个没有线性关系的总体中选出,即:$H_0:\beta_i=0$;$H_1:\beta_i\neq 0$

(2) 计算检验统计量 t 值

$$t=\frac{b_i-E(b_i)}{s_{b_i}}=\frac{b_i-\beta_i}{s_{b_i}}=\frac{b_i}{s_{b_i}} \tag{7.33}$$

其中,

$$s_{b_i}=\frac{s_{yx}}{\sqrt{\sum(x_i-\bar{x})^2}}=\frac{s_{yx}}{\sqrt{\sum x_i^2-n\bar{x}^2}} \tag{7.34}$$

t 统计量服从自由度为 $n-k-1$ 的 t 分布,即 $t\sim t(n-k-1)$。

(3) 确定显著性水平 α(一般取 $\alpha=0.05$),并根据自由度 $n-k-1$ 查 t 分布表,找出相应的临界值 $t_{\alpha/2}$。

(4) 得出检验结果。若 $|t|>t_{\alpha/2}$,则拒绝 H_0;若 $|t|<t_{\alpha/2}$,则不能拒绝 H_0。拒绝 H_0 表示回归系数通过了显著性检验;若接受 H_0,则表示回归系数未通过显著性检验。

【**例 7.13**】 继续沿用本章例 7.10。对多元线性回归方程 $\hat{y}=3.195+16.379x_1+1.232x_2-3.138x_3$ 的回归系数进行检验($\alpha=0.05$)。

解:可按下面的步骤进行:

(1) 提出假设。对于任意参数 $\beta_i(i=1,2,3)$,$H_0:\beta_i=0$;$H_1:\beta_i\neq 0$。

(2) 计算检验的统计量 t 值 $t=\frac{b_i}{s_{b_i}}$。

根据表 7-13 或表 7-14 的结果可知,自变量每股盈利对应的回归系数统计量 $t_1=5.860$;每股净资产对应的回归系数统计量 $t_2=1.985$;流通比率对应的回归系数统计量 $t_3=-0.902$。

(3) 根据显著性水平 $\alpha=0.05$,并根据自由度 $18-3-1=14$ 查 t 分布表,找出相应的临界值 $t_{\alpha/2}(14)=t_{0.025}(14)=2.145$。

(4) 做出统计决策。只有 $t_1>t_{\alpha/2}=2.16$,因此只有每股盈利对应的系数通过了检验,其他两个自变量均未通过显著性检验。直接用 p 值进行比较也是一样的:只有每股盈利对应的回归系数 p 值小于 0.05,通过了显著性检验,其余两个系数所对应的 P 值均大于 0.05,未通过检验。

一般情况下,在建立的回归模型中,应把未通过检验的自变量剔除掉。当存在多个回归系数未通过显著性检验时,并不是一次性把这些变量都剔除掉,最简单的办法是一次只剔除一个,剔除 t 值最小的那个变量,直到所有的变量的系数都通过了统计检验为止。

本章内容导图

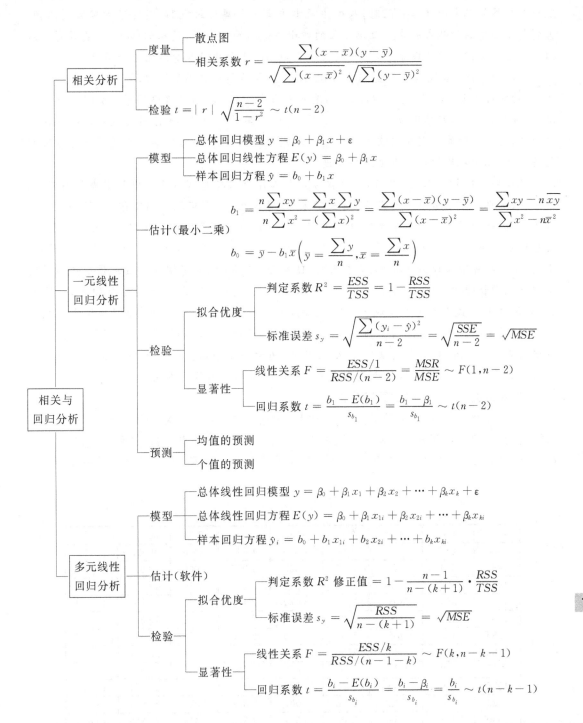

思政案例实务:中国居民消费模型

1978年中国开始实施改革开放的政策,在这四十多年中,中国经济实现了跨越式发展,跃居为世界第二大经济体。同时,人民生活水平有了大幅度的提高,实现了由贫穷到温饱,再到整体小康的跨越式转变。改革开放的四十年是国的四十年,是家的四十年,更是每个人为美好生活不懈努力的四十年,它的成果早已如春风化雨般融入身边的每个角落。

2020年,全国居民人均可支配收入32 189元,扣除价格因素,比1978年实际增长26.4倍,年均实际增长8.2%。全国居民人均消费支出21 210元,扣除价格因素,比1978年实际增长19.5倍,年均实际增长7.45%。40多年间,我国居民用31年时间实现人均收入跨万元大关,用5年时间实现人均收入跨2万元大关,用另一个5年时间实现人均收入跨3万元大关,目前正向人均收入4万元大关迈进。

2015年11月27日至28日,中央扶贫开发工作会议在北京召开。中共中央总书记、国家主席、中央军委主席习近平强调,消除贫困、改善民生、逐步实现共同富裕,是社会主义的本质要求,是中国共产党的重要使命。2016年11月23日国务院印发并实施《"十三五"脱贫攻坚规划》,指出"十三五"期间脱贫攻坚的目标是到2020年稳定实现农村贫困人口不愁吃、不愁穿,农村贫困人口义务教育、基本医疗、住房安全有保障;同时实现贫困地区农民人均可支配收入增长幅度高于全国平均水平、基本公共服务主要领域指标接近全国平均水平。2020年,农村居民人均可支配收入17 133元,扣除价格因素,"十三五"期间年均实际增长6.42%,高于全国平均实际增长的5.6%。2020年,农村居民人均消费支出13 713元,扣除价格因素,"十三五"期间年均实际增长6.23%,高于全国平均实际增长的3.88%。农民收入与消费的持续稳定增长从一个侧面反映了精准扶贫取得的显著成效。

【思政案例一 一元线性回归分析】

为了从总体上考察中国居民收入与消费的关系,建立居民消费总量模型,下表给出了1980年至2020年中国居民人均可支配收入(收入)、居民人均消费支出(消费)。根据表中的数据,运用Excel和SPSS对实际收入和实际消费进行相关分析,建立回归模型并进行估计和检验。

单位:元

年份	收入	消费	年份	收入	消费	年份	收入	消费
1980	247	211	1994	1 870	1 540	2008	9 957	7 548
1981	279	244	1995	2 363	1 957	2009	10 977	8 377
1982	326	273	1996	2 814	2 288	2010	12 520	9 378
1983	365	304	1997	3 070	2 437	2011	14 551	10 820
1984	424	340	1998	3 254	2 516	2012	16 510	12 054
1985	479	402	1999	3 485	2 658	2013	18 311	13 220
1986	541	465	2000	3 721	2 914	2014	20 167	14 491
1987	599	521	2001	4 070	3 139	2015	21 966	15 712
1988	709	639	2002	4 532	3 548	2016	23 821	17 111
1989	804	712	2003	5 007	3 889	2017	25 974	18 322
1990	904	768	2004	5 661	4 395	2018	28 228	19 853
1991	976	844	2005	6 385	5 035	2019	30 733	21 559
1992	1 125	937	2006	7 229	5 634	2020	32 189	21 210
1993	1 385	1 145	2007	8 584	6 592			

一、相关分析 Excel 操作

1. 表中收入与消费数据为名义值，年度间不可比，需要进行价格调整。登录国家统计局网站 www.stats.gov.cn，点击"统计数据—数据查询—年度数据"，在左侧点击"价格指数—各种定基价格指数"，在右侧"时间"菜单中输入"1980—2020"，点击"确认"，点击右上角下载按钮，注册后即可下载得到本页面显示数据的 Excel 文件。如下图所示。

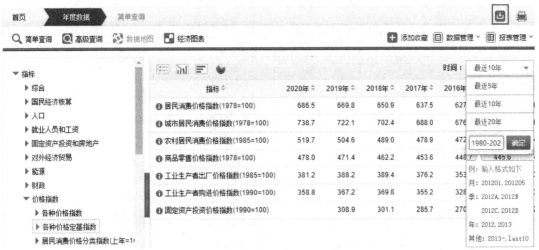

2. 对收入和消费数据进行价格调整得到实际收入和实际消费。在 E2 单元格输入"＝B2/D2＊100"，光标放在 E2 单元格右下角，当变成小十字时双击鼠标左键，即可以得到实际收入数据。同理，可以得到实际消费数据，如下图所示。

	A	B	C	D	E	F
1		收入	消费	价格指数	实际收入	实际消费
2	1980	247	211	109.5	225.57	192.69
3	1981	279	244	112.2	248.66	217.47
4	1982	326	273	114.4	284.97	238.64
5	1983	365	304	116.7	312.77	260.50
6	1984	424	340	119.9	353.63	283.57
7	1985	479	402	131.1	365.37	306.64

3. 在工具栏中选择"数据—数据分析"，弹出"数据分析"对话框，选择"相关系数"选项，单击"确定"按钮。弹出"相关系数"对话框，如下图所示。在"输入区域"框内输入样本数据所在单元格地址，选中"标志位于第一行"选项，输出结果的第一行中会显示标志项。给出输出区域，默认为新工作标组。

4. 点击"确定"按钮,即可得到计算结果,如下图所示。

	实际收入	实际消费
实际收入	1	
实际消费	0.998772	1

二、相关分析 SPSS 操作

1. 将样本数据输入到 SPSS 中,选择菜单"分析—相关—双变量",如下图所示。

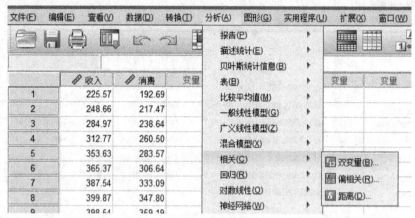

2. 弹出双变量相关对话框,选择参加计算相关系数的变量到右侧的"变量"框中,如下图所示。

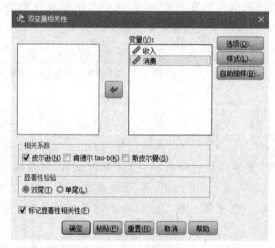

3. 在"相关系数"框中选择计算哪种相关系数。

(1) Pearson 复选项:简单相关系数,是系统默认的方式,用于连续变量或等间距测度的数值型变量。

(2) Spearman 复选框:等级相关系数,用于度量顺序变量。

(3) Kendall 的 tau-b 复选框:等级相关系数,用来度量顺序变量。

4. 在"显著性检验"框中选择输出相关系数检验的双侧概率 p 值,还是单侧概率 p 值;

(1) "双侧检验"单选项:是系统默认的方式。用于事先不知道相关方向的情况。

(2) "单侧检验"单选项:用于事先知道相关方向的情况。

5. 选中"标记显著性相关"选项表示分析结果中除显示统计检验的概率 p 值以外,还输出星号标记,以表明变量间的相关性是否显著,若不选中则不输出星号标记。

在输出结果中相关系数旁边的两个星号（**）表示显著性水平 α 为 0.01 时可拒绝原假设，即通过显著性检验；一个星号（*）表示显著性水平 α 为 0.05 时可拒绝原假设，即通过显著性检验；因此，两个星号比一个星号拒绝原假设犯错误的可能性更小。若没有星号则表示，在显著性水平 α 为 0.05 时，仍不能拒绝原假设，因此未通过显著性检验。

6. 单击"确定"按钮，SPSS 将自动计算相关系数和进行统计检验，并将结果输出到输出窗口，如下图所示。结果表明，收入和消费在显著性 0.01 的水平不能拒绝相关系数为零的原假设，即收入与消费是显著线性相关的。

相关性

		收入	消费
收入	皮尔逊相关性	1	.999**
	Sig.（双尾）		.000
	个案数	41	41
消费	皮尔逊相关性	.999**	1
	Sig.（双尾）	.000	
	个案数	41	41

**. 在 0.01 级别（双尾），相关性显著。

三、回归分析 Excel 操作

1. 在工具栏中选择"数据—数据分析"，弹出"数据分析"对话框，选择"回归"选项，单击"确定"按钮。弹出"回归"对话框，在"Y 值输入区域"框内输入"消费"样本数据所在单元格地址。在"X 值输入区域"输入"收入"样本数据所在单元格地址。选中"标志"选项，分析结果中会显示标题行。给出输出区域，默认为新工作标组。如下图所示。

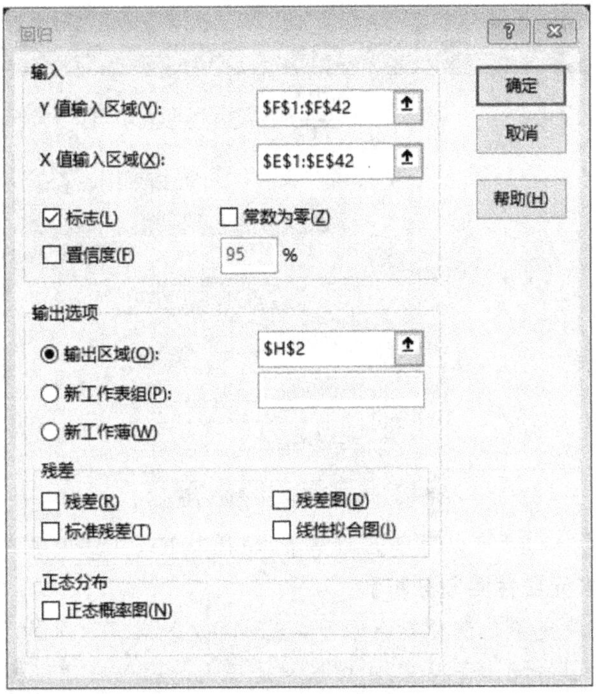

2. 单击"确定"按钮,即可得到分析结果,如下图所示。其中,"Coefficients"列为最小二乘估计结果;"R Square"为判定系数,判定系数接近1,说明模型拟合效果较好;"Significance F"列为回归方程线性关系检验的 p 值,p 值小于显著性水平 α,说明方程线性关系显著;"P-value"列为回归系数检验的 p 值,p 值小于显著性水平 α,说明回归系数对应的解释变量对被解释变量有显著影响。

SUMMARY OUTPUT

回归统计	
Multiple R	0.998772045
R Square	0.997545598
Adjusted R	0.997482665
标准误差	47.99265561
观测值	41

方差分析

	df	SS	MS	F	Significance F
回归分析	1	36509108	36509108	15850.82	1.6146E-52
残差	39	89828.5	2303.295		
总计	40	36598937			

	Coefficients	标准误差	t Stat	P-value	Lower 95%	Upper 95%	下限 95.0%	上限 95.0%
Intercept	82.51795984	11.18602	7.376882	6.55E-09	59.892095	105.1438	59.89209	105.1438
实际收入	0.68753137	0.005461	125.9	1.61E-52	0.67648559	0.698577	0.676486	0.698577

四、回归分析 SPSS 操作

1. 首先把数据录入到 SPSS 中。在菜单栏中选择"分析—回归—线性",弹出"线性回归"对话框,从变量列表中选择需要进行线性回归分析的被解释变量,单击 按钮将选中的变量选入"因变量"列表中;同样的方法将需要进行线性回归分析的解释变量选入"自变量"列表中,如下图所示。

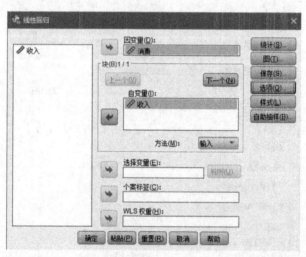

2. 点击上图中的"确定"可以得到回归结果,结果与 Excel 结果基本相同。

【思政案例二　多元线性回归分析】

居民的收入水平决定了其消费支出水平,但不同收入来源水平的变动对消费水平的影响是有差异的。从中国的统计资料看,中国农村居民人均收入来源主要包括工资性收入、经营净收入、财产净收入和转移净收入。从当前情况看,与城镇居民人均可支配收入以工资性收入为主不同,农村居民其他三项收入在可支配收入中占比较高。因此,建立中国农村居民消费模型时引入三个解释变量,分别为工资性收入、经营净收入和其他收入,其中其他收入为财产净收入和转移净收入之和。根据2018年中国31个省区农村居民人均可支配收入来源与人均消费支出的数据,建立农村居民消费模型并运用SPSS进行估计和检验。

一、相关分析

1. 首先,我们要把数据录入到SPSS中,将"省区"定义为字符型变量,其他变量设置为数值型变量,然后录入相关数据,如下图所示。

	省区	农村居民消费支出	农村居民工资性收入	农村居民经营净收入	农村居民其他净收入
1	北京	20195.30	19826.70	2021.70	4641.80
2	天津	16863.30	13568.10	5334.60	4162.60
3	河北	11382.80	7454.10	4611.50	1965.20
4	山西	9172.20	5735.80	3075.20	2939.00
5	内蒙	12661.50	2896.60	7180.70	3725.20
6	辽宁	11455.00	5644.80	6263.80	2747.70
7	吉林	10826.20	3521.50	7756.20	2470.40

2. 选择菜单"分析—相关—双变量",打开"双变量相关"对话框,将待分析的变量移到右边的"变量"框内,如下图所示。

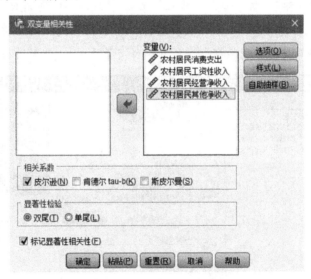

3. 进行相应的设置。在"相关系数"选项组中,提供了三种相关系数复选框,可以分别计算三种相关系数,本例中只选择了Pearson简单相关系数。在"显著性检验"选项组中有"双侧检验""单侧检验"两个复选框。如果事先不了解变量间是正相关或者负相关,应选择"双侧检验"按钮;否则,应选择"单侧检验"按钮。本例中选中了"双侧检验"。选中"标记显著性相关"则在相关系数中用星号标注通过显著性检验的相关系数。

4. 点击"确定"按钮,输出分析结果,如下图所示。结果表明,农村居民工资性收入和其他净收入与消费支出有显著相关,而经营净收入与消费支出无显著相关。另外,经营净收入与工资性收入、其他净收入显著相关。

相关性

		农村居民消费支出	农村居民工资性收入	农村居民经营净收入	农村居民其他净收入
农村居民消费支出	皮尔逊相关性	1	.905**	-.167	.720**
	Sig.(双尾)		.000	.370	.000
	个案数	31	31	31	31
农村居民工资性收入	皮尔逊相关性	.905**	1	-.378*	.668**
	Sig.(双尾)	.000		.036	.000
	个案数	31	31	31	31
农村居民经营净收入	皮尔逊相关性	-.167	-.378*	1	-.406*
	Sig.(双尾)	.370	.036		.024
	个案数	31	31	31	31
农村居民其他净收入	皮尔逊相关性	.720**	.668**	-.406*	1
	Sig.(双尾)	.000	.000	.024	
	个案数	31	31	31	31

**. 在 0.01 级别(双尾),相关性显著。
*. 在 0.05 级别(双尾),相关性显著。

二、回归分析

1. 在菜单栏中选择"分析—回归—线性",弹出"线性回归"对话框,从变量列表中选择需要进行线性回归分析的被解释变量,然后单击 按钮将选中的变量选入"因变量"列表中;用同样的方法将需要进行线性回归分析的解释变量选入"自变量"列表中,如下图所示。

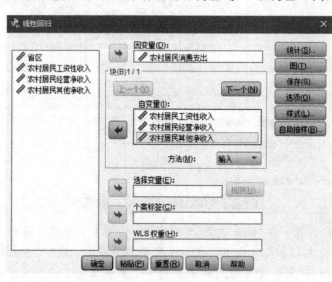

2. 点击上图中的"确定"可以得到回归结果，如下图所示。模型摘要中"R"列为判定系数，判定系数接近1，说明模型拟合效果较好；ANOVA^{a}中"显著性"列为回归方程线性关系检验的 p 值，p 值小于显著性水平 α，说明方程线性关系显著；系数^{a}中"显著性"列为回归系数检验的 p 值，p 值小于显著性水平 α，说明回归系数对应的解释变量对被解释变量有显著影响。

模型摘要

模型	R	R方	调整后R方	标准估算的错误
1	.946^a	.896	.884	1135.93641

a. 预测变量：(常量)，农村居民其他净收入，农村居民经营净收入，农村居民工资性收入

ANOVA^a

模型		平方和	自由度	均方	F	显著性
1	回归	298845598.1	3	99615199.35	77.200	.000^b
	残差	34839491.37	27	1290351.532		
	总计	333685089.4	30			

a. 因变量：农村居民消费支出

b. 预测变量：(常量)，农村居民其他净收入，农村居民经营净收入，农村居民工资性收入

系数^a

模型		未标准化系数		标准化系数	t	显著性
		B	标准错误	Beta		
1	(常量)	3172.626	1183.640		2.680	.012
	农村居民工资性收入	.580	.060	.815	9.635	.000
	农村居民经营净收入	.568	.154	.254	3.690	.001
	农村居民其他净收入	.714	.219	.279	3.254	.003

a. 因变量：农村居民消费支出

【思政案例实训】

登录国家统计局网站（www.stats.gov.cn），查找1980—2020年中国全社会固定资产投资和工业增加值的数据。以固定资产投资作为解释变量，工业增加值为被解释变量建立回归模型并进行估计和检验。

【思政案例启示】

随着我国社会主义的发展，中国已进入一个新的历史发展方位。近年来，中国取得了一系列巨大成就，"嫦娥"奔月、"蛟龙"入海、"墨子"升空、"天眼"落成、神威太湖之光……中国正快速的向前发展。在这样的历史背景之下，新时代大学生面临着诸多机遇与挑战。作为大学生的我们，应该抓住这些机遇。第一，要先认清自己，明确自己的目标，树立目标之后要坚定不移地去为之努力奋斗。第二，要学习好专业知识。大学生需要做好自身的准备，不能因为自身问题的原因而错失机遇。打铁还需自身硬，无论是理论知识还是实践操作，当在机遇与挑战来临的那一刻，这些都是特别宝贵的经验，大学生应该花费更多的时间与经历来完成自己的学业，提高见识，升华思想。

第八章 统计指数

第一节 统计指数概述

一、指数的意义及概念

指数是从反映物价变动产生的。18世纪中期,由于金银大量流入欧洲,欧洲的物价飞涨,引起社会不安,于是产生了反映物价变动程度的要求,这就是物价指数产生的根源。最初是反映单一商品价格变动,即用某一商品的现行价格和原来的价格进行对比,来反映价格的变动程度,称为个体价格指数。后来又发展为反映多种商品价格的综合变动,称为价格总指数。统计指数的理论就是在编制价格总指数的实践中逐步形成和发展起来的。

统计指数简称指数(Index Number),有广义和狭义之分。广义地讲,任何两个数值对比形成的相对数都可以称为指数。狭义地讲,指数是指在数量上不能直接加总和对比的复杂社会经济现象总体数量总和变动的相对数,如反映多种商品的销售量变动的总指数及其价格总指数等。无论是广义指数还是狭义指数,在实际工作中都被广泛地应用,但从指数理论和方法上看,主要研究的还是狭义的指数,因此阐述狭义指数的基本编制原理、原则和方法在分析中的应用,是本章的主要内容。

我们知道,一种社会经济现象的变动情况,如某种食品零售价格的变动情况,某种商品销售量的变动情况等等,可能运用动态相对指标来反映。但是,在很多情况下,仅说明一种社会经济现象的变动情况是不够的,还需综合分析多种社会经济现象的总变动情况,如多种食品零售价格的总变动情况,所有商品销售量的总变动情况等等。这时仅用动态相对指标难以反映多种社会经济的总变动,就需要运用指数来进行观察和研究。

为更好地理解指数的含义,我们以例8.1的资料为例加以说明。

【例8.1】 假设某企业销售的三种商品价格和销售量资料如表8-1所示:

表8-1 商品价格和销售量资料

商品	计量单位	销售量		价格(元)	
		基期	报告期	基期	报告期
A	件	600	645	20	22
B	斤	720	900	10	9
C	米	950	1 045	8	10
合计		—	—	—	—

根据表8-1资料,试指出报告期与基期相比:
(1) 每种商品的销售量增长了百分之几?
(2) 每种商品的价格上升或下降了百分之几?
(3) 上述三种商品的销售量综合起来增长了百分之几?
(4) 上述三种商品的价格综合起来上升了百分之几?
(5) 上述三种商品销售额的变动中,受销售量因素和价格因素变动的影响各有多大?

回答(1)、(2)两个问题比较简单,我们可以直接用报告期各种商品的销售量和价格与基期相比,计算每种商品的销售量指数和价格指数,即A商品的销售量指数为107.5%(645/600),也可以说A商品报告期的销售量比基期增长了7.5%;B商品的价格指数为90%(9/10),也可以说B商品报告期的价格比基期下跌了10%。这里的相对数107.5%和90%即为狭义的指数。

要回答(3)、(4)两个问题,就要考察该企业销售的三种商品销售量或价格的综合变动程度,由于各种商品的计量单位不同、使用价值各异,不能通过直接将他们的销售量和价格加总再对比的方法来求其指数。因此,这种用于反映不能直接相加的总体的销售量或价格等指标综合变动程度的相对数即为狭义的统计指数。本章的第二节将主要阐述狭义指数的编制方法及其应用。

二、指数的分类

(一) 按计入指数的项目多少不同,可分为个体指数和总指数

个体指数是反映单项事物数量变动的相对数,例如说明一种商品的价格或销售量变动的相对水平的个体价格指数或个体销售量指数等。物量指标通常用符号 q 表示,q_1 表示报告期水平,q_0 表示基期水平。质量指标通常用符号 p 表示,p_1 表示报告期水平,p_0 表示基期水平。

个体价格指数的计算公式为 $I_p = \dfrac{p_1}{p_0}$,个体物量指数的计算公式为 $I_q = \dfrac{q_1}{q_0}$,根据表8-1的资料计算出三种商品的个体价格指数分别为:110%、90%和125%,表明A商品价格上升了10%,B商品价格下跌了10%,C商品价格上升了25%。

总指数是反映不能直接加总的多项事物数量综合变动的相对数,例如,反映多种商品价格综合变动的批发价格指数、零售价格指数,反映多种产品生产量综合变动的工业产品生产量总指数以及商品销售量总指数、成本总指数等。总指数即为狭义的统计指数。

(二) 按照计算总指数的方法不同,可分为简单指数和加权指数

通过对个体指数进行简单平均的办法来求得的总指数,称为简单指数;通过加权形式编制的总指数,称为加权指数。这种加权形式可分为两种,即综合形式和平均形式。由综合形式编制的加权指数可称为加权综合指数;由平均形式编制的加权指数可称为加权平均指数。

(三) 按照所表明的现象的数量特征不同,可分为物量指数和质量指数

物量指数是反映现象总体规模、总水平等物量变动的相对数,如产品产量指数、商品销

售量指数等；质量指数是反映现象相对水平或平均水平等事物内含数量变动的相对数，如价格指数、产品成本指数等。在计算总指数时，物量指数与质量指数的计算方法不同，因此，要把这两个概念分辨清楚。

（四）按对比场合不同，可分为时间性指数和区域性指数

时间性指数是同类现象在不同时间上对比的相对数，用于反映现象在不同时间的变动程度；区域性指数是反映同类现象在不同地区或单位之间对比的相对数，用于说明同一现象在不同地区或单位之间的比较关系。

（五）时间性指数按照采用的基期不同又分为定基指数和环比指数

在指数数列中，若所有各期指数均是用同一基期计算的，称为定基指数；若所有各期指数均是以上一个时期为基期计算的，称为环比指数。定基指数可用来反映现象在一个较长时期的变动情况；而环比指数可用来反映现象在观察期内的逐期变动情况。

第二节 总指数的计算

一、简单指数

通过对个体指数进行简单平均的办法来求得的总指数，称为简单指数。简单算术平均指数就是对每个个体指数计算的简单算术平均数，其一般公式为：

简单算术平均指数 = N 项个体指数之和 / N

如前所述，指数按其表明的现象数量特征不同，可分为物量指数和质量指数。物量指标通常用符号 q 表示，q_1 表示报告期水平，q_0 表示基期水平。质量指标通常用符号 p 表示，p_1 表示报告期水平，p_0 表示基期水平。根据这些符号，我们可以把简单算术平均指数公式具体化。

质量指数：

$$I_p = \frac{1}{N} \sum \frac{p_1}{p_0} \tag{8.1}$$

物量指数：

$$I_q = \frac{1}{N} \sum \frac{q_1}{q_0} \tag{8.2}$$

式中：N 表示某种个体指数的个数。

【例 8.2】 根据表 8-1 的资料，按照简单算术平均指数法计算三种商品的价格总指数和销售量总指数。

解：设销售量为 q，价格为 p，计算过程如表 8-3 所示：

表 8-3　总指数计算表

商品	计量单位	销售量		价格（元）		销售量个体指数	价格个体指数
		基期	报告期	基期	报告期		
		q_0	q_1	p_0	p_1	q_1/q_0	p_1/p_0
A	件	600	645	20	22	1.075	1.10
B	斤	720	900	10	9	1.25	0.9
C	米	950	1 045	8	10	1.1	1.25
合计		—	—	—	—	3.425	3.25

将表 8-3 中的个体指数资料分别代入式(8.1)和式(8.2)，可得：

价格总指数：

$$I_p = \frac{1.10 + 0.9 + 1.25}{3} = 1.083\,3 = 108.33\%$$

销售量总指数：

$$I_q = \frac{1.075 + 1.25 + 1.1}{3} = 1.141\,7 = 114.17\%$$

简单指数在指数发展的初期，有过一些应用。然而，按简单平均法求总指数，由于没有考虑到权数的影响，计算结果就难以准确反映实际情况。另外，将使用价值不同的产品个体指数相加，既缺少实际意义，又没有理论依据，所以目前在实际编制指数时，已很少采用这种形式。

二、加权指数

在计算指数时，对记入指数的各个项目，依据其重要程度赋予不同的权数，这种通过加权方法计算的总指数称为加权指数。加权指数因所采用的权数不同，又可以分为加权综合指数和加权平均指数。加权综合指数（Weighted Aggregative Index Number）是通过加权来测定一组项目综合变动状况；加权平均指数（Weighted Average Index Number）是以总量指标为权数，对个体指数加权平均计算的指数。加权综合指数是编制总指数的基本形式。

（一）权数的确定

总指数是反映不能直接加总的多项实物数量综合变动的相对数。根据表 8-1，若编制三种商品的销售量总指数，需要把各种商品报告期和基期的销售量分别加总，再将两个时期的销售总量进行对比。但是，由于各种商品的使用价值不同，计量单位不一样，因而销售量不能直接加总，也就无法将两个时期的销售总量进行对比。这就需要找到一种共同的尺度将各种不同商品综合到一起。我们知道，虽然不同使用价值的商品其销售量不能简单加总，可是用不同商品的价格去乘以相应的销售量后得到的销售额却完全可以相加，从而可以解决加总问题。在这里，价格成了不同产品共同的计量尺度，它一方面使不能直接加总的产品的量转化为可以加总的量，即起到了同度量的作用，因此，在统计指数理论中把这个被乘上去的价格称为同度量因素。同理，在测定全部商品价格总的变动程度时，由于各种商品的使用价值不同，不能直接加总，则必须用销售量去乘价格，得到销售额后再加总，此时销售量则成为同度量因素。

在销售额这个价值指标中，包含了两个因素：一个是同度量因素，另一个是我们要研究其变动的因素,称之为指数化因素。在编制销售量总指数时,销售量是指数化因素,价格则是起媒介作用的因素,即同度量因素;而编制价格总指数时,商品价格是指数化因素,销售量是同度量因素。在编制总指数时,对于加权综合指数而言,必须将同度量因素固定在同一时期的水平上,只研究指数化因素的变动程度。这里的同一时期,既可以都是基期,也可以都是报告期或某一个固定时期。但使用不同时期的权数,会产生不同的计算结果,而且指数的实际意义也会不同。

加权指数的平均形式是以个体指数为基础,通过对个体指数计算加权平均数来编制的总指数。即先计算所研究现象各个项目的个体指数,然后根据所给的价值量指标——物值(产值或销售额)资料作为权数,对个体指数进行加权平均求得总指数。作为权数的物值也可有三种选择:一是基期的物值;二是报告期的物值;三是固定权数,即用固定权数来编制平均数指数。

(二)加权综合指数的编制

加权综合指数是对不能直接相加的复杂总体,通过引入同度量因素(即加权)并将其固定在同一时期来编制总指数的方法。其主要特点是先综合后对比。由于同度量因素可以固定在不同时期,因而加权综合指数有不同的计算公式,较为常用的是拉氏指数和帕氏指数两种形式。

1. 基期加权综合法

基期加权综合法是将同度量因素固定在基期水平上来编制指数的方法。早在1864年德国经济学家埃蒂恩·拉斯贝尔(Etienne Laspeyres)就曾提出用基期销售量加权来计算价格指数,因此这一指数被称为拉氏指数或L氏指数。这一加权的方法也被推广到其他指数的计算。拉氏物量指数和质量指数的一般计算公式为:

$$I_q = \frac{\sum q_1 p_0}{\sum q_0 p_0} \tag{8.3}$$

$$I_p = \frac{\sum p_1 q_0}{\sum p_0 q_0} \tag{8.4}$$

式中:I_q 表示物量指数;I_p 表示质量指数;p_0 和 p_1 分别表示一组项目基期和报告期的质量指标数值;q_0 和 q_1 分别表示一组项目基期和报告期的物量指标数值。

【例8.3】 试根据表8-1的资料,采用拉氏综合指数法计算商品的销售量总指数和价格总指数。

解:设销售量为 q,零售价格为 p,计算过程如表8-4所示:

表8-4 综合指数计算表

商品	计量单位	销售量		价格(元)		销售额(元)			
		基期	报告期	基期	报告期	基期	报告期		
		q_0	q_1	p_0	p_1	$p_0 q_0$	$p_1 q_1$	$p_0 q_1$	$p_1 q_0$
A	件	600	645	20	22	12 000	14 190	12 900	13 200
B	斤	720	900	10	9	7 200	8 100	9 000	6 480
C	米	950	1 045	8	10	7 600	10 450	8 360	9 500
合计						26 800	32 740	30 260	29 180

将计算数据代入式(8.3)中,得到销售量总指数为:

$$I_q = \frac{\sum q_1 p_0}{\sum q_0 p_0} = \frac{30\,260}{26\,800} = 1.129\,1 = 121.91\%$$

即销售量总指数为112.91%,表明报告期与基期相比,该企业三种商品的销售量平均上涨了12.91%。公式中的分子与分母之差为:

$$\sum p_0 q_1 - \sum p_0 q_0 = 30\,260 - 26\,800 = 3\,460(元)$$

说明由于销售量平均增长而使销售额增加了3 460元。

将计算数据代入式(8.4)中,得到价格总指数为:

$$I_p = \frac{\sum p_1 q_0}{\sum p_0 q_0} = \frac{29\,180}{26\,800} = 1.088\,8 = 108.88\%$$

即价格总指数为108.88%,表明报告期与基期相比,该企业三种商品的价格平均上涨了8.88%。公式中的分子与分母之差为:

$$\sum p_1 q_0 - \sum p_0 q_0 = 29\,180 - 26\,800 = 2\,380(元)$$

说明由于价格平均增长而使销售额增加了2 380元。

2. 报告期加权综合法

报告期加权综合法是指计算一组项目的综合指数时,把作为同度量因素的变量值固定在报告期来计算总指数。1874年德国学者帕煦(Paasche)曾提出用报告期物量加权来计算物价指数,这一指数被称为帕氏指数,或简称为P氏指数。这一加权的方法也被推广到其他指数的计算。由此可得帕氏物量指数和质量指数的一般计算公式:

$$I_q = \frac{\sum q_1 p_1}{\sum q_0 p_1} \tag{8.5}$$

$$I_p = \frac{\sum p_1 q_1}{\sum p_0 q_1} \tag{8.6}$$

【例8.4】 根据表8-1的资料,采用帕氏综合指数法计算三种商品的销售量总指数和价格总指数。

解:将表8-4中的有关计算结果代入式(8.5)和(8.6)中,得到:

销售量总指数:

$$I_q = \frac{\sum q_1 p_1}{\sum q_0 p_1} = \frac{32\,740}{29\,180} = 1.122\,0 = 112.20\%$$

$$\sum q_1 p_1 - \sum q_0 p_1 = 32\,740 - 29\,180 = 3\,560(元)$$

计算结果表明,报告期与基期相比,该企业三种商品销售量平均上涨了12.20%。由于销售量平均增长而使销售额增加了3 560元。

价格总指数:

$$I_p = \frac{\sum p_1 q_1}{\sum p_0 q_1} = \frac{32\,740}{30\,260} = 1.082\,0 = 108.20\%$$

$$\sum p_1 q_1 - \sum p_0 q_1 = 32\,740 - 30\,260 = 2\,480(元)$$

计算结果表明,该企业三种商品销售价格平均上涨了 8.20%。由于价格平均上涨而使销售额增加了 2 480 元。

从上面的计算和分析中可以看到,编制总指数时采用拉氏指数法和帕氏指数法所得计算结果是有一定差别的,所表明的分析意义也不相同。以价格指数为例,拉氏价格指数是以基期商品销售量作为同度量因素,反映在基期销售数量与销售结构的条件下各种商品价格的综合变动的程度,其分子与分母的绝对差额表明按照基期的销售数量,因价格变动使得消费者在报告期比基期增加(或减少)支付的金额。而帕氏价格指数是以报告期商品销售量作为同度量因素,反映在报告期销售数量与销售结构的条件下各种商品价格的综合变动的程度,其分子与分母的绝对差额表明按报告期的销售数量,因价格变动使得消费者在报告期比基期增加(或减少)支付的金额。由此可见,拉氏指数与帕氏指数都可以反映价格水平的综合变动,但反映的基础及说明的意义是不同的,应用时应当注意两者的差异。

3. 交叉加权综合法

交叉加权综合法是指在指数的计算中,用拉氏权数和帕氏权数的平均值作为同度量因素。它是由英国统计学家马歇尔(Marshall)和埃奇沃斯(Edgeworth)共同设计的,故常将此种指数公式称为马埃公式。

如果采用交叉加权综合法,则物价指数公式和物量指数公式分别为:

$$I_p = \frac{\sum p_1 \frac{q_0+q_1}{2}}{\sum p_0 \frac{q_0+q_1}{2}} = \frac{\sum p_1 q_0 + \sum p_1 q_1}{\sum p_0 q_0 + \sum p_0 q_1} \tag{8.7}$$

$$I_q = \frac{\sum q_1 \frac{p_0+p_1}{2}}{\sum q_0 \frac{p_0+p_1}{2}} = \frac{\sum q_1 p_0 + \sum q_1 p_1}{\sum q_0 p_0 + \sum q_0 p_1} \tag{8.8}$$

【例 8.5】 根据表 8-1 的资料,采用交叉加权综合法计算三种商品的销售量总指数和价格总指数。

解:将表 8-4 中的有关计算结果代入公式(8.7)和公式(8.8)中,得到:

价格总指数:

$$I_p = \frac{\sum p_1 \frac{q_0+q_1}{2}}{\sum p_0 \frac{q_0+q_1}{2}} = \frac{30\ 960}{28\ 530} = 1.085\ 2 = 108.52\%$$

销售量总指数:

$$I_q = \frac{\sum q_1 \frac{p_0+p_1}{2}}{\sum q_0 \frac{p_0+p_1}{2}} = \frac{31\ 500}{27\ 990} = 1.125\ 4 = 112.54\%$$

马埃公式的着眼点放在同度量因素的改良上。因为从经济学的观点来看,对于一般的商品而言,依据最小牺牲和最大报酬的原则,人们总是对于涨价的物品买得比以前少,对于跌价的物品买得比以前多。但是,拉氏物价指数的分子 $\sum p_0 q_0$ 违背了精打细算的原则,因此用拉氏公式计算的指数比实际情况偏高。与之相反,帕氏物价指数的分母 $\sum p_0 q_1$ 对于跌价多买的数量仍按较高的价格计算,分母数值偏大,因此,用帕氏公式计算的指数比实际情况偏低,所以,为了纠正上述偏误,折中办法之一是用基期与报告期数量的平均数作为同度量因素。用马埃公式计算的指数数值介于拉氏指数和帕氏指数之间。由于该方法所用权数纯属主观假定,所以,这个指数不论分子或分母都脱离了现实的经济意义。但当作为权数的报告期水平与基期水平差别较大时,从权数的平均代表性考虑,可以使用该方法求总指数。

4. 固定加权综合法

所谓固定加权综合法,即将同度量因素固定在某一特定时期的水平上,来编制总指数的一种方法。此观点是由英国学者扬格(Young)首先提出的,故常称此种指数为扬格公式。

如果采用固定加权综合法,则物价指数公式和物量指数公式分别为:

$$I_p = \frac{\sum p_1 q_n}{\sum p_0 q_n} \tag{8.9}$$

$$I_q = \frac{\sum q_1 p_n}{\sum q_0 p_n} \tag{8.10}$$

利用扬格公式计算指数的着眼点在于,以正常年份的物量结构或一定时期的价格水平作为编制物价指数或物量指数的权数,权数不因对比基期的改变而改变,权数一经选定多年不变,这便于观察现象长期发展变化趋势。在指数数列中可以利用环比指数连乘积等于定基指数这一关系方便地进行不同年份的指数的相互换算,不过,利用扬格公式计算指数,所使用的权数每隔一定时期必须加以调整,否则将会导致指数产生偏差。通常以5年,最长不超过10年更换一次权数为宜。

在我国,不变指数被广泛应用于编制工农业产品产量指数、商品销售量总指数中,不变价的使用期为 $5 \sim 10$ 年。新中国成立以来我国曾经使用1950年、1952年、1970年、1980年、1990年的不变价,现在正在执行2 000年不变价。

5. 几何平均综合法

这种方法是将拉氏指数和帕氏指数求几何平均数,以此作为计算指数的公式。美国统计学家费希尔(J. Fisher)认为,拉氏指数和帕氏指数存在的偏差属于方向相反而数值相等,在这种情况下,消除偏差最适用的方法是对两种指数求几何平均。他根据自己提出的测验标准认为,两种指数几何平均堪称理想公式。这个公式也称为费希尔理想公式。其物价指数和物量指数公式分别为:

$$I_p = \sqrt{\frac{\sum p_1 q_0}{\sum p_0 q_0} \times \frac{\sum p_1 q_1}{\sum p_0 q_1}} \tag{8.11}$$

$$I_q = \sqrt{\frac{\sum p_0 q_1}{\sum p_0 q_0} \times \frac{\sum p_1 q_1}{\sum p_1 q_0}} \tag{8.12}$$

【例 8.6】 根据表 8-1 的资料,采用几何平均综合法计算三种商品的销售量总指数和价格总指数。

$$I_p = \sqrt{\frac{\sum p_1 q_0}{\sum p_0 q_0} \times \frac{\sum p_1 q_1}{\sum p_0 q_1}} = \sqrt{\frac{29\ 180}{26\ 800} \times \frac{32\ 740}{30\ 260}} = 1.085\ 4 = 108.54\%$$

$$I_q = \sqrt{\frac{\sum p_0 q_1}{\sum p_0 q_0} \times \frac{\sum p_1 q_1}{\sum p_1 q_0}} = \sqrt{\frac{30\,260}{26\,800} \times \frac{32\,740}{29\,180}} = 1.125\,5 = 112.55\%$$

上述公式之所以被费希尔称为"理想公式",是因为它能够满足他提出的对指数公式检测的一些重要要求,这个方法在国际对比中得到应用,例如,不同国家人均国民生产总值就是借用"理想公式"并运用货币购买力平价指数计算的,又如联合国编制的地域差别生活费指数,也采用了"理想公式"。

6. 计划指标加权综合法

在编制成本完成计划指标时,为避免实际产品构成与计划产品构成不同的影响,防止采用靠改变产品品种计划来达到完成成本计划任务的不良做法,通常选择计划产量作为同度量因素,其公式为:

$$I_z = \frac{\sum Z_1 q_n}{\sum Z_n q_n}$$

式中:Z_1 和 Z_n 分别表示实际单位成本和计划单位成本;q_n 为计划产品产量。

【例8.7】 已知某制造业企业共制造了甲、乙、丙、丁四种产品,其单位成本计划完成情况如表8-5所示,试计算该企业全部产品的成本计划完成指数。

表8-5 成本计划完成指数计算表

品名	单位成本		产量	
	计划(Z_n)	实际(Z_1)	计划(q_n)	实际(q_1)
甲	8	10	100	90
乙	15	20	150	120
丙	20	15	60	80
丁	25	20	90	110

解:该企业全部制造业企业产品的成本计划完成指数为:

$$I_z = \frac{\sum Z_1 q_n}{\sum Z_n q_n} = \frac{10 \times 100 + 20 \times 150 + 15 \times 60 + 20 \times 90}{8 \times 100 + 15 \times 150 + 20 \times 60 + 25 \times 90} = \frac{6\,700}{6\,500} = 103.08\%$$

计算结果表明,该企业没能按照计划要求完成成本降低任务,较原定计划要求尚差3.08%。如果该例中不用计划产量作为同度量因素,而是简单地套用综合指数的一般编制原则,按照编制质量指数时选择报告期的数量指标(本例为实际产量)作为同度量因素的原则,则成本计划完成指数为:

$$I_z = \frac{\sum Z_1 q_1}{\sum Z_n q_1} = \frac{10 \times 90 + 20 \times 120 + 15 \times 80 + 20 \times 110}{8 \times 90 + 15 \times 120 + 20 \times 80 + 25 \times 110} = \frac{6\,700}{6\,870} = 97.53\%$$

似乎比计划降低了2.47%,超额完成了成本计划完成任务,但这是在实际品种构成背离计划要求的情况下实现的,因此,为了计划的严肃性,严格保持计划生产的要求,在检查成本降低任务完成程度时,必须用计划产量作为同度量因素来编制成本计划完成指数。

(三)加权平均指数的编制

运用加权综合指数公式求总指数,大都需要计算虚拟的价值量指标,即 $\sum p_0 q_1$ 或

$\sum p_1q_0$。当所研究的总体范围很大,包括的商品项目很多时,要取得这样的虚拟的价值量指标是十分困难的,即使能够取得这些全面资料,其工作量也相当大。因此在实际应用中,编制总指数往往采用另一种形式——加权平均指数。

加权平均指数是以某一时期的价值量为权数,对个体指数加权平均计算出来的总指数。其中,作为权数的总量,通常是两个变量的乘积,它可以是价值总量,如商品销售额(销售价格与销售量的乘积)、工业总产值(出厂价格与生产量的乘积),而其中的个体指数可以是个体质量指标指数,也可以是物量指数。加权平均指数因权数所属时期的不同,基本上分为以基期总量加权的平均指数、以报告期总量加权的平均指数以及固定权数的加权平均指数三种形式。

1. 以基期总量加权的平均指数

以基期总量加权的平均指数,是以基期总量为权数,对个体指数加权平均计算出来的指数。由于这一指数在计算形式上采用了算术平均形式,故亦可称为加权算术平均指数。加权算术平均指数通常用于计算物量指数,也可用于计算价格指数。物量指数和价格指数的计算公式分别为:

$$I_q = \frac{\sum \frac{q_1}{q_0} p_0 q_0}{\sum p_0 q_0} \tag{8.13}$$

$$I_p = \frac{\sum \frac{p_1}{p_0} p_0 q_0}{\sum p_0 q_0} \tag{8.14}$$

式中:$p_0 q_0$ 表示基期总量权数;$\frac{q_1}{q_0}$ 表示个体物量指数;$\frac{p_1}{p_0}$ 表示个体价格指数。

【例8.8】 根据表8-1的资料,按照基期销售额为权数,计算三种商品的销售量总指数与价格总指数。

表8-6 某企业三种商品的销售资料

商品	计量单位	销售量个体指数 q_1/q_0	价格个体指数 p_1/p_0	销售额(元) 基期($p_0 q_0$)	报告期($p_1 q_1$)
A	件	1.075	1.1	12 000	14 190
B	斤	1.25	0.9	7 200	8 100
C	米	1.1	1.25	7 600	10 450
合计		—	—	26 800	32 740

解:根据公式(8.13)和公式(8.14)得三种商品的销售量总指数和价格总指数为:

$$I_q = \frac{\sum \frac{q_1}{q_0} p_0 q_0}{\sum p_0 q_0} = \frac{1.075 \times 12\,000 + 1.25 \times 7\,200 + 1.1 \times 7\,600}{12\,000 + 7\,200 + 7\,600} = \frac{30\,260}{26\,800} = 112.91\%$$

$$I_p = \frac{\sum \frac{p_1}{p_0} p_0 q_0}{\sum p_0 q_0} = \frac{1.1 \times 12\,000 + 0.9 \times 7\,200 + 1.25 \times 7\,600}{12\,000 + 7\,200 + 7\,600} = \frac{29\,180}{26\,800} = 108.88\%$$

计算结果表明,报告期与基期相比,该企业三种商品的销售量平均提高了 12.91%,三种商品的价格提高了 8.88%。与前面(例 8.3)按拉氏综合指数方法计算的结果相同。

2. 以报告期总量加权的平均指数

以报告期总量加权的平均指数,是以报告期总量为权数对个体指数加权平均计算出来的指数。由于这一指数在计算形式上采用了调和平均形式,故亦可称为加权调和平均指数。加权调和平均指数通常用于计算物价指数等质量指标指数。价格指数和物量指数的计算公式分别为:

$$I_p = \frac{\sum p_1 q_1}{\sum \frac{1}{p_1/p_0} p_1 q_1} \tag{8.15}$$

$$I_q = \frac{\sum p_1 q_1}{\sum \frac{1}{q_1/q_0} p_1 q_1} \tag{8.16}$$

式中:报告期总量权数为 $p_1 q_1$,个体质量指标权数为 p_1/p_0,个体物量指数为 q_1/q_0。

【例 8.9】 根据表 8-6 中的有关数据,用报告期销售额为权数,计算三种商品的销售量总指数与价格总指数。

解:根据公式(8.15)和公式(8.16)得三种商品的价格总指数和销售量总指数为:

$$I_p = \frac{\sum p_1 q_1}{\sum \frac{1}{p_1/p_0} p_1 q_1} = \frac{14\,190 + 8\,100 + 10\,450}{\frac{14\,190}{1.1} + \frac{8\,100}{0.9} + \frac{10\,450}{1.25}} = \frac{32\,740}{30\,260} = 108.20\%$$

$$I_q = \frac{\sum p_1 q_1}{\sum \frac{1}{q_1/q_0} p_1 q_1} = \frac{14\,190 + 8\,100 + 10\,450}{\frac{14\,190}{1.075} + \frac{8\,100}{1.25} + \frac{10\,450}{1.1}} = \frac{32\,740}{29\,180} = 112.20\%$$

计算结果表明,报告期与基期相比,三种商品的销售价格平均上涨了 8.20%,三种商品的销售量平均提高了 12.20%,与前述(例 8.4)按帕氏综合指数计算的结果相同。从上述计算公式及计算结果不难看出,加权平均指数公式可以演化成加权综合指数形式。在资料相同的情况下,以基期总量为权数的加权算术平均指数与拉氏综合指数是一致的;而以报告期总量为权数的加权调和平均指数同帕氏综合指数也是一致的。

$$I_q = \frac{\sum \frac{q_1}{q_0} p_0 q_0}{\sum p_0 q_0} = \frac{\sum q_1 p_0}{\sum q_0 p_0}; \qquad I_p = \frac{\sum \frac{p_1}{p_0} p_0 q_0}{\sum p_0 q_0} = \frac{\sum p_1 q_0}{\sum p_0 q_0}$$

$$I_q = \frac{\sum p_1 q_1}{\sum \frac{1}{q_1/q_0} p_1 q_1} = \frac{\sum q_1 p_1}{\sum q_0 p_1}; \qquad I_p = \frac{\sum p_1 q_1}{\sum \frac{1}{p_1/p_0} p_1 q_1} = \frac{\sum p_1 q_1}{\sum p_0 q_1}$$

因此,在一定权数条件下,加权平均指数实际上是加权综合指数的一种变形应用。加权平均指数和加权综合指数都属于总指数,但二者所依据的计算资料是不同的。加权综合指数的计算通常需要掌握全面的资料,实际编制中往往具有一定的困难,而加权平均指数则既可以依据全面的资料来编制,也可以依据非全面的资料来编制,因此,加权平均指数在实际中应用更为广泛。尽管平均指数有许多优点,但也不能完全取代综合指数的应用,因为综合指数的分子与分母的差额具有一定的经济内容,即说明由于价格或数量变动而带来的价值总量的增减量,而当采用非全面的统计资料计算平均指数时,分子与分母之差却不具有价值总量增减的经济内容。

3. 固定权数的加权平均指数

所谓固定权数，就是用某一时期经过调整后的数字作为不变权数，连续使用几年，这种权数多采用比重形式，其计算公式为：

$$I = \frac{\sum iW}{\sum W} \qquad I = \frac{\sum W}{\sum \frac{1}{i}W}$$

式中：i 表示个体指数或类指数；W 表示权数。

用固定权数计算的加权平均指数，是总指数的一种独立的计算方式，这种指数与综合指数不存在变形的关系。固定权数加权算术平均指数应用比较多，例如，我国的商品零售价格指数就是采用固定权数加权的算术平均形式计算的，其权数每年根据住户调查资料作相应的调整。固定权数加权调和平均指数在实践中应用较少。

第三节　指数体系与因素分析

一、指数体系

(一) 指数体系概念

经济分析中，一个指数通常只能说明某一方面的问题，而实践中往往需要将多个指数结合起来加以运用，这就要求建立相应的指数体系。

指数体系可以有两种不同的含义。广义的指数体系类似于指标体系的概念，是指由若干个内容上相互关联的统计指数所结成的体系。根据考察问题的需要，构成这种体系的指数可多可少。例如：工业品批发价格（或出厂价格）指数、农产品收购价格指数、消费品零售价格指数等构成了市场物价指数体系。

狭义的指数体系仅指由三个或三个以上在性质上相互联系、数量上存在一定依存关系的指数所构成的指数体系。社会经济现象所存在的客观联系在统计中可通过相应的指标体系表现出来。例如：

总产值＝产品产量×价格
总成本＝产品产量×单位成本
销售额＝销售量×价格

从上面的三个关系式我们可以看到，现象的总体可以分解为一个数量因素和一个质量因素。而现象总体的变化可以归结为数量因素和质量因素共同作用的结果。上述指标体系按指数形式表现时，乘积关系仍然成立。即

总产值指数＝产品产量指数×价格指数
总成本指数＝产品产量指数×单位成本指数
销售额指数＝销售量指数×价格指数

利用指数体系可以从数量方面研究分析社会经济现象总体变动中的各个因素变动的影响程度和绝对额，即进行因素分析；也可以利用指数之间的联系进行必要的推算。

(二) 指数体系与因素分析

利用指数体系进行因素分析,主要分析如下两方面的问题:

(1) 分析现象总体总量指标的变动受各种因素变动的影响程度。这是利用综合指数体系,从数量指标指数和质量指标指数的相互联系中,分析各个因素的变动影响关系。例如,编制多种产量的销售量指数和价格指数,分析销售量和价格的变动对销售总额变动的影响。

(2) 分析社会经济现象总体平均指标变动受各种因素变动的影响程度。这种分析是通过平均指标指数体系来进行的。

二、总量指标变动的因素分析

(一) 两因素分析

如果现象总体的某种总量指标的变动只受两个相关因素变动的影响,或只需要分解为两个影响因素,则可进行两因素分析。例如,商品销售额是总量指标,它包含价格和销售量两个因素。对销售额的变动进行因素分析就是要测定价格、销售量这两个因素各自对销售额变动的影响程度和影响的绝对量。因此,在测定其中一个因素的影响时,要将另一个因素固定住,即另一个因素应保持不变,并且还要保证指数体系数学关系的成立。

根据同度量因素所固定的时期不同产生了两套指数体系:

1. 销售量指数的权数固定在基期,价格指数的权数固定在报告期,其指数体系为:

$$\frac{\sum p_1 q_1}{\sum p_0 q_0} = \frac{\sum p_0 q_1}{\sum p_0 q_0} \times \frac{\sum p_1 q_1}{\sum p_0 q_1}$$

销售额变动的绝对量则具有如下关系:

$$\sum p_1 q_1 - \sum p_0 q_0 = \left(\sum p_0 q_1 - \sum p_0 q_0\right) + \left(\sum p_1 q_1 - \sum p_0 q_1\right)$$

2. 销售量指数的权数固定在报告期,价格指数的权数固定在基期,其指数体系为:

$$\frac{\sum p_1 q_1}{\sum p_0 q_0} = \frac{\sum p_1 q_1}{\sum p_1 q_0} \times \frac{\sum p_1 q_0}{\sum p_0 q_0}$$

销售额变动的绝对量则具有如下关系:

$$\sum p_1 q_1 - \sum p_0 q_0 = \left(\sum p_1 q_1 - \sum p_1 q_0\right) + \left(\sum p_1 q_0 - \sum p_0 q_0\right)$$

【例 8.10】 某百货公司三种商品的销售价格和销售量资料如表 8-7 所示:

表 8-7 三种商品销售资料

商品名称	计量单位	价格(元)		销售量	
		基期	报告期	基期	报告期
甲	套	1 800	1 200	40	80
乙	盒	2 000	3 000	50	30
丙	件	1 500	1 600	80	100

解:(1) 销售额变动

$$\frac{\sum p_1 q_1}{\sum p_0 q_0} = \frac{346\,000}{292\,000} \approx 118.49\%$$

$$\sum p_1q_1 - \sum p_0q_0 = 346\,000 - 292\,000 = 54\,000(元)$$

表明三种商品的销售额报告期比基期增长了 18.49%，销售额在绝对量上增加了 54 000元。

(2) 价格变动

$$\frac{\sum p_1q_1}{\sum p_0q_1} = \frac{346\,000}{354\,000} = 97.74\%$$

$$\sum p_1q_1 - \sum p_0q_1 = 346\,000 - 354\,000 = -8\,000(元)$$

表明三种商品在销售量不变（同度量因素固定在报告期）的前提下，其价格报告期比基期下降了 2.26%，从而导致了销售额降低了 8 000元。

(3) 销售量变动

$$\frac{\sum p_0q_1}{\sum p_0q_0} = \frac{354\,000}{292\,000} = 121.23\%$$

$$\sum p_0q_1 - \sum p_0q_0 = 354\,000 - 292\,000 = 62\,000(元)$$

表明三种商品在价格不变（同度量因素固定在基期）的前提下，其销售量报告期比基期上升了 21.23%，从而导致销售额增加了 62 000元。

(4) 从指数体系上反映

在相对量上：

$$97.74\% \times 121.23\% = 118.49\%$$

在绝对量上：

$$62\,000 - 8\,000 = 54\,000(元)$$

由此可见，由于商品价格下降了 2.26%，使销售额降低了 8 000元；又由于销售数量上升了 21.23%，使销售额增加了 62 000元。两者共同影响，三种商品的销售额增长了 18.49%，销售额增加了 54 000元。

(二) 多因素分析

当一个总量指标指数可以表示为三个或三个以上因素指数的连乘积时，同样可以利用指数体系分析各因素变动对总量指标变动的影响，这种分析就是总量中指标的多因素分析。总量指标多因素分析与总量指标两因素分析的基本原理是一样的，当对其中一个因素进行影响变动分析时，则要将其他因素固定不变，分析的顺序要和经济关系式中的顺序一样。进行多因素的分析，对于同度量因素的时间固定，遵循的原则是：分析第一个因素的影响时，没有分析过的因素作为同度量因素固定在基期；分析第二个因素的影响时，已经分析过的因素固定在报告期，没有分析过的因素固定在基期，以此类推。

以原材料消耗总额的指数体系为例做多因素分析。

相对数分析：

$$\frac{\sum q_1m_1p_1}{\sum q_0m_0p_0} = \frac{\sum q_1m_0p_0}{\sum q_0m_0p_0} \times \frac{\sum q_1m_1p_0}{\sum q_1m_0p_0} \times \frac{\sum q_1m_1p_1}{\sum q_1m_1p_0}$$

表示产品产量、原材料消耗和原材料单价对原材料消耗总额的影响方向。

绝对数分析：

$$\sum q_1 m_1 p_1 - \sum q_0 m_0 p_0 = (\sum q_1 m_0 p_0 - \sum q_0 m_0 p_0) + (\sum q_1 m_1 p_0 - \sum q_1 m_0 p_0) + (\sum q_1 m_1 p_1 - \sum q_1 m_1 p_0)$$

表示产品产量、原材料消耗和原材料单价对原材料消耗总额的影响程度。

【例 8.11】 某工厂三种产品的产量、原材料单耗和原材料单价资料如表 8-8 所示：

表 8-8 三种产品消耗资料

产品名称	计量单位	产量		原材料单耗		原材料单价（元）	
		基期	报告期	基期	报告期	基期	报告期
A	台	100	120	80	60	200	250
B	件	150	140	100	70	300	500
C	个	200	250	120	150	500	400

解：（1）原材料消耗总额的变动

$$\frac{\sum q_1 m_1 p_1}{\sum q_0 m_0 p_0} = \frac{21\,700\,000}{18\,100\,000} \approx 119.89\%$$

$$\sum q_1 m_1 p_1 - \sum q_0 m_0 p_0 = 21\,700\,000 - 18\,100\,000 = 3\,600\,000(元)$$

表明三种产品的原材料消耗总额报告期比基期增长了 19.89%，消耗总额在绝对数上增加了 3 600 000 元。

（2）产量变动

$$\frac{\sum q_1 m_0 p_0}{\sum q_0 m_0 p_0} = \frac{21\,120\,000}{18\,100\,000} \approx 116.69\%$$

$$\sum q_1 m_0 p_0 - \sum q_0 m_0 p_0 = 21\,120\,000 - 18\,100\,000 = 3\,020\,000(元)$$

表明三种产品在原材料单耗和原材料单价不变（同度量因素固定在基期）的前提下，其产量报告期比基期上升了 16.69%，从而导致原材料消耗总额增加了 3 020 000 元。

（3）原材料单耗变动

$$\frac{\sum q_1 m_1 p_0}{\sum q_1 m_0 p_0} = \frac{23\,130\,000}{21\,120\,000} = 109.52\%$$

$$\sum q_1 m_1 p_0 - \sum q_1 m_0 p_0 = 23\,130\,000 - 21\,120\,000 = 2\,010\,000(元)$$

表明三种产品在产量不变（同度量因素固定在报告期）和原材料单价不变（同度量因素固定在基期）的前提下，其原材料单耗报告期比基期上升了 9.52%，从而导致原材料消耗总额增加了 2 010 000 元。

(4) 原材料单价变动

$$\frac{\sum q_1 m_1 p_1}{\sum q_1 m_1 p_0} = \frac{21\,700\,000}{23\,130\,000} = 93.82\%$$

$$\sum q_1 m_1 p_1 - \sum q_1 m_1 p_0 = 21\,700\,000 - 23\,130\,000 = -1\,430\,000(元)$$

表明三种产品在产量不变(同度量因素固定在报告期)和原材料单耗不变(同度量因素固定在报告期)的前提下,其原材料单价报告期比基期下降了6.18%,从而导致原材料消耗总额减少了1 430 000元。

(5) 从指数体系上反映

在相对数上:

$$116.69\% \times 109.52\% \times 93.82\% = 119.90\%$$

在绝对数上:

$$3\,020\,000 + 2\,010\,000 - 1\,430\,000 = 3\,600\,000(元)$$

由此可见,产品产量上升16.69%,使原材料消耗总额增加了3 020 000;原材料单耗上升了9.52%,使原材料消耗总额增加了2 010 000元;又由于原材料单价下降了6.18%,使原材料消耗总额减少了1 430 000元。三者共同影响,三种产品的原材料消耗总额增长了19.90%,原材料消耗总额增加了3 600 000元。

三、平均指标变动的因素分析

如果一个总量可以分解为两个因素相乘,那么我们可以使用指数体系的方法进行因素分析。同样地,对于平均指标,我们也可以来分析其变动情况,这是因为平均指标本身也能够分解为两个影响因素。因为在资料分组的条件下,平均指标的变动受两个因素的影响:一是受各组平均水平变动的影响,二是受各组单位数在总体中所占比重变动的影响。它们是可变构成指数、固定构成指数和结构影响指数。这样,我们可以运用指数因素分析方法来分析这两个因素变动对平均指标变动的影响方向和影响程度,即进行平均指标的两因素分析。

根据指数因素分析方法的要求,对于平均指标变动进行两因素分析,首先必须建立一个平均指标指数体系。其通用公式为:

可变构成指数 = 结构影响指数 × 固定构成指数

$$\frac{\sum \left[\frac{f_1}{\sum f_1}\right] x_1}{\sum \left[\frac{f_0}{\sum f_0}\right] x_0} = \frac{\sum \left[\frac{f_1}{\sum f_1}\right] x_0}{\sum \left[\frac{f_0}{\sum f_0}\right] x_0} \times \frac{\sum \left[\frac{f_1}{\sum f_1}\right] x_1}{\sum \left[\frac{f_1}{\sum f_1}\right] x_0}$$

$$\sum \left[\frac{f_1}{\sum f_1}\right] x_1 - \sum \left[\frac{f_0}{\sum f_0}\right] x_0 = \left\{\sum \left[\frac{f_1}{\sum f_1}\right] x_0 - \sum \left[\frac{f_0}{\sum f_0}\right] x_0\right\} + \left\{\sum \left[\frac{f_1}{\sum f_1}\right] x_1 - \sum \left[\frac{f_1}{\sum f_1}\right] x_0\right\}$$

其中,f 为计算权数;x 为平均指标。

【例 8.12】 某企业工人工资和人数资料如表 8-9 所示：

表 8-9 平均指标因素分析计算表

工人组别	平均工资(元)		工人人数		各组人数所占比重(%)		工资总额(元)		
	基期	报告期	基期	报告期	基期	报告期	基期	报告期	虚拟
	x_0	x_1	f_0	f_1	$\dfrac{f_0}{\sum f_0}$	$\dfrac{f_1}{\sum f_1}$	$x_0 f_0$	$x_1 f_1$	$x_0 f_1$
技术工人	400	450	330	350	44	45	132 000	157 500	140 000
普通工人	280	310	420	430	56	55	117 600	133 300	120 400
合计	680	760	750	780	100	100	249 600	290 800	260 400

可变构成指数：

$$\frac{\sum \left(\dfrac{f_1}{\sum f_1}\right) x_1}{\sum \left(\dfrac{f_0}{\sum f_0}\right) x_0} = \frac{373}{332.8} = 112.08\%$$

$$\sum \left(\frac{f_1}{\sum f_1}\right) x_1 - \sum \left(\frac{f_0}{\sum f_0}\right) x_0 = 373 - 332.8 = 40.2(元)$$

结构影响指数：

$$\frac{\sum \left(\dfrac{f_1}{\sum f_1}\right) x_0}{\sum \left(\dfrac{f_0}{\sum f_0}\right) x_0} = \frac{334}{332.8} = 100.36\%$$

$$\sum \left(\frac{f_1}{\sum f_1}\right) x_0 - \sum \left(\frac{f_0}{\sum f_0}\right) x_0 = 334 - 332.8 = 1.2(元)$$

固定构成指数：

$$\frac{\sum \left(\dfrac{f_1}{\sum f_1}\right) x_1}{\sum \left(\dfrac{f_1}{\sum f_1}\right) x_0} = \frac{373}{334} = 111.68\%$$

$$\sum \left(\frac{f_1}{\sum f_1}\right) x_1 - \sum \left(\frac{f_1}{\sum f_1}\right) x_0 = 373 - 334 = 39(元)$$

$$112.08\% = 100.36\% \times 111.68\%$$
$$40.2 元 = 1.2 元 + 39 元$$

上述计算结果表明,该企业工人的总平均工资水平上升了 12.08%,绝对额增加了 40.2 元,其中由于各组工人所占比重的变化而使总平均工资水平提高了 0.36%,共增加了 1.2 元,由于该企业各组工人工资水平提高而使总平均工资水平上升了 11.68%,使绝对额增加了 39 元。

本章内容导图

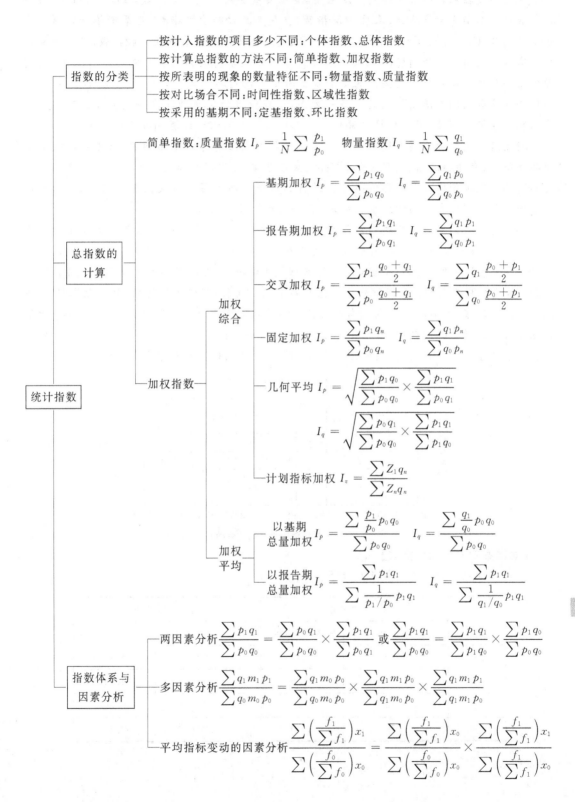

思政案例实务：统计指数的应用——消费价格指数

统计指数在社会经济领域内广泛应用，其中最重要的就是价格指数，目前常用的几种价格指数包括消费者价格指数、零售物价指数、农副产品收购价格指数、股票价格指数等。消费价格指数（Customer Price Index）简称CPI，是世界各国普遍编制的一种指数，是一个反映居民家庭一般所购买的消费品和服务项目价格水平变动情况的宏观经济指标。一方面，消费价格指数可以反映货币购买力的变动以及价格变动对职工实际工资的影响，因此CPI的高低与人民群众的生活密切相关。另一方面，消费价格指数变动率在一定程度上反映了通货膨胀或紧缩的程度，因此CPI的高低直接影响着国家的宏观经济调控措施的出台与力度。

我国居民消费价格指数编制涵盖全国城乡居民生活消费的食品烟酒、衣着、居住、生活用品及服务、交通和通信、教育文化和娱乐、医疗保健、其他用品和服务8大类、262个基本分类的商品与服务价格。对各类价格指数进行加权平均即可得到居民消费价格指数，权数原则上根据居民消费支出的构成资料确定，且每两年修正一次。

物价稳定是国家进行宏观经济调控的重要目标之一，而消费价格指数是反映物价水平的重要指标，改革开放以来我国出现了两次严重的通货膨胀（如下图所示），即1988年至1989年和1993年至1995年，居民消费价格指数变动率在1994年达到历史最高的24.1%。1996年，我国有效地抑制了通货膨胀并保持经济稳定增长，实现了经济的"软着陆"，1997年我国经济出现了"低通胀（1.8%）、高增长（8.8%）"的良好局面。2000年以来的20年中通货膨胀率虽有波动但幅度较小，特别是2012年以来始终保持在1.5%～3%的理想水平。物价的稳定有利于经济平稳运行、促进经济发展，有利于扩大内需，有利于人民生活稳定。

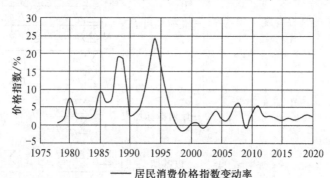

—— 居民消费价格指数变动率

【思政案例一 综合指数】

某县几种水果的价格调整前后如下：

	调整前（基期）		调整后（报告期）	
	价格（元/500克）	销售量（万担）	价格（元/500克）	销售量（万担）
苹果	0.80	5.10	1.00	5.20
香蕉	1.00	4.60	1.35	4.61
桃	0.60	3.78	0.76	3.80
西瓜	1.50	2.90	1.80	3.10

计算:(1) 各水果价格和销售量的个体指数;

(2) 四种水果价格和销售量的总指数;

(3) 由于水果价格变动使该县居民支出变动金额。

1. 计算各个 p0 * q0 并求和:在 F3 中输入公式"=B3*C3",并用鼠标填充柄将公式复制到 F4:F6 中。选定 F3:F6 区域,单击工具栏上的"∑"按钮,在 F7 出现该列的求和值。

2. 计算各个 p1 * q1 并求和:在 G3 中输入公式"=D3*E3",并用鼠标填充柄将公式复制到 G4:G6 中。选定 G3:G6 区域,单击工具栏上的"∑"按钮,在 G7 出现该列的求和值。

3. 计算各个 p0 * q1 并求和:在 H3 中输入公式"=B3*E3",并用鼠标填充柄将公式复制到 H4:H6 中。选定 H3:H6 区域,单击工具栏上的"∑"按钮,在 H7 出现该列的求和值。

4. 计算各个 p1 * q0 并求和:在 I3 中输入公式"=D3*C3",并用鼠标填充柄将公式复制到 I4:I6 中。选定 I3:I6 区域,单击工具栏上的"∑"按钮,在 I7 出现该列的求和值。

5. 计算各种商品零售价个体指标:在 J3 中输入公式"=D3/B3*100",并用鼠标填充柄将公式复制到 J4:J6 中。

6. 计算各种商品销售量的个体指数:在 K3 中输入公式"=E3/C3*100",并用鼠标填充柄将公式复制到 K4:K6 中。

7. 计算价格总指数:

以基期销售量为同度量因素:在 D8 中输入公式"=I7/F7*100"即可得到。

以报告期销售量为同度量因素:在 D9 中输入公式"=G7/H7*100"即可得到。

8. 计算销售量总指数:

以基期价格为同度量因素:在 D10 中输入公式"=H7/F7*100"即可得到。

以报告期价格为同度量因素:在 D11 中输入公式"=G7/I7*100"即可得到。

9. 计算由于价格变动使居民支出变动的金额:

以基期销售量为同度量因素:在 I9 中输入公式"=I7−F7"即可得到。

以报告期销售量为同度量因素:在 I11 中输入公式"=G7−H7"即可得到。

	A	B	C	D	E	F	G	H	I	J	K
1		调整前(基期)		调整后(报告期)		p0*q0	p1*q1	p0*q1	p1*q0	零售价个体指数	销售量个体指数
2		价格(元/500克)p0	销售量(万担)q0	价格(元/500克)p1	销售量(万担)q1						
3	苹果	0.8	5.1	1	5.2	4.08	5.20	4.16	5.10	125.00	101.96
4	香蕉	1	4.6	1.35	4.61	4.60	6.22	4.61	6.21	135.00	100.22
5	桃	0.6	3.78	0.76	3.8	2.27	2.89	2.28	2.87	126.67	100.53
6	西瓜	1.5	2.9	1.6	3.1	4.35	5.58	4.65	4.64	120.00	106.90
7	求和					15.30	19.89	15.70	19.40		
8	价格总指数(以基期销售量为同度量因素)			126.83		由于价格变动使居民增加支出金额					
9	价格总指数(以报告期销售量为同度量因素)			126.70		(以基期销售量为同度量因素)			4.10		
10	销售量总指数(以基期价格为同度量因素)			102.63		由于价格变动使居民增加支出金额					
11	销售量总指数(以报告期价格为同度量因素)			102.52		(以报告期销售量为同度量因素)			4.19		

【思政案例二　平均数指数】

某地区 2020—2021 年三种商品销售资料如下:

	2020 年(基期)		2021 年(报告期)	
	价格(元/担)	销售额(万元)	价格(元/担)	销售额(万元)
蔬菜	90	250	96	300
水果	110	360	120	420
粮食	80	100	96	150

计算三种商品价格指数,说明该地区2021年较之2020年商品价格的提高程度,以及由于价格提高使销售额增加的金额。

1. 计算 $\sum p_1q_1$:选定 E3:E5 区域,单击工具栏上的"$\sum$"按钮,在 E6 中出现该列的求和值

2. 计算价格个体指数 kp:在 F3 中输入公式"=D3/B3",并用鼠标填充柄将公式复制到 F4:F5 中。

3. 计算 p1*q1/kp 并求和:在 G3 中输入公式"=E3/F3",并用鼠标填充柄将公式复制到 G4:G5 中,选定 G3:G5 区域,单击工具栏上的"$\sum$"按钮,在 G6 中出现该列的求和值。

4. 计算价格指数 kp:在 C7 中输入公式"=E6/G6*100"即可得到。

5. 计算由于价格提高使销售额增加的金额(万元):在 G7 中输入公式"=E6-G6"即可得到。

	A	B	C	D	E	F	G
1		2020年(基期)		2021年(报告期)			
2		价格(元/担) p0	销售额(万元) p0q0	价格(元/担) p1	销售额(万元) p1q1	kp=p1/p0	p1*q1/kp =p0q1
3	蔬菜	90	250	96	300	1.07	281.25
4	水果	110	360	120	420	1.09	385.00
5	粮食	80	100	96	150	1.20	125.00
6	求和				870		791.25
7	价格指数(%)		109.95	由于价格提高使销售额增加的金额(万元)			78.75

思政案例三 消费价格指数的计算

现有某市去年的居民消费价格指数的数据资料,如下:

名称	平均价格(元)		权数	个体指数%
	基期	报告期		(比上年同期)
居民消费价格总指数	—	—	1 000	
一、食品	—	—	455	
1. 粮食	—	—	84	
(1) 细粮	—	—	985	
大米	2.645	2.505	747	
面粉	2.658	2.733	34	
糯米	3.143	3.283	14	
挂面	4.419	4.855	205	
(2) 粗粮	—	—	15	
玉米面	6.000	5.550	500	
小米	4.261	3.648	500	
2. 淀粉及薯类	—	—	4	111.0
3. 干豆类及豆制品	—	—	35	98.5
4. 油脂类	—	—	23	114.9

续表

名称	平均价格(元)		权数	个体指数%
	基期	报告期		(比上年同期)
5. 肉禽及其制品	—	—	195	97.6
6. 蛋类	—	—	18	98.6
7. 水产品	—	—	150	96.0
8. 菜	—	—	101	102.9
9. 调味品	—	—	10	96.8
10. 糖	—	—	12	99.4
11. 茶及饮料	—	—	62	96.9
12. 干鲜瓜果	—	—	73	120.6
13. 糕点饼干面包	—	—	53	102.2
14. 奶及奶制品	—	—	31	100.2
15. 在外用膳食品	—	—	125	99.7
16. 其他食品及食品加工服务	—	—	24	97.6
二、烟酒及用品	—	—	68	100.4
三、衣着	—	—	116	101.1
四、家庭设备用品及服务	—	—	71	96.6
五、医疗保健及个人用品	—	—	66	97.5
六、交通和通信	—	—	75	99.4
七、娱乐教育文化用品及服务	—	—	87	101.3
八、居住	—	—	62	102.5

计算:(1) 计算表格中各种粮食的个体价格指数。

(2) 计算细粮小类和粗粮小类的价格指数。

(3) 计算粮食中类的价格指数。

(4) 计算食品大类的价格指数。

(5) 计算居民消费价格总指数。

1. 将数据输入 Excel 中,在 E6 单元格输入"＝C6/B6*100",并用鼠标填充柄将公式复制到 E7:E9 中;在 E11 单元格输入"＝C11/B11*100",并用鼠标填充柄将公式复制到 E12 中,得到各种粮食的个体指数。

2. Excel 中 SUMPRODUCT 函数会把两个(或多个)数组对应的元素相乘并求和,常用来计算加权平均数。在 E5 单元格输入"＝SUMPRODUCT(D6:D9,E6:E9)/1000",得到细粮小类的价格指数;在 E10 单元格输入"＝SUMPRODUCT(D11:D12,E11:E12)/1000",得到粗粮小类的价格指数。

	A	B	C	D	E
1	名称	基期	报告期	权数	个体指数
2	居民消费价格总指数	—	—	1000	100.28
3	一、食品	—	—	455	100.67
4	1. 粮食	—	—	84	98.09
5	（1）细粮	—	—	985	98.23
6	大米	2.645	2.505	747	94.71
7	面粉	2.658	2.733	34	102.82
8	糯米	3.143	3.283	14	104.45
9	挂面	4.419	4.855	205	109.87
10	（2）粗粮	—	—	15	89.06
11	玉米面	6	5.55	500	92.50
12	小米	4.261	3.648	500	85.61
13	2. 淀粉及薯类	—	—	4	111
14	3. 干豆类及豆制品	—	—	35	98.5
15	4. 油脂类	—	—	23	114.9
16	5. 肉禽及其制品	—	—	195	97.6
17	6. 蛋类	—	—	18	98.6
18	7. 水产品	—	—	150	96
19	8. 菜	—	—	101	102.9
20	9. 调味品	—	—	10	96.8
21	10. 糖	—	—	12	99.4
22	11. 茶及饮料	—	—	62	96.9
23	12. 干鲜瓜果	—	—	73	120.6
24	13. 糕点饼干面包	—	—	53	102.2
25	14. 奶及奶制品	—	—	31	100.2
26	15. 在外用膳食品	—	—	125	99.7
27	16. 其它食品及食品加工服务	—	—	24	97.6
28	二、烟酒及用品	—	—	68	100.4
29	三、衣着	—	—	116	101.1
30	四、家庭设备用品及服务	—	—	71	96.6
31	五、医疗保健及个人用品	—	—	66	97.5
32	六、交通和通信	—	—	75	99.4
33	七、娱乐教育文化用品及服务	—	—	87	101.3
34	八、居住	—	—	62	102.5
35					
36					

3. 在 E4 单元格输入"=(SUMPRODUCT(D5,E5)+SUMPRODUCT(D10,E10))/1000",得到粮食中类的价格指数。

4. 在 E3 单元格输入"=(SUMPRODUCT(D4,E4)+SUMPRODUCT(D13:D27,E13:E27))/1000",得到食品大类的价格指数。

5. 在 E2 单元格输入"=(SUMPRODUCT(D3,E3)+SUMPRODUCT(D28:D34,E28:E34))/1000",得到居民消费价格总指数。

6. SUMPRODUCT 函数也可以通过在菜单中选取"公式—插入函数—数学与三角函数—SUMPRODUCT"来调用，如下图所示。在函数参数对话框中分别输入要对应相乘的数组 1 和数组 2 的信息，点击"确定"即可得到求和的结果。

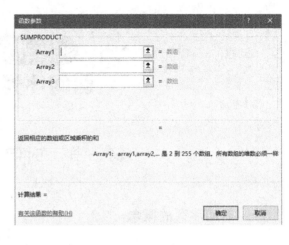

【思政案例实训】

甲城市居民消费的主要粮食品类的消费价格和消费数量资料如下表所示。

食品类别	计量单位	食品价格（元）		销售量		个体指数	
		基期	报告期	基期	报告期	价格	销售量
大米	kg	3.20	3.50	960 000.00	800 000.00	1.09	0.83
面粉	kg	2.50	3.50	600 000.00	720 000.00	1.40	1.20
食用油	kg	5.50	7.50	150 000.00	160 000.00	1.36	1.07

（1）分别用拉氏公式和帕氏公式编制食品的价格总指数，比较两者在数值结果和分析意义方面有何不同。

（2）分别用拉氏公式和帕氏公式编制食品的销售量总指数，比较两者在数值结果和分析意义方面有何不同。

（3）在实际运用中，一般是如何选用指数工具分析现象的发展变化的？

（4）对食品销售额的综合变动进行因素分析，并说明在价格变动和销售量变动中，哪个是影响销售额变动的主要因素。

【思政案例启示】

稳定物价就是要抑制住通货膨胀过高、避免通货紧缩、维持币值的稳定，因此又常把这一目标称之为"稳定币值"。物价稳定事关国计民生，关系经济发展，关系人民生活，关系社会和谐，不仅是一个经济问题，而且是一个重大的政治问题。做好稳定物价工作，对于促进经济发展、推动社会和谐、保障改善民生、维护政治经济大局，都具有十分重要的意义。

第九章

时间序列分析

第一节 时间序列概述

一、时间序列的概念

时间序列是指将某种现象某一个统计指标在不同时间上的各个数值，按时间先后顺序排列而形成的序列。时间序列法是一种定量预测方法，亦称简单外延方法。在统计学中作为一种常用的预测手段被广泛应用。时间序列分析在第二次世界大战前应用于经济预测，二次大战中和战后，在军事科学、空间科学、气象预报和工业自动化等部门的应用更加广泛。时间序列分析(Time Series Analysis)是一种动态数据处理的统计方法。该方法基于随机过程理论和数理统计学方法，研究随机数据序列所遵从的统计规律，以用于解决实际问题。

二、时间序列的构成因素

社会经济变量的时间序列所反映的现象的发展变化都是由众多复杂因素共同作用的结果，不同因素的作用会产生不同的结果，从而得到的时间序列也不相同。传统时间序列分析将一个时间序列分解成以下四种变动因素：

趋势变动(T)：现象在较长时期内受某种根本性因素作用而形成的总的变动趋势。

季节变动(S)：现象在一年内随着季节的变化而发生的有规律的周期性变动。

循环变动(C)：现象以若干年为周期所呈现出的波浪起伏形态的有规律的变动。

不规则变动(I)：是一种无规律可循的变动，包括严格的随机变动和不规则的突发性影响很大的变动两种类型。

对于时间序列这些构成因素的分析将在本章第四节进行详细的介绍。

三、时间序列的分类

按时间序列中指标的性质不同，时间序列可以分为绝对数时间序列、相对数时间序列和平均数时间序列三种。

(一) 绝对数时间序列

1. 时期序列：时间序列中的各项总量指标反映的是某一社会经济现象总体在一段时间内发展变化过程的总量，称为时期序列，如国内生产总值就是时期序列。时期序列的特点有：

(1) 序列中的指标数值具有可加性。由于时期序列中的每一项指标数值表示的是现象在一段时期内发展变化过程的总量，将序列中彼此连接的指标数值相加会得到更长时期内发展变化过程的总量,并且不会有重复计算。

(2) 序列中的各项数值具有连续统计的特点。时间序列中的时期指标重在考察现象发展变化的过程,将一段时期内发生的数量进行连续登记并加以累计。

(3) 时期序列中的各项指标数值的大小与所包含的时期长短有直接联系。时期序列中每一项指标数值所包括的时间长短称为"时期"。根据研究目的,时期可以是日、旬、月、季、年或更长的时期。作进度分析时,时期一般较短;而对历史资料进行分析时,时期一般较长。

2. 时点序列

时间序列中的各项总量指标反映的是某一社会经济现象总体在某一时点(瞬间)状况上的总量,称为时点序列。如年末银行存款余额就是时点序列。时点序列的特点有:

(1) 序列中的各项指标数值一般不可以直接相加。时点序列中的每一项指标数值表示的是现象在某一时间(瞬间)上的状态,将不同时点上的指标值相加不具有直接意义。

(2) 序列中的各项数值不具有连续统计的特点。时点序列中的各项指标数值重在考察现象经过长时间发展变化的结果,只在某一时点进行登记,不能获知相邻两个登记点中间的状态信息。

(3) 序列中的各个指标数值大小与其时间间隔长短没有直接联系。因为时点序列中的每一个数值表示现象在某一瞬间的总量,所以时间间隔的长短对指标数值大小不发生直接的影响,如年末银行存款余额并不一定比当年某个月末的银行存款余额的数值大。

(二) 相对数时间序列

把同一相对指标在不同时间上的数值按时间先后顺序加以排列后形成的序列,称为相对数时间序列。它反映社会经济现象之间相互联系的发展过程,如将各个时期的人口总数与土地面积相比计算人口密度指标排列形成的时间序列等。它包括:

(1) 由两个时期序列对比所形成的相对数时间序列;

(2) 由两个时点序列对比所形成的相对数时间序列;

(3) 由一个时期序列和一个时点序列对比所形成的相对数时间序列。

相对数时间序列反映事物数量关系的发展变化动态,由于各期相对数的对比基数不同,故其各项水平数值不能直接相加。

(三) 平均数时间序列

把同一平均指标在不同时间上的数值按时间先后顺序加以排列后形成的序列,称为平均数时间序列。它反映社会经济现象总体各单位某一数量标志一般水平的发展变化趋势。如职工平均工资就是平均数时间序列。这类动态序列可以揭示研究对象一般水平的发展趋势和发展规律。平均数时间序列中各项水平数值也不能直接加总。

四、时间序列的编制原则

编制时间序列最重要的是遵循可比性原则。所谓可比性,指的是序列中对应于不同时间的指标值可以相互比较;符合这一性质的时间序列才能够正确反映社会经济现象的变动过程和规律。具体地说,可比性包含以下几方面:

(一) 时间长短应一致

同一时间序列的指标值所属时间应当统一。对于时期序列,各指标值涵盖的时间长度要相同,因为此时时期的长短直接决定指标值的大小,时期长短不同,指标值便不可比。对于时点序列,各指标值对应的时点间隔要相同,虽然时点序列指标值的大小与时点间隔长短没有直接关系,但保持相同的时点间隔才能准确反映现象的变化状况。

(二) 经济内容应一致

指标的经济内容是由其理论内涵决定的,随着社会经济条件的变化,同一名称指标的经济内容也会发生改变。如编制时间序列时不注意这一问题,对经济内容已发生变化的指标值不加区别和调整,就可能导致错误的分析结论。

(三) 总体范围应一致

无论是时期序列还是时点序列,指标值的大小都与现象总体范围有关。如果随着时间的推移,现象总体范围发生了变化,例如地区的行政区划或部门隶属关系变更,那么在变化发生前后,指标的计算范围不同,指标值就不能直接对比,只有进行适当调整并保持总体范围的一致性,进行动态比较才有意义。

(四) 计算方法与计量单位要一致

对于指标名称、总体范围和经济内容都相同的指标,计算方法不同也会导致极大的数值差异。如 GDP 指标可以用生产法、分配法和支出法来计算,从理论上讲,三种方法的计算结果应一致,但由于资料来源的渠道不同,这三种方法计算的结果往往存在差异。因此,为了确保指标的可比性,同一时间序列中各个指标值的计算方法要统一。另外,编制价值指标的时间序列时,指标的计算价格必须保持一致;对于实物指标的时间序列,则要求计量单位保持一致,否则也要进行调整。

以上四点是编制时间序列应特别注意的问题。当然,在实际统计工作中,对时间序列的可比性原则也不能过分绝对化,有时由于资料来源有限,只要大体可比,也能用于统计分析。

五、时间序列分析的内容

编制时间序列的目的在于研究事物的动态,研究其发展规律。为此,必须对时间序列进行系统分析,时间序列的分析包括两方面的内容:一是通过计算动态分析指标来研究现象的发展速度和发展规律;二是用统计方法对一个长时间的时间序列加以分解,并用一定的数学模型测定序列的长期趋势及季节变动等,并以此作为研究规律、外推预测的重要依据。

第二节 时间序列水平指标分析

为了进一步研究社会经济现象的动态及其发展规律,我们需要对时间序列进行动态分析,计算一系列分析指标。本节讲的是时间序列水平指标,这是指标分析的最基本指标,主要有:发展水平、平均发展水平、增长量、平均增长量。

一、发展水平

发展水平是时间序列中的每个指标数值,它具体反映社会经济现象在不同时期或时点所达到的总量。它可以表现为总量指标,如工资总额、年末人口数等;也可以表现为相对指标或平均指标,如人口出生率、男性人口数所占比重、职工平均工资等。

按发展水平在时间序列中的位置不同,分为最初水平、最末水平和中间发展水平。最初水平就是时间序列的第一项指标数值;最末水平就是时间序列的最后一项指标数值;除去最初水平和最末水平,时间序列的其余各项发展水平就是中间发展水平。如用符号 y_0、y_1、$y_2 \cdots y_{n-1}$、y_n 代表时间序列的各个时期发展水平,则 y_0 就是最初水平,y_n 就是最末水平,其余就是中间发展水平。

根据发展水平在动态分析中的作用不同,通常将研究的那个时期水平叫做报告期水平(或计算期水平),用来比较的基础时期水平叫基期水平。

二、平均发展水平

平均发展水平是根据时间序列中各个指标数值求得的平均,也叫"序时平均数"或"动态平均数",它从动态上说明社会经济现象在某一段时间内发展的一般水平。

序时平均数和一般平均数(静态平均数)的共同点是两者都是将现象的各个数值之间的差异抽象化,概括地反映现象的一般水平。两者的不同之处在于:序时平均数所平均的是现象在不同时间上的数量差异,从动态上说明在某一段时间内发展的一般水平,它是根据时间序列计算的。而一般平均数平均的是同一时间总体各单位某一数量标志值的差异,从静态说明现象总体各单位的一般水平,它是根据变量数列来计算的。

在动态分析中,序时平均数可以把时间长短不等的总量指标由不可比变为可比,还可以计算序时平均数消除现象在短时间波动的影响,便于在各段时间进行比较,来观察现象的发展趋势。

序时平均数可根据绝对数时间序列计算,也可以根据相对数时间序列或平均数时间序列来计算。其中,根据绝对数时间序列计算序时平均数是最基本的。绝对数时间序列有时期序列和时点序列之分,序时平均数的计算方法也有所区别。

(一) 根据绝对数时间序列计算序时平均数

(1) 时期序列求序时平均数。只需采用简单算术平均法,以时期项数去除时期序列中各个指标数值之和即得。计算公式如下:

$$\bar{y} = \frac{y_1 + y_2 + \cdots + y_n}{n} = \frac{\sum_{i=1}^{n} y_i}{n} \tag{9.1}$$

式中:$\bar{y}$ 表示序时平均数;y_i 表示 i 时的发展水平;n 表示时间序列的项数。

【例 9.1】 某矿各年能源产量资料如下表所示:

表 9-1 某矿各年能源产量　　　　　单位:万吨标准煤

年份	2015	2016	2017	2018	2019	2020
能源产量	10 926	10 698	12 090	13 869	15 263	18 462

根据表 9-1,利用公式(9.1)计算某矿 2015—2020 年期间平均能源产量:

$$\bar{y} = \frac{\sum_{i=1}^{n} y_i}{n} = \frac{10\,926 + 10\,698 + \cdots + 18\,462}{6} = 13\,551.3 (万吨标准煤)$$

(2) 连续时点序列求序时平均数。时点序列都是瞬间资料,序列中两个相邻时点间始终都有间隔。因此,时点数列一般都是不连续数列。但如果时点序列的资料是逐日记录,而又逐日排列的,这时的时点序列就可以看成是连续的时点序列。连续时点序列求序时平均数,一般分间隔相等和间隔不相等两种情况。

① 对间隔相等连续时点序列,即时点序列是以日为间隔编制的,计算方法可用简单算术平均法计算,公式如(9.1)。

② 对间隔不等的连续时点序列,即被研究现象不是逐日变动的,则可依据每次变动资料,用每次变动持续的间隔长度(f)为权数对各时点水平(y)加权,应用加权算术平均法计算序时平均数,公式如下:

$$\bar{y} = \frac{y_1 f_1 + y_2 f_2 + \cdots + y_n f_n}{f_1 + f_2 + \cdots f_n} = \frac{\sum_{i=1}^{n} y_i f_i}{\sum f} \tag{9.2}$$

式中:f 表示每个水平指标持续的长度,其他符号与式(9.1)中的相同。

【例9.2】 某企业九月份工人人数变动资料表9-2。

表9-2 某企业九月份工人人数 单位(人)

日期	9月1日	9月7日	9月16日	9月24日
实际工人数	300	305	312	310

则利用公式(9.2)计算九月份平均每日工人人数:

$$\bar{y} = \frac{\sum_{i=1}^{n} y_i f_i}{\sum f} = \frac{300 \times 6 + 305 \times 9 + 312 \times 8 + 310 \times 7}{30} = 307(人)$$

(3) 间断时点序列求序时平均数。它也分间隔相等和间隔不等两种情况。

① 间隔相等间断时点序列。即掌握间隔相等的各个期末或期初时点数。在实际工作中,对时点性质资料,为了简化登记手续,一般每隔一段时间登记一次,取得某些时点资料,如职工人数和商品库存额等只统计月末数字。在这种情况下,求序时平均数需要假定我们所研究的现象在两个相邻时点之间的变动是均匀的,因而可以将相邻两个时点指标数值相加后除以2,求得两个时点之间的序时平均数,然后把这些序时平均数相加除以序时平均个数,求得整个时间内的序时平均数。计算公式如下:

$$\bar{y} = \frac{\frac{y_1 + y_2}{2} + \frac{y_2 + y_3}{2} + \cdots + \frac{y_{n-1} + y_n}{2}}{n-1} = \frac{\frac{y_1}{2} + y_2 + \cdots + y_{n-1} + \frac{y_n}{2}}{n-1} \tag{9.3}$$

这种方法称为"首末折半法"。

【例9.3】 某企业2020年9~12月各月末的应收账款余额如下表:

表9-3 某企业2020年9~12月各月末应收账款余额 单位(万元)

日期	9月30日	10月31日	11月30日	12月31日
应收账款余额	200	220	240	180

根据上表资料,计算各月和第四季度的平均应收账款余额如下:

$$10\text{月份平均应收账款余额} = \frac{200+220}{2} = 210(\text{万元})$$

$$11\text{月份平均应收账款余额} = \frac{220+240}{2} = 230(\text{万元})$$

$$12\text{月份平均应收账款余额} = \frac{240+180}{2} = 210(\text{万元})$$

$$\text{第四季度平均应收账款余额} = \frac{210+230+210}{3} = 216.7(\text{万元})$$

将以上计算第四季度平均应收账款余额的两步合为一步,其计算过程就可简化为:

$$\text{第四季度平均应收账款余额} = \frac{\frac{200+220}{2}+\frac{220+240}{2}+\frac{240+180}{2}}{3}$$

$$= \frac{\frac{200}{2}+220+240+\frac{180}{2}}{3} = 216.7(\text{万元})$$

② 间断不等的间断时点序列。即所掌握的是间隔不等的各期期末或期初时点资料。这时采用加权序时平均法计算序时平均数。即用各间隔长度(f)作权数,对各相应的时点的平均水平加权计算序时平均数。其计算公式为:

$$\bar{y} = \frac{\frac{y_1+y_2}{2}f_1+\frac{y_2+y_3}{2}f_2+\cdots+\frac{y_{n-1}+y_n}{2}f_{n-1}}{f_1+f_2+\cdots+f_{n-1}} = \frac{\sum_{i=1}^{n-1}\frac{y_i+y_{i+1}}{2}f_i}{\sum_{i=1}^{n-1}f_i} \quad (9.4)$$

【例 11.4】 某地区 2020 年的人口数资料如表 9-4 所示:

表 9-4 某地区 2020 年的人口数

时间	1月1日	4月1日	7月1日	9月1日	12月31日
人口数(万人)	60	62	61	63	64

计算该地区 2020 年平均人口数。

解:由公式(9.4)得:

$$\bar{y} = \frac{\frac{60+62}{2}\times 3+\frac{62+61}{2}\times 3+\frac{61+63}{2}\times 2+\frac{63+64}{2}\times 4}{3+3+2+4} = 62.125(\text{万人})$$

(二)根据相对数时间序列计算序时平均数

相对数时间序列一般是由两个有联系的绝对数时间序列对比而形成的。由于相对数时间序列中的各项指标数值不能直接相加,所以不能直接计算序时平均数。因此,用相对数时间序列来计算序时平均数,其基本方法就是先要计算构成相对数时间序列的分子与分母数列的序时平均数,然后再将这两个序时平均数对比。其基本计算公式为:

$$\bar{y_c} = \frac{\bar{y_a}}{\bar{y_b}} \quad (9.5)$$

式中:$\bar{y_c}$ 表示相对数或平均数时间序列的序时平均数;$\bar{y_a}$ 表示分子序列的序时平均数;$\bar{y_b}$ 表示分母序列的序时平均数。

根据这个公式计算相对指标时间序列序时平均数时,应当分清分子、分母的时间序列是时期序列还是时点序列,是间断相等还是不等,然后分别根据不同情况,运用前面介绍的不同方法进行计算。一般可分为三种不同情况。

(1) 由两个时期序列相对比所形成的相对数时间序列计算序时平均数,则

$$\overline{y_c} = \frac{\overline{y_a}}{\overline{y_b}} = \frac{\frac{\sum y_a}{n}}{\frac{\sum y_b}{n}} = \frac{\sum y_a}{\sum y_b} \tag{9.6}$$

若掌握的资料分别是分子指标和分母指标的时间序列,则直接用式(9.6)计算即可;若掌握的资料是相对指标时间序列和分母指标的时间序列,则先用各期的相对指标乘各期的分母指标求各期的分子指标,再代入式(9.6),即

$$\overline{y_c} = \frac{\overline{y_a}}{\overline{y_b}} = \frac{\frac{\sum y_b y_c}{n}}{\frac{\sum y_b}{n}} = \frac{\sum y_b y_c}{\sum y_b} \tag{9.7}$$

若掌握的资料是相对指标时间序列和分子指标的时间序列,则先用各期的分子指标除以各期的相对指标求各期的分母指标,再代入式(9.6),即

$$\overline{y_c} = \frac{\overline{y_a}}{\overline{y_b}} = \frac{\frac{\sum y_a}{n}}{\frac{\sum \frac{y_a}{y_c}}{n}} = \frac{\sum y_a}{\sum \frac{y_a}{y_c}} \tag{9.8}$$

【例 9.5】 根据表 9-5 的资料,分别计算甲、乙、丙三个公司第二季度月平均计划完成程度。

表 9-5 甲、乙、丙三公司 2020 年第二季度生产情况表   单位(吨)

		四月	五月	六月
甲公司	计划产量(y_b)	620	610	615
	实际产量(y_a)	624	605	622
乙公司	计划产量(y_b)	600	550	625
	计划完成(%)(y_c)	104	96	102
丙公司	实际产量(y_a)	580	610	624
	计划完成(%)(y_c)	98	105	100

甲公司第二季度月平均计划完成程度:

$$\overline{y_c} = \frac{\overline{y_a}}{\overline{y_b}} = \frac{\sum y_a}{\sum y_b} = \frac{624 + 605 + 622}{620 + 610 + 615} = 100.33\%$$

乙公司第二季度月平均计划完成程度:

$$\overline{y_c} = \frac{\overline{y_a}}{\overline{y_b}} = \frac{\sum y_b y_c}{\sum y_b} = \frac{600 \times 1.04 + 550 \times 0.96 + 625 \times 1.02}{600 + 550 + 625} = 108.82\%$$

丙公司第二季度月平均计划完成程度：

$$\overline{y_c} = \frac{\overline{y_a}}{\overline{y_b}} = \frac{\sum y_a}{\sum \frac{y_a}{y_c}} = \frac{580+610+624}{\frac{580}{0.98}+\frac{610}{1.05}+\frac{624}{1.00}} = 100.96\%$$

(2) 由两个时点序列对应项对比得到的相对指标时间序列，其序时平均数同样是由作为分子的时点序列的序时平均数和作为分母的时点序列的序时平均数对比得到，只要根据时点序列的特点采用不同的计算方法即可。

(3) 由时期序列和时点序列相应项对比形成的相对指标时间序列，则分别按时期序列和时点序列序时平均数的计算方法求得分子或分母的序时平均数，再对比得到相应指标时间序列的序时平均数。

3. 由平均数时间序列计算序时平均数

(1) 由一般平均数构成的时间序列求序时平均数。平均数时间序列也是由两个绝对数时间序列对比形成的。一般平均数时间序列的分子序列是标志总量，属时期序列；其分母数列是总体单位总量，属时点序列。因此要计算这种平均数时间序列的序时平均数，其方法和相对数时间序列计算序时平均数的方法一样，也是先计算分子、分母两序列的序时平均数后再对比求得。

(2) 由序时平均数时间序列计算序时平均数。在时期相等的情况下，可直接根据各序时平均数采用简单算术平均方法来计算平均数。例如表9-1计算某矿2015—2020年期间平均能源产量。在时期不等的情况下，则要以时期为权数，采用加权算术平均数方法来计算。

【例9.6】 某企业2020年各段时期平均销售额资料如下表所示：

表9-6　某企业2020年各段时期平均销售额　　　　单位（万元）

时期	1～3月	4～5月	6～9月	10～12月
平均每月销售额	20	24	21	26

则全年平均每月销售额 $= \frac{20\times3+24\times2+21\times4+26\times3}{12} = 22.5$（万元）

三、增长量

增长量是报告期水平与相比较的基期水平之差，反映社会经济现象报告期比基期增加或减少的数量，即增长量 = 报告期水平 − 基期水平。

一般而言，分析的目的不同选择的基期就不同。因此，根据基期的不同可将增长量分为逐期增长量和累计增长量。

这两个指标可用公式表示为：

逐期增长量：$y_1-y_0, y_2-y_1, y_3-y_2, y_4-y_3, \cdots, y_n-y_{n-1}$

累计增长量：$y_1-y_0, y_2-y_0, y_3-y_0, y_4-y_0, \cdots, y_n-y_0$

逐期增长量与累计增长量的关系是：逐期增长量之和等于累计增长量，用公式表示为：

$$(y_1-y_0)+(y_2-y_1)+(y_3-y_2)+\cdots+(y_n-y_{n-1}) = \sum_{i=1}^{n}(y_i-y_{i-1}) = y_n-y_0$$

为了剔除季节变动的影响，在实际工作中，还经常计算年距增长量指标，它是报告期水平与上年同期水平之差。其公式表示为：

年距增长量 = 报告期发展水平 − 上年同期发展水平

四、平均增长量

平均增长量是指时间序列中各逐期增长量的序时平均数，说明某社会经济现象在一段时期内平均每期增加或减少的数量，一般用简单算术平均法计算。平均增长量的计算公式为：

$$平均增长量 = 逐期增长量之和 \div 逐期增长量个数 = \frac{\sum_{i=1}^{n} y_i - y_{i-1}}{n} = \frac{y_n - y_0}{n} \quad (9.9)$$

第三节 时间序列速度指标分析

时间序列速度指标是对时间序列进行分析的另一类分析指标，它反映社会经济现象速度的变化，有发展速度、增长速度、平均发展速度和平均增长速度四种，它们之间有着密切的联系，其中发展速度是最基本的速度指标。

一、发展速度

发展速度是报告期水平与基期水平相比的相对数，计算结果通常用百分数或倍数表示，说明报告期发展水平为（相当于）基期水平的百分之多少或多少倍。其计算公式为：

$$发展速度 = 报告期水平 / 基期水平$$

由于基期的选择不同，发展速度分为环比发展速度和定基发展速度。定基发展速度是指报告期水平与某一固定时期水平之比，用来说明报告期水平已经发展到固定时期水平的百分之几（或多少倍），表明这种现象在较长时期内总的发展速度，因此，有时也叫"总速度"。环比发展速度是报告期水平与前一期水平之比，用来说明报告期水平已经发展到了前一期水平的百分之几（或多少倍），表明这种现象逐期的发展程度。如果计算的单位时期为一年，这个指标也可叫"年速度"。这两种发展速度可用公式表示为：

定基发展速度：

$$\frac{y_1}{y_0}, \frac{y_2}{y_0}, \ldots, \frac{y_{n-1}}{y_0}, \frac{y_n}{y_0} \quad (9.10)$$

环比发展速度：

$$\frac{y_1}{y_0}, \frac{y_2}{y_1}, \ldots, \frac{y_{n-1}}{y_{n-2}}, \frac{y_n}{y_{n-1}} \quad (9.11)$$

定基发展速度和环比发展速度具有下列关系：

1. 定基发展速度等于环比发展速度的连乘积，即：

$$\frac{y_n}{y_0} = \frac{y_1}{y_0} \times \frac{y_2}{y_1} \times \cdots \times \frac{y_{n-1}}{y_{n-2}} \times \frac{y_n}{y_{n-1}}$$

2. 两个相邻时期的定基发展速度之比，即后期定基发展速度除以前期定基发展速度等于后一期的环比发展速度。即：

$$\frac{y_i}{y_0} \div \frac{y_{i-1}}{y_0} = \frac{y_i}{y_{i-1}}$$

利用以上的关系,我们可以进行相关推算。

二、增长速度

增长速度是报告期增长量与基期水平对比的相对数,也称为增长率,计算结果也通常用百分数或倍数表示,说明报告期水平比基期水平增长了百分之多少或多少倍。当增长速度大于0时,表明报告期水平比基期增加或提高的程度;当增长速度小于0时,表明报告期水平比基期减少或降低的程度。增长速度的计算公式为:

$$增长速度 = 报告期增长量/基期水平 = 发展速度 - 1$$

根据基期的选择不同,增长速度也分为环比增长速度和定基增长速度。它们的计算公式分别为:

1. 环比增长速度 = 逐期增长量/前一期水平 = 环比发展速度 - 1
2. 定基增长速度 = 累计增长量/固定基期水平 = 定基发展速度 - 1

须注意,环比增长速度和定基增长速度之间不能直接推算。若要两者相互推算,必须借助于环比发展速度和定基发展速度,同样为了消除季节变动的影响,也可以计算同比增长速度或称年距增长速度。计算公式为:

3. 年距增长速度 = 同比增长量/上年同期水平 = 年距发展速度 - 1

4. 增长1%的绝对值。发展水平和增长量是绝对数,说明现象发展所达到和所增长的绝对数量;发展速度和增长速度是相对数,说明现象发展和增长的程度,把现象之间的差异抽象化了,在一定程度上掩盖了发展水平的差异。因此,低水平基础上的增长速度与高水平基础上的增长速度是不可比的。由于环比增长速度时间序列中各期的对比基期不同,因此,在动态分析时,不仅要看各期增长的百分数,还要看每增长1%所包含的绝对值,这是一个相对数和绝对数结合运用的指标,即

$$增长1\%的绝对值 = 逐期增长量/环比增长速度 \times 100 = 前一期水平/100$$

三、平均发展速度

各期的发展变化总是有快有慢,因此经常还要计算某一发展阶段的平均速度来比较和分析。平均速度包括平均发展速度和平均增长速度。平均发展速度是环比发展速度的平均数,说明现象在某个发展阶段上逐期发展变化程度的一般水平。

由于现象发展的总速度不等于各期环比发展速度的总和,而是等于各期环比发展速度的连乘积,因此,对这些环比发展速度求平均数不能采用算术平均法而应采用几何平均法。按几何平均法计算的平均发展速度发展,可以保证在最后一年达到规定的最末水平,即从最初水平出发,以平均发展速度 $\bar{x}$ 代替各环比发展速度 $x_1, x_2, x_3, x_4, \cdots, x_n$,经过 n 期发展,正好达到最末水平 y_n,用公式表示如下:

$$\bar{x} = \sqrt[n]{x_1 \times x_2 \times \cdots \times x_n} = \sqrt[n]{\prod_{t=0}^{n} \frac{y_{t+1}}{y_t}} \tag{9.12}$$

$$= \sqrt[n]{\frac{y_n}{y_0}} \tag{9.13}$$

因为 $\frac{y_n}{y_0}$ 为第 n 期的定基发展速度,也是整个时期的总速度,所以也可以根据总速度计

算，公式为：

$$\overline{y_G} = \sqrt[n]{R} \tag{9.14}$$

上述平均发展速度的计算式(9.12)、式(9.13)和式(9.14)中：

$\bar{x}$ 表示平均发展速度；$\frac{y_{t+1}}{y_t}$ 表示各期环比发展速度；$\prod$ 表示连乘符号；R 表示总速度；n 表示环比发展速度的项数。

计算平均发展速度时，根据所掌握的资料可选用式(9.12)、式(9.13)、式(9.14)中任何一个计算公式来计算；如果掌握了最初水平和最末水平，可用式(9.13)计算；如果掌握了各期环比发展速度，可用式(9.12)计算；如果掌握了总速度，则可直接用式(9.14)计算。

四、平均增长速度

平均增长速度表示环比增长速度的一般水平，说明现象在某个发展阶段上的平均逐期增长速度，但不能直接将各个环比增长速度加以平均，应根据它与平均发展速度之间的内在联系来计算，即计算公式为：

$$平均增长速度 = 平均发展速度 - 1$$

可见，平均增长速度与平均发展速度之间相差一个基数。平均发展速度大于1，则平均增长速度为正值，表明平均说来现象在考察期内是逐期递增的，此时的平均增长速度也称为平均递增率。反之，平均发展速度小于1，则平均增长速度为负值，表明平均说来现象在考察期内是逐期递减的，此时的平均增长速度也称为平均递减率。

五、计算和运用平均发展速度指标时应注意的问题

（一）要注意社会经济现象的特点

当现象随着时间的推移比较稳定地逐年上升或逐年下降时，可以采用几何平均法计算平均发展速度。但要注意，如果资料中间有几年环比速度增长得特别快，而有几年又降低得较多，即出现显著的悬殊和不同的发展方向时，则不宜计算平均发展速度，因为用这样的资料计算的平均发展速度会降低这一指标的意义，从而不能确切说明实际情况。

（二）应采取分段平均速度来补充说明总平均速度

采取分段平均速度来补充说明总平均速度，这在分析较长历史时期资料时尤为重要。因为仅根据一个总的平均速度指标只能笼统、概括地反映其在很长时期内逐年平均发展或增长的程度，对深入了解这种现象的发展过程和变化情况往往是不够的。例如，要分析新中国成立以来能源产量的平均发展速度和平均增长速度时，就有必要分别以国民经济恢复时期、各个五年计划时期等分段计算各期平均速度加以补充说明。

（三）平均速度指标要与其他指标结合运用

平均速度指标要与发展水平、增长量、环比速度、定基速度等各项基本指标结合运用，起到分析研究和补充说明的作用，以便对现象有比较确切和完整的认识。在经济分析中，要与其他有关经济现象的平均速度指标结合运用，为研究国民经济各种具有密切联系的现象的发展动态提供依据。

第四节 时间序列因素构成分析

一、时间序列的构成要素

现象的发展变化受许多因素的影响,各因素共同作用的结果形成了该现象时间序列各期的指标值。在诸多影响因素中,有的对现象的发展变化起着长期的、决定性的作用,使得相应的时间序列呈现某种趋势和一定的规律性;有的则起着短期的或偶然性的非决定的作用,使得时间序列的规律性不明显,甚至呈现出某种不规则性。由于社会经济现象是错综复杂的,通常难以确定影响时间序列变动的具体因素,因此在统计分析中,一般按作用特点和影响效果,将影响时间序列变动的因素归为四大类,相应的时间序列的变动可以看作是四类因素所导致的变动叠加在一起的结果,即趋势变动(T)、季节变动(S)、循环变动(C)和随机变动(I)。

(一) 趋势变动

趋势变动指现象在发展变化过程中由于受到某种固定的、起根本性作用的因素的影响而在较长时间内展现出来的总态势。它具体表现为不断增加或减少的基本趋势,也可以表现为只围绕某一常数值波动而无明显增减变化的水平趋势。如受改革开放政策的影响,中国的经济持续增长,国内生产总值逐年递增。

(二) 季节变动

季节变动指现象在一年内由于受社会、政治、经济、自然等因素的影响,形成的以一定时期为周期的有规律的重复变动。季节变动是一种极为普遍的现象,在农业生产、交通运输、建筑业、旅游业、商品销售以及工业生产中都有明显的季节变动规律。如啤酒的销售量夏季大、冬季小;春运期间客流量剧增等。尽管在商业或经济理论中,季节变动一般以年为周期,但其思想却可根据数据类型的不同推广到任何时间间隔为周期的时间序列中(例如以小时、天、星期、月为周期),但周期长度一般小于一年。

(三) 循环变动

循环变动指现象围绕长期趋势出现的、以若干年为周期的有涨有落的周期性运动。循环变动与季节变动有着本质的区别:季节变动的周期小于一年并且有固定的周期,而循环波动的周期大于一年并且规律性较低,通常较难识别。循环变动的一个重要例子就是经济增长中出现的繁荣—衰退—萧条—复苏—繁荣的周而复始的运动。

(四) 随机变动

随机变动指现象由于各种偶然因素的影响而呈现的不规则运用,它们是时间序列分析中无法由以上三种变动解释的部分。

二、时间序列模型

传统时间序列分析主要取决于对构成各个时间序列的各种变动因素组成部分的结合及

相互作用是如何假设的,这种假设通常有两种方式:

一种假设是:构成时间序列的各种变动因素组成部分所具有的变动数值是相互独立的、可加的。在这种假设下,则对于含有四种变动因素(即四种变动因素叠加而成)的时间序列$\{Y_t\}$,就可以用式(9.15)的加法数学模型来描述:

$$Y_t = T_t + S_t + C_t + I_t \tag{9.15}$$

式中:Y_t是时间序列$\{Y_t\}$在t时刻的数值;T_t、S_t、C_t、I_t分别为同一时刻的趋势值、季节变差、循环变差、不规则变差。

式(9.15)是假设季节变动、循环变动、不规则变动都是围绕一个正常的长期趋势的变动而上下波动的,因此,S_t、C_t、I_t的取值是或正或负的,它们分别代表着季节变动、循环变动、不规则变动在t时刻的趋势值上增加或减少若干个数量单位。

显然,若某一时间序列不是四种变动因素共同作用的结果,而只是其中某几个因素共同作用的结果,则在式(9.15)中,只出现相关的变动因素,该时间序列所缺少的变动因素就不会出现。另外,要从式(9.15)中求出某种变动因素,则只要从该时间序列中减去所含的其余的变动因素即可。

另一种假设是:构成时间序列的各种变动因素组成部分所具有的变动数值是相互依存的、可乘的。在这种假设下,则对于含有四种变动因素(即四种变动因素相乘而成)的时间序列$\{Y_t\}$就可以用式(9.16)的乘法数学模型来描述:

$$Y_t = T_t \times S_t \times C_t \times I_t \tag{9.16}$$

式中:Y_t是时间序列$\{Y_t\}$在t时刻的数值;T_t、S_t、C_t、I_t分别为同一时刻的趋势值、季节比率、循环比率、不规则比率。

式(9.16)是假设季节变动、循环变动、不规则变动都是围绕一个正常的长期趋势的变动而上下波动的,因此,这时S_t、C_t、I_t的取值是上下波动的相对数,不是一般的正负值,它们分别代表着季节变动、循环变动、不规则变动在t时刻的趋势值上增加或减少的百分比。

显然,若某一时间序列不是四种变动因素共同作用的结果,而只是其中某几个因素共同作用的结果,则同样在式(9.16)中,该时间序列所缺少的变动因素就不会出现。另外,要从式(9.16)中求出某种变动因素,则只要从该时间序列中除以所含的其余的变动因素即可。

对于乘法模型式(9.16),如果在两边作对数变换后就成为:

$$\ln Y_t = \ln T_t + \ln S_t + \ln C_t + \ln I_t$$

这个公式实际上也是加法模型式(9.15),因此上述两种假设在实质上没有区别,都是假设影响时间序列的诸因素是可加的。至于在实际应用中应采用哪种形式的假设为好,还可以视方便而定。不过一般认为乘法模型是时间序列变动分析的基本模型,所以以下的分析也是采用乘法模型进行的。

根据乘法模型,如果想求某种因素变动的影响,可以用时间序列除以所含的其余因素即可。当求出长期趋势T_t后,以Y_t除以T_t,可得$\dfrac{Y_t}{T_t} = S_t \times C_t \times I_t$,即为不含长期趋势的时间序列。

如果又求得季节变动S_t,可将$\dfrac{Y_t}{T_t}$除以S_t,可得$\dfrac{Y_t}{T_t \times S_t} = C_t \times I_t$,即为不含长期趋势和季节变动的时间序列。

如果时间序列仅含长期趋势和季节变动两种因素,即$Y_t = T_t \times S_t$,则$\dfrac{Y_t}{T_t \times S_t} = 1$。由此

可见，当时间序列消除长期趋势和季节变动影响之后，如果 $\frac{Y_t}{T_t \times S_t}$ 的数值接近1，循环变动和不规则变动的影响则可忽略不计；如果数值与1有较大离差，那么就要进一步分析循环变动和不规则变动的影响。

三、长期趋势的测定

长期趋势是现象发展过程中由其本质因素决定的。通过对时间序列趋势变动的分析，可以掌握现象发展最基本的规律性，从而对其未来发展趋势做出预测。此外，研究长期趋势的目的之一也是为了将其从时间序列中予以剔除，以便更好地分析其他影响因素的变动规律性。进行长期趋势分析的主要任务就是测定时间序列的趋势值 T_t，常用的方法有移动平均法和最小二乘法。

（一）移动平均法

移动平均法是根据研究现象的时间序列逐项移动平均，以此计算包含一定项数的序时平均数，形成一个序时平均数时间序列，在这个新的修匀序列里，短期内随机波动的影响或被剔除或被削弱，同时，对含有一个周期的序时项数进行移动平均，还可以消除季节变动和其他周期变动的影响，因此利用移动平均法能测定某一现象在短期内发展的基本趋势，它是一种适于短期分析和预测的趋势分析方法。

设时间序列的各期水平依次为 $y_1, y_2, \cdots, y_n$，若取三项移动序时平均，则三项移动序时平均数的计算公式为：$\bar{y}_{j-1} = \frac{y_{j-2} + y_{j-1} + y_j}{3} (j=3,4,5,\cdots,n)$，则移动平均序时所形成的新的修匀序列的前两项为：$\bar{y}_2 = \frac{y_1 + y_2 + y_3}{3}$、$\bar{y}_3 = \frac{y_2 + y_3 + y_4}{3}$。以此类推，则 $\bar{y}_{n-1} = \frac{y_{n-2} + y_{n-1} + y_n}{3}$。

若采用五项移动平均，则五项移动序时平均数的计算公式为：

$$\bar{y}_{j-2} = \frac{y_{j-4} + y_{j-3} + y_{j-2} + y_{j-1} + y_j}{5} \quad (j=5,6,7,\cdots,n)$$

所形成的新的修匀序时的前两项为：

$$\bar{y}_3 = \frac{y_1 + y_2 + y_3 + y_4 + y_5}{5}$$

$$\bar{y}_4 = \frac{y_2 + y_3 + y_4 + y_5 + y_6}{5}$$

以此类推，则

$$\bar{y}_{n-2} = \frac{y_{n-4} + y_{n-3} + y_{n-2} + y_{n-1} + y_n}{5}$$

需要指出的是，在采用偶数项移动序时平均时，需要两次移动序时平均才能求出长期趋势值。以四项移动序时平均为例，第一次移动序时平均数是第一、二、三、四期的发展水平的序时平均数，其对应的中点是第二期、第三期之间，因此要进行第二次二项序时移动平均，此时计算的第一个序时平均数对应第三期，其后各期以此类推。

采用序时移动平均法，移动时距间隔的长短直接影响对原序列的修匀程度。一般来说，移动时距越长，个别偶然因素的影响就越小，新的修匀序列就会越平滑，但修匀序列的项数就越少，即修匀序列首尾缺项会越多。由移动平均数组成的趋势值序列，较原来序列的项数少，如果移动的项数为奇数，二者的关系为：趋势值项数＝原序列项数－移动项数＋1，如果移动的项数为偶数,二者的关系为:趋势值项数＝原序列项数－移动项数。

【例9.7】 根据表9-7的资料,分别计算三年移动平均和五年移动平均。

表9-7 某企业 2009—2020 年销售量资料

年份	2009	2010	2011	2012	2013	2014
销售量(万件)	54	50	52	67	82	70
年份	2015	2016	2017	2018	2019	2020
销售量(万件)	89	88	84	98	91	106

解:采用三期简单移动平均法,第 1～3 年销售量的平均值为 52,第 2～4 年销售量的平均值为 56.3,以此类推。采用五期简单移动平均法,则第 1～5 年销售量的平均值为 61.0,第 2～6 年销售量的平均值为 64.2,以此类推。3 年移动平均和 5 年移动平均的计算结果如下表所示:

年份	1	2	3	4	5	6	7	8	9	10	11	12
销售量	54	50	52	67	82	70	89	88	84	98	91	106
3 年移动平均		52	56.3	67	73	80.3	82.3	87	90	91	98.3	
5 年移动平均			61	64.2	72	79.2	82.6	85.8	90	93.4		

上表中的两个移动平均序列清楚地显示出该企业产品销售量呈不断增长的趋势。

移动平均法测定长期趋势,简便、灵活,有着较为广泛的应用。例如,在证券及期货的价格走势分析中,移动平均法一直是最常用的基本分析方法之一。应用移动平均法,须注意以下几点。

(1) 移动平均法对原时间序列具有修匀或平滑的作用,使得原序列的起伏波动被削弱了,而且平均的时距项数越大,移动平均的修匀作用越强。

(2) 移动平均值代表的是所平均数据的中间位置上的趋势值。因此当平均项数为奇数时,只需一次移动平均即可得到各期的趋势值;当平均项数为偶数时,则需对移动平均的结果进行中心化处理,即再作一次两项移动平均,这样才能使移动平均值正对某一时期,使各趋势值与实际值相对应,这种方法也称为中心化移动平均法。

(3) 当序列包含周期性变动时,移动平均的项数应与周期长度一致。这样才能在消除不规则变动的同时,也消除周期性波动,使移动平均值序列只反映长期趋势。因此,季度数据通常采用四期移动平均,月度数据通常采用十二期移动平均。由于季节变动的周期比较固定,移动平均对季节变动的消除一般都有很好的效果。而循环变动的周期不太固定,所以固定项数的移动平均也就难以有效消除时间序列中的循环变动。

(4) 移动平均值序列的项数比原序列减少,当平均项数 k 为奇数时,新序列首尾各减少 $(k-1)/2$ 项;k 为偶数时,首尾各减少 $k/2$ 项。所以移动平均会使原序列首尾的数据减少对应的趋势值,k 越大,缺失的信息就越多。所以移动平均的项数不宜过大。

(5) 当现象呈现非线性趋势时,简单移动平均法得到的趋势值很容易出现较大的误差。加权移动平均在一定程度上可弥补这一不足。确定权数的方法是灵活多样的,可视具体情况来选择,但通常遵循"近大远小"的原则,即认为近期数据比远期数据对趋势值的影响更大,应给近期数据赋予较大权数,而给远期数据赋予较小权数。在测定各期的趋势值时,采用中心化移动平均法,其权数一般呈"中间大、两端小"的对称结构。

(6) 由于没有建立起反映现象发展变化规律的统计模型,移动平均法不能直接进行外推预测。为了弥补移动平均法的局限,在加权移动平均法的基础上产生了改进的方法——指数平滑法。指数平滑法不仅是序列进行修匀的方法,也可以作为预测方法。

(二) 最小二乘法

最小二乘法是测定长期趋势最常用的方法。其中心思想是在对原有时间序列进行分析的基础上,根据原序列发展趋势的类型,通过数学方法,拟合一条理想的趋势线,使得这条趋势线与原时间序列达到最优拟合。作为理想的趋势线必须满足最基本的要求,即原有序列的实际数值与趋势线的估计数值的离差平方之和为最小。用公式表示如下:

$$\sum(y_t - \hat{y}_t) \to 最小$$

式中:$\hat{y}_t$ 表示趋势线的估计数值;y_t 表示原有序列的实际数值;t 表示时间的序号。

最小二乘法既可用于拟合直线,也可用于拟合曲线,所以,它是分析长期趋势的十分普遍和理想的方法。一般的,常见的趋势线模型有三种,即:直线趋势线、指数趋势线和二次抛物线趋势线。

对原序列拟合趋势线,其目的亦是为了修匀原序列,更明显地表现出现象变动的趋势,并利用所拟合的趋势线进行预测。至于所拟合的趋势线是直线型还是曲线型,要根据现象发展变化的特点而定。具体判别原序列趋势类型的方法有散点图法和指标法。

第一,散点图法。若以原序列中各个时期(年序)为横坐标 t,各期指标值为纵坐标 y,根据 (t, y) 在直角坐标系中的位置描出各个散点形成散点图,然后根据散点图的形状,分析选择适当的趋势线方程。若这些数点形状大体上呈直线变动,就可对原时间序列拟合直线趋势线。若观察到各个散点的分布是先平缓后陡直地上升或先陡直后平缓地下降,则可对原序列拟合一条指数趋势线。若观察到坐标中的各个散点,先陡直后平缓地上升或先平缓后陡直地下降甚至由降转升,就可对原时间序列拟合一条二次抛物线趋势线。

第二,指标法。根据计算出的一系列指标值的特点作为判别原时间序列的趋势形状的参考标准。如果根据原时间序列计算出的各个逐期增长量大致相同,则可拟合一条直线趋势线;如果根据原时间序列计算出的各期二次增长量大致相同,则可对原序列拟合一条二次抛物线趋势线;如果根据原时间序列计算出的各期环比发展速度大致相等,则可对原时间序列拟合一条指数趋势线。

1. 直线趋势线的拟合

直线趋势线模型的函数表达式为:

$$\hat{y}_t = a + bt$$

式中:a、b 表示待估计参数。

a 表示趋势直线的截距,其实际意义为:当 $t = 0$ 时该期的趋势值。b 表示趋势直线的斜率,其实际意义为:当 t 每变动一个单位时,趋势值 $\hat{y}_t$ 平均变动的数量。

根据最小二乘法的要求,$\sum(y_t - \hat{y}_t) \to 最小$,即 $\sum(y_t - a - bt)^2 = \min$。

令 $Q = \sum(y_t - \hat{y}_t) = \sum(y_t - a - bt)^2$,则 Q 是 a 和 b 的函数,根据高等数学的知识可知,为使 Q 达到最小值,a、b 应满足下列方程:

$$\begin{cases} \dfrac{\partial Q}{\partial a} = 0 \\ \dfrac{\partial Q}{\partial b} = 0 \end{cases}$$

即:

$$\begin{cases} 2\sum(y_t - a - bt)(-1) = 0 \\ 2\sum(y_t - a - bt)(-t) = 0 \end{cases}$$

即 a、b 应满足如下正规方程组:

$$\begin{cases} \sum y_t = na + b\sum t \\ \sum ty_t = a\sum t + b\sum t^2 \end{cases}$$

解此方程组,就可得到 a、b 估计值的计算公式为:

$$b = \frac{n\sum ty_t - \sum t \sum y_t}{n\sum t^2 - (\sum t)^2}$$

$$a = \frac{\sum y_t}{n} - b\frac{\sum t}{n} = \bar{y}_t - b\bar{t}$$

【例 9.8】 某主题公园 2015—2020 年每月的收入如下表所示:

表 9-8 2015—2020 年每月收入资料　　　　　　单位(万元)

2015	收入	2016	收入	2017	收入	2018	收入	2019	收入	2020	收入
1	280	1	346	1	310	1	356	1	482	1	465
2	256	2	254	2	298	2	369	2	436	2	420
3	269	3	463	3	276	3	405	3	367	3	410
4	274	4	482	4	205	4	420	4	362	4	400
5	268	5	461	5	240	5	463	5	402	5	392
6	310	6	420	6	265	6	486	6	395	6	386
7	308	7	413	7	302	7	500	7	416	7	362
8	325	8	380	8	318	8	520	8	452	8	312
9	326	9	372	9	306	9	510	9	468	9	290
10	402	10	306	10	346	10	503	10	492	10	300
11	405	11	352	11	290	11	462	11	503	11	310
12	396	12	342	12	301	12	462	12	510	12	325

试利用最小二乘法确定直线趋势方程,并将原序列和各期趋势值时间序列绘制成图进行比较。

解:设时间序号为 t,每月的收入为 y,利用 SPSS 软件得到直线趋势方程为:

$$\hat{y}_t = 323.161 + 1.413t$$

将 $t = 1, 2, 3, \cdots, 72$ 代入趋势方程,可以得到各年的趋势值,将各年的趋势值与原序列绘制成图 9-1,可以看出收入的变化趋势。

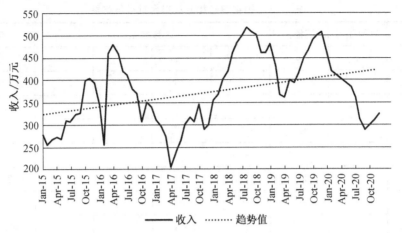

图 9-1 2015.1—2020.12 各月的收入线性趋势图

2. 抛物线趋势方程

抛物线趋势方程的函数表达式为：

$$\hat{y}_t = a + bt + ct^2$$

式中：a、b、c 为待估计参数。

用最小二乘法估计二次抛物线趋势方程的参数，与直线趋势方程的推导方法相同，可得 a、b、c 应满足的正规方程组为：

$$\begin{cases} \sum y_t = na + b\sum t + c\sum t^2 \\ \sum ty_t = a\sum t + b\sum t^2 + c\sum t^3 \\ \sum t^2 y_t = a\sum t^2 + b\sum t^3 + c\sum t^4 \end{cases}$$

解此方程组，就可得到 a、b、c 的估计值。利用简便算法，上述正规方程组变为：

$$\begin{cases} \sum y_t = na + c\sum t^2 \\ \sum ty_t = b\sum t^2 \\ \sum t^2 y_t = a\sum t^2 + c\sum t^4 \end{cases}$$

解此方程组，就可得到 a、b、c 的估计值。

【例 9.9】 试根据表 9-9 中 2010—2020 年某企业的销售额的数据，利用最小二乘法确定抛物线趋势方程。

解：设时间序号为 t，销售额为 y，利用简便算法，计算数据如表 9-9 所示。

利用最小二乘法确定抛物线的趋势方程为：

$$\hat{y}_t = 13\,803\,171 + 4.909\,1t - 0.540\,8t^2$$

将 $t=-5,-4,-3,\cdots,4,5$ 代入趋势方程，可以得到各年的趋势值，将各年的趋势值与原序列绘制成图 9-2，可以看出销售额的变化趋势。

表 9-9 抛物线趋势方程拟合过程与结果

年份	时间序号 t	销售额 y	计算数据				趋势值 $\hat{y}_t$
			ty	t^2y	t^2	t^4	
2010	-5	100	-500	2 500	25	625	100.251 6
2011	-4	110	-440	1 760	16	256	110.027 9
2012	-3	125	-375	1 125	9	81	118.722 6
2013	-2	130	-260	520	4	16	126.335 7
2014	-1	120	-120	120	1	1	132.867 2
2015	0	124	0	0	0	0	138.317 1
2016	1	152	152	152	1	1	142.685 4
2017	2	160	320	640	4	16	145.972 1
2018	3	146	438	131 4	9	81	148.177 2
2019	4	150	600	2 400	16	256	149.300 7
2020	5	145	725	3 625	25	625	149.342 6

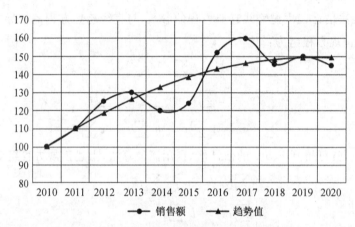

图 9-2 2010—2020 年销售额及长期趋势图

3. 指数曲线趋势方程

指数曲线用于描述以几何级数递增或递减的现象。指数曲线趋势线模型的函数表达式为：

$$\hat{y}_t = ab^t$$

式中：a、b 表示待估计参数。$\hat{y}_t = ab^t$ 公式表明：t 年的变化量 y 等于基期水平乘以一般发展速度的 t 次方。

一般的自然增长及大多数经济序列都有指数变化趋势。若 $b>1$，趋势值随着时间的推移而增加；若 $b<1$，趋势值随着时间的推移而减少，逐渐趋于零。

进行指数曲线拟合时，一般是将指数方程通过取对数转化成直线方程，然后按直线方程的方法确定出参数，再对直线方程求得的结果取反对数还原。具体做法是：

先对上述方程式两边取对数，得：

$$\lg\hat{y}_t = \lg a + t\lg b;$$

然后根据最小二乘法原理,求得关于 $\lg a$、$\lg b$ 的正规方程组为:

$$\begin{cases} \sum \lg y_t = n\lg a + \lg b \sum t \\ \sum t\lg y_t = \lg a \sum t + \lg b \sum t^2 \end{cases}$$

解此方程组求出 $\lg a$、$\lg b$,然后再对其取反对数,即得到参数 a、b。

【例 9.10】 某企业 2011—2020 年营业收入额的数据如表 9-10,试利用最小二乘法确定指数曲线趋势方程,并将营业收入的趋势值与原序列绘制成图进行比较。

解:设时间序号为 t,营业收入为 y,计算过程如表 9-10 所示:

表 9-10 指数曲线趋势方程拟合过程及结果

年份	时间序号	营业收入	计算数据		趋势值	
	t	y	$\lg y$	$t\lg y$	t^2	$\hat{y}_t$
2011	1	2 000	3.301	3.301	1	1 911.605
2012	2	2 010	3.303	6.606	4	2 011.391
2013	3	2 006	3.302	9.907	9	2 116.386
2014	4	2 045	3.311	13.243	16	2 226.861
2015	5	2 086	3.319	16.597	25	2 343.103
2016	6	2 010	3.303	19.819	36	2 465.413
2017	7	2 500	3.398	23.786	49	2 594.108
2018	8	2 430	3.386	27.085	64	2 729.52
2019	9	2 620	3.418	30.765	81	2 872.001
2020	10	2 700	3.431	34.314	100	3 021.92

利用最小二乘法确定的指数曲线趋势方程为:

$$\lg \hat{y}_t = 3.259\ 3 + 0.022\ 1t \quad \hat{y}_t = 1\ 816.77 \times 1.052\ 2^t$$

将各年营业收入的趋势值与原序列绘制成图 9-3,可以看出营业收入的变化趋势。

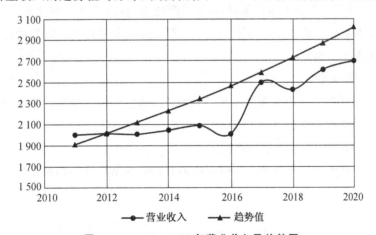

图 9-3 2011—2020 年营业收入及趋势图

四、季节变动的测定

季节变动是指社会经济现象在一定时间长度内由于受自然与社会因素的影响而发生的具有周期性、规律性的重复变动。季节变动的周期通常为一年,也可以是一个月、一周、一日。例如,由于季节对农作物生产的影响而导致的一年内农产品运输、仓储、加工等方面的周期性变化;由于季节变动而引起的服装、燃料、冷饮等商品的季节性消费周期变动;一天内城市公共交通客流量在上下班时间出现高峰涉及很多方面。

测定季节变动的方法很多,本节主要介绍两种常用的方法,一种是按月(季)平均法,另一种是移动平均趋势剔除法。进行测定时,无论采用哪种方法,都需要连续若干年(至少五年)的各月(季)发展水平的资料,才能比较正确地观察现象受季节变动影响的情况。

(一) 按月(季)平均法

按月(季)平均法是测定季节变动最简单的方法,它不考虑长期趋势的影响,对原时间序列资料不做处理,直接根据历年的周期数据加以平均(给出的资料是月度资料就按月平均,是季度资料就按季平均),并与总平均数对比,求出有关的季节比率,借以反映现象在各期的变动程度。按月(季)平均法求季节比率的步骤如下:

1. 分别就每年各月(季)的数字加总,求该年的月(季)平均数,即

$$某年月(季)平均数 = 该年内月(季)指标数值之和/12 或 4$$

2. 各年同月(季)数字加总,求若干年内同月(季)的平均数,即

$$若干年内同月(季)平均数 = 若干年内同月(季)指标数值之和/年度数$$

3. 若干年内每月(季)的数字加总,求总的月(季)平均数,即

$$平均数 = 若干年内各月(季)指标数值之和/若干年内月(季)总数$$

4. 将若干年内同月(季)平均数与总月(季)平均数对比,求各月(季)的季节比率,即

$$季节比率 = 若干年内同月(季)平均数/总平均数 \times 100\%$$

5. 调整季节比率。计算季节比率时,若是月度资料,各月季节比率之和应等于1 200%;若是季度资料,各季节比率之和应等于400%。若根据时间序列资料计算的结果不等,就应进行调整,调整的方法如下:

首先,计算调整系数,公式为:

$$月份季节比率调整系数 = 1\,200\%/调整前各月季节比率之和$$

$$季度季节比率调整系数 = 400\%/调整前各季季节比率之和$$

其次,计算调整后的季节比率,公式为:

$$调整后的季节比率 = 调整前的月(季)季节比率 \times 调整系数$$

【例 9.11】 某公司销售饮料的数据为例,说明季节比率计算的一般方法。

表 9-11 某公司销售饮料的资料

季度	第一年 ①	第二年 ②	第三年 ③	第四年 ④	第五年 ⑤	五年合计 ⑥	季平均数 ⑦	季节比率 ⑧
一季度	51	62	52	60	58	283	56.6	79.77%
二季度	75	82	78	81	80	396	79.2	111.63%
三季度	89	90	86	92	92	449	89.8	126.57%
四季度	56	61	50	63	61	291	58.2	82.03%
四季合计	271	295	266	296	291	1 419	283.8	400.00%
年平均数	67.75	73.75	66.5	74	72.75		70.95	

根据季节比率计算的步骤,表 9-11 中各数值的计算方法为:首先分别计算出第一年、第二年、第三年、第四年、第五年的合计数和平均数;其次根据各年内的季度资料计算出⑥栏、⑦栏数值;再次根据五年中二十个季度资料计算出总平均数(70.95);最后将⑦栏中各个季度的数值与 70.95 对比,计算出⑧栏数值。由于⑧栏中四个季度数值之和恰好等于400%,因此本例不对季节比率进行调整。

通过计算出的表 9-11 中的季节比率可以看出,该饮料销售额的变化规律为:二、三季度为高峰季节,一、四季度销售额明显减少。

从举例可以看出,按月(季)平均法的优点是计算简便,容易理解。缺点是所得的季节比率有时不够准确。因为这种方法没有考虑存在于现象中的长期趋势的影响,在发展趋势上升或下降较剧烈时,会使某些月(季)的平均数偏高或偏低,从而能影响季节比率的准确性。

(二) 移动平均趋势剔除法

移动平均趋势剔除法是先对时间序列计算移动平均剔除长期趋势的影响,再测定季节变动。其计算步骤如下:

1. 根据各年的月(季)资料,计算 12 个月的移动平均数(若是季资料,则计算四个季度的移动平均数),再做二项移动平均,使移动平均数对应于相应的各月。由于移动平均基本消除了季节变动和不规则变动的影响,因此,这 12 个月(或四个季度)的移动平均数可以看成是长期趋势和周期波动的综合值。

2. 将各月(或季)的实际值 Y_t 除以相应的移动平均数 T_t,便得到 $\frac{Y_t}{T_t} = S_t \times I_t$。

3. 把 $\frac{Y_t}{T_t}$ 值按月(或季)排列,计算同月(或季)的平均相对数,以消除不规则变动,即可得到各月(或季)的季节变动值 S_t。

4. 将各月(或季)的平均数加总计算出总的月(或季)平均数,然后用各月(或季)的平均数除以总的月(或季)平均数,即可得到各月(或季)的季节指数。

【例 9.12】 根据表 9-12 的数据,使用移动平均趋势剔除法计算季节指数。

表 9-12 移动平均趋势剔除法季节指数计算表

年份	季度	销售额 Y_t	四个季度移动总数	四季的移动平均数	趋势值 T_t	$\dfrac{Y_t}{T_t}\times 100$
	①	②	③	④	⑤	⑥
第一年	一季度	51				
	二季度	75	271	67.75		
	三季度	89	282	70.5	69.125	128.75
	四季度	56	289	72.25	71.375	78.46
第二年	一季度	62	290	72.5	72.375	85.66
	二季度	82	295	73.75	73.125	112.14
	三季度	90	285	71.25	72.5	124.14
	四季度	61	281	70.25	70.75	86.22
第三年	一季度	52	277	69.25	69.75	74.55
	二季度	78	266	66.5	67.875	114.92
	三季度	86	274	68.5	67.5	127.41
	四季度	50	277	69.25	68.875	72.60
第四年	一季度	60	283	70.75	70	85.71
	二季度	81	296	74	72.375	111.92
	三季度	92	294	73.5	73.75	124.75
	四季度	63	293	73.25	73.375	85.86
第五年	一季度	58	293	73.25	73.25	79.18
	二季度	80	291	72.75	73	109.59
	三季度	92				
	四季度	61				

表 9-12 中第三栏为"四个季度移动总数",该栏的第一个数 271 位于第一年第二季度和第三季度之间的位置上,等于第一年四个季度销售额之和,以下各个数字以此类推;第四栏是平均数,该栏各个数字也位于两个季度之间的位置上;由于四项移动平均后得到趋势值,还需要进行移正平均,第五栏为趋势值,它是对第四栏数值再进行两项移动平均后得到的结果;第六栏为原数列数值与对应的趋势值对比得到的相对数,这个相对数叫"季节变动和不规则变动相对数",形成的是消除了长期趋势后得到的新数列,因为通常时间序列的变动(Y)分解为长期趋势变动(T)、季节变动(S)和不规则变动(I),它们之间的关系可综合为 $Y=T\cdot S\cdot I$,则 $\dfrac{Y}{T}=S\cdot I$。因此,形成的相对数剔除了长期趋势变动,反映了季节变动和不规则变动,所以称为"季节变动和不规则变动相对数"。

到现在为止,我们可以根据"季节变动和不规则变动相对数"计算季节比率,列计算表如表 9-13 所示。

表 9-13 季节比率计算表

年份	一季度	二季度	三季度	四季度	合计
第一年			128.75	78.46	
第二年	85.66	112.14	124.14	86.22	
第三年	74.55	114.92	127.41	72.6	
第四年	85.71	111.92	124.75	85.86	
第五年	79.18	109.59			
合计	325.1	448.57	505.05	323.14	
平均	81.28	112.14	126.26	80.79	400.46
季节比率	81.18	112.01	126.11	80.69	400

调整系数=400%/调整前各季节比率之和=400%/400.46%=0.998 6

用调整系数分别乘以各季平均数就可得到调整后的季节比率,即表 9-13 最后一行季节比率的各个数值。

五、循环变动的测定

循环变动是指变动周期大于一年的有一定规律性的重复变动。循环变动不同于长期趋势,它所表现的不是朝着某一个方向持续上升或下降,而是从低到高,又从高到低的周而复始的近乎规律性的变动。循环变动也不同于季节变动,季节变动一般以一年、一季或一月为一周期,可以预见。而循环变动没有固定的周期,一般都在数年以上,难以事先预知。因此,循环变动分析不仅要借助于统计方法,还要借助于定性的经济分析。

从统计分析的角度来看,循环变动的测定方法有多种,如剩余法、直接法和循环平均法等。不同的方法得出的分析结论有一定的差异,这就需要对不同测定方法的基本原理、前提条件有所了解。

(一)直接法

直接法适用于季度和月度时间序列。如果研究时间序列的目的只在于测定数据的循环波动特征,可用直接法进行分析。直接法是将每年各季或各月的数值与上年同期进行对比,即求出年距发展速度:

$$C \cdot I = \frac{y_t}{y_{t-4/12}}$$

直接法简便易行,可以大致消除趋势变动(T)和季节变动(S)的影响。它的主要局限性是在消除时间序列长期趋势的同时,相对放大了年度发展水平的影响,当某期发展水平偏低或偏高时,必然会影响 $C \cdot I$ 的数值,使之偏高或偏低,导致循环变动的振幅被拉大。

(二)剩余法

通常用剩余法测定循环变动的程度。基本思想是:对各期时间序列用长期趋势和季节比率消除趋势变动和季节变动,从而得出反映循环变动与不规则变动的数列,然后再采用移动平均法消除不规则变动,便可得出反映循环变动程度的各期循环变动系数。

$$Y_t = T_t \cdot S_t \cdot C_t \cdot I_t$$

$$\frac{Y_t}{T_t \cdot S_t} = \frac{T_t \cdot S_t \cdot C_t \cdot I_t}{T_t \cdot S_t} = C_t \cdot I_t$$

将 $C_t \cdot I_t$ 数列进行移动平均修匀,则修匀后的数列即为各期循环变动的系数。

测定循环变动的程度,认识经济波动的某些规律,预测下一个循环变动可能产生的各种影响,以便充分利用有利因素,避免不利因素,对于保持国民经济持续稳定的发展有重要的意义。但是循环变动预测和长期趋势预测不同,循环变动主要属于景气预测,在很大程度上要依靠经济分析,仅仅对历史资料的统计处理是不够的。

六、不规则变动的测定

根据统计学家的认识,在一个时间序列的变动中,消除长期趋势变动和季节变动,即为不规则变动,用公式表示为:

$$\frac{Y_t}{T_t \cdot S_t} = I_t$$

因此,用前例中所得到的季节比率去除"季节变动和不规则变动相对数",即可得到一个反映不规则变动的数列。现将第一年第三季度至第二年第二季度的不规则变动相对数计算列出如表 9-14 所示:

表 9-14 不规则变动测定

年度	季度	不规则变动相对数
第一年	三季度	$\dfrac{89}{69.125 \times 126.11\%} = 1.021$
第一年	四季度	$\dfrac{56}{71.375 \times 80.69\%} = 0.972$
第二年	一季度	$\dfrac{62}{72.375 \times 81.18\%} = 1.055$
第二年	二季度	$\dfrac{82}{73.125 \times 112.01\%} = 1.001$

上述所列各季不规则变动相对数反映出各季度意外变动的不同程度,不规则变动相对数在 1 上下波动。大于 1,表示对数列的影响为正;小于 1,表示对数列的影响为负;离 1 越远,影响越大;等于 1,则表示无不规则变动。应该指出,不规则变动相对数必须和影响原数列的各种具体情况联系起来分析才有意义。

第五节 时间序列分析与预测

一、趋势外推

当所研究的对象依时间变化呈现出某种上升或下降的趋势,并且无明显的季节变动,又能够找到一条合适的函数曲线反映这种变化趋势,这时可以建立趋势模型:$Y = f(t)$。当有理由相信这种趋势能够延伸到未来时,赋予变量 t 所需要的值,便可以得到相应时刻的时间序列未来值。这就是趋势外推法。在实际工作中,常常把趋势分析与统计预测结合在一起。利用趋势模型进行预测时,预测值与实际值会存在误差,这种误差可用线性回归中的估计标准误差来衡量。其计算公式为:

$$s_y = \sqrt{\frac{\sum_{i=1}^{n}(y_i - \hat{y}_i)}{n - m}}$$

式中:n 表示时间序列的项数;m 表示趋势方程中未知参数的个数。

对于线性趋势方程 $m = 2$,对于抛物线趋势方程 $m = 3$,对于指数曲线趋势方程 $m = 2$。

二、线性趋势分析及预测

根据前面介绍的线性趋势模型参数的最小二乘估计法,我们可以对具有线性变化规律的现象,用趋势方程来拟合其发展变化,通过趋势方程可以计算出各期的趋势值,而且还可以利用趋势方程进行外推预测。

【例 9.13】 某服装厂 2013—2020 年每年的销售收入的数据,使用最小二乘法确定直线趋势方程,并计算出各期的预测值和预测误差,预测 2021 年的销售收入,将原序列和各期的序列绘制成图进行比较。

表 9-15 线性趋势方程拟合过程与结果

年份	时间序号	销售收入	趋势值	残差	残差平方
2013	1	200	201.33	−1.33	1.78
2014	2	202	202.06	−0.06	0.00
2015	3	203	202.79	0.21	0.05
2016	4	205	203.51	1.49	2.21
2017	5	206	204.24	1.76	3.10
2018	6	204	204.96	−0.96	0.93
2019	7	205	205.69	−0.69	0.48
2020	8	206	206.42	−0.42	0.17
合计					8.73

经过计算得趋势方程为：
$$\hat{y}_t = 200.6071 + 0.7262t$$

$$s_y = \sqrt{\frac{\sum_{i=1}^{n}(y_i - \hat{y}_i)}{n-m}} = \sqrt{\frac{8.73}{8-1}} = 1.1168$$

将 $t=9$ 代入趋势方程，即可得到 2021 年销售收入的预测值，即
$$\hat{y}_{2021} = 200.6071 + 0.7262 \times 9 = 207.14$$

将原序列和各期的趋势值序列绘制成图 9-4，可以清楚地看出销售收入的变化趋势。

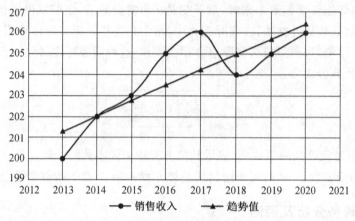

图 9-4　2013—2020 年销售收入及趋势图

三、非线性趋势分析及预测

在社会经济生活中，有些社会经济现象随着时间的推移呈现出非线性趋势，这需要配合适当的趋势曲线，关于指数曲线、二次曲线的趋势方程的拟合方法与模型参数的估计已经在前面做了详细的介绍。

社会经济现象呈现出的非线性趋势，除了已介绍的指数曲线、二次曲线外，还有很多经济现象的发展需要经历产生、发展、成熟、衰退的过程，对于存在这种发展变化规律的经济现象，我们可以用成长曲线来加以描述。成长曲线存在很多类型，较重要的有三种曲线模型。

（一）修正指数曲线

许多新产品投入市场后，需求量常常呈现为初期迅速增长，经过一段时间后增长速度降低，而各期增长量的环比速度又大体上相等，最后，发展水平趋向于一个正的常数极限。对于这类现象的发展趋势，可以用修正指数曲线模型来描述。

修正指数曲线的预测模型为：
$$\hat{y}_t = k + ab^t$$

式中：k、a、b 为未知常数，$k>0, a \neq 0, 0<b \neq 1$。

不难看出，修正指数曲线预测模型与指数曲线预测模型仅相差一个常数 k，修正指数曲线以 $y=k$ 为渐近线。

（二）龚珀兹曲线

龚珀兹曲线是以英国统计学家和数学家本杰明·龚珀兹的名字命名的曲线。它也是一

种常见的趋势曲线。当经济变量的发展变化表现为初期增长速度缓慢,随后增长速度逐渐加快,达到一定程度后又逐渐减慢,最后达到饱和状态这种趋势时,可以用龚珀兹曲线来描述。龚珀兹曲线多用于新产品的研制、发展、成熟和衰退分析。工业产品寿命一般可分为四个时期:一是萌芽期;二是畅销期;三是饱和期;四是衰退期。龚珀兹曲线特别适用于对处在成熟期的商品进行预测,以掌握市场需求和销售的饱和量。龚珀兹曲线模型为:

$$\hat{y}_t = ka^{b^t}$$

式中:$\hat{y}_t$ 表示第 t 期的预测值,k、a、b 为待定参数,$k>0, 0<a\neq 1, 0<b\neq 1$。

龚珀兹曲线的形式,取决于参数 k、a、b 的值,用以描述产品生命周期的具体规律。对函数模型 $\hat{y}_t = ka^{b^t}$ 做线性变换得:

$$\lg \hat{y}_t = \lg k + (\lg a) b^t$$

若令 $\hat{Y}_t = \lg \hat{y}_t, K = \lg k, A = \lg a$,则上式变为:

$$\hat{Y}_t = K + Ab^t$$

这恰好是修正指数期限的预测模型,我们可以仿照修正指数曲线模型估计参数的三段法,求得 $b, \lg a, \lg k$ 的计算公式:

$$b = \sqrt[n]{\frac{\sum_3 \lg y_t - \sum_2 \lg y_t}{\sum_2 \lg y_t - \sum_1 \lg y_t}}$$

$$\lg a = \left(\sum_2 \lg y_t - \sum_1 \lg y_t \right) \frac{b-1}{(b^n-1)^2}$$

$$\lg k = \frac{1}{n} \left(\sum_1 \lg y_t - \lg a \frac{b^n-1}{b-1} \right)$$

(三) 逻辑斯谛曲线

逻辑斯谛曲线(Logistic Curve),是比利时数学家 P. F. Verhulst 首先发现的一种特殊曲线。逻辑斯谛曲线常用来分析研究存在成长极限的生命周期问题,如公司产品的生命周期。

逻辑斯谛曲线的预测模型为:

$$\hat{y}_t = \frac{1}{k + ab^t}$$

也可以表达成:

$$\frac{1}{\hat{y}_t} = k + ab^t$$

式中:k、a、b 为未知常数,$k>0, a\neq 0, 0<b\neq 1$。

由于逻辑斯谛曲线的倒数是修正指数曲线,因此,仿照修正指数曲线估计参数的方法,可得 k、a、b 的计算公式如下:

$$b = \sqrt[n]{\frac{\sum_3 \frac{1}{y} - \sum_2 \frac{1}{y}}{\sum_2 \frac{1}{y} - \sum_1 \frac{1}{y}}}$$

$$a = \left(\sum_2 \frac{1}{y} - \sum_1 \frac{1}{y} \right) \frac{b-1}{(b^n-1)^2}$$

$$k = \frac{1}{n} \left(\sum_1 \frac{1}{y} - a \frac{b^n-1}{b-1} \right)$$

本章内容导图

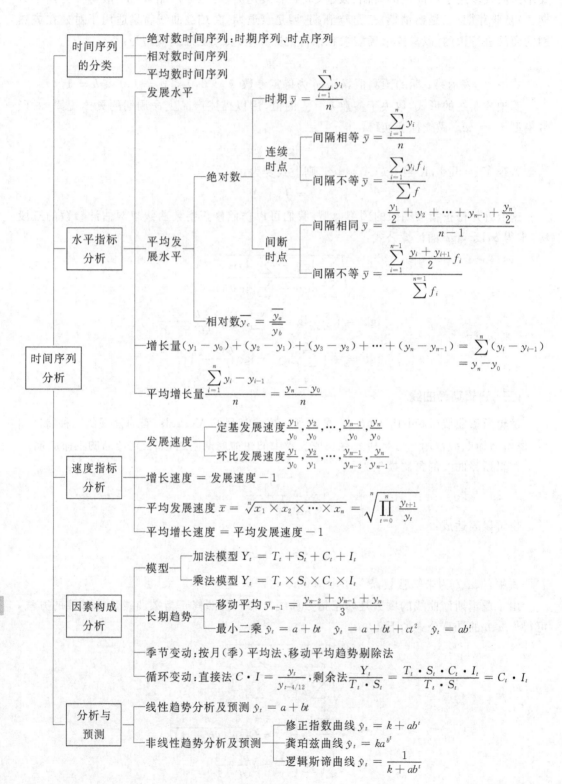

思政案例实务:粮食产量时间序列分析

粮食安全被称为当今世界各国经济发展的"三大安全"问题之一。民以食为天,粮食是人类赖以生存的主要食物,因此粮食承担着人类文明最基本的生存需求。农产品总量,特别是粮食总量保障,决定了国家应对复杂多变局面的底气,奠定了国家现代化进程的坚定基础。由于粮食供给和需求的不确定性,作为一个相对可控的供给来源,粮食产量从根本上保障着粮食安全。

从粮食产量折线图来看,新中国成立以来我国粮食产量基本保持了稳步上升的态势,其中出现了两次较大幅度的下跌。1959—1961 年我国发生了大面积洪涝、干旱等自然灾害,同时还发生了大规模的蝗灾,造成粮食产量大幅度减产,进而导致农村地区严重缺粮,饥荒也随之而来。改革开放后,随着经济的快速发展,粮食作物播种面积由 1978 年的 12 058.72 万公顷下降到 2003 年的 9 941.04 万公顷,下降 17.56%。2003 年我国粮食产量降至低谷,随后,我国实行一系列惠农政策,粮食产量逐年增加。2004—2015 年粮食产量实现了历史上从未出现的"十二连增"。2016—2020 年粮食产量基本在 6.6 亿吨的水平上下波动。

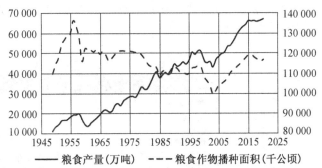

新中国成立以来,在播种面积下降的情况下,粮食产量呈现稳步快速的增长,主要有以下三个原因。首先,耕地质量变好。相比于以前的农村耕地,虽说耕地的数量在减少,但是相应地,耕地的质量在不断地增加,特别是近几年以来,我国不断帮助农村修路,还修了不少的水利工程,提高了耕地的亩产量,同时还提高了农田的抗风险能力。其次,科技改变新种子。粮食单产的增加,主要源自品种的改良。新种子的优势是既能够高产,又能防范害虫,并且还能有效地预防不少对农作物造成伤害的疾病等。最后,政府政策的扶持。政策包括对种粮农户的生产和价格补贴、粮食生产政策性保险、对种粮大县的奖励等。

【思政案例】

下表为我国 1978—2020 年人均粮食产量数据(单位:公斤),分别用三项移动平均和五项移动平均计算人均粮食产量的趋势序列,并利用 2003—2020 数据对人均粮食产量进行趋势预测。

年份	人均粮食产量	年份	人均粮食产量	年份	人均粮食产量	年份	人均粮食产量
1978	316.61	1989	361.61	2000	364.66	2011	436.19
1979	340.48	1990	390.30	2001	354.66	2012	450.42
1980	324.76	1991	375.83	2002	355.82	2013	461.13
1981	324.79	1992	377.79	2003	333.29	2014	464.71
1982	348.73	1993	385.17	2004	361.16	2015	477.57
1983	375.97	1994	371.38	2005	370.17	2016	474.34
1984	390.30	1995	385.25	2006	378.89	2017	472.54
1985	358.15	1996	412.24	2007	381.55	2018	468.11
1986	364.17	1997	399.73	2008	402.36	2019	470.78
1987	370.29	1998	410.62	2009	404.20	2020	474.10
1988	354.94	1999	404.17	2010	416.97		

一、移动平均 Excel 操作

1. 打开 Excel 输入原始数据。点击"数据—数据分析",弹出"数据分析"对话框,选择"移动平均"选项,如下图所示。

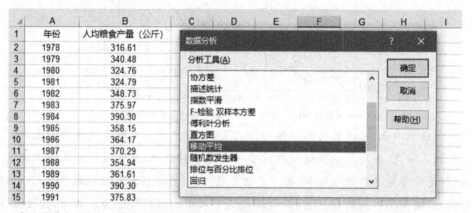

2. 单击"确定"按钮,弹出"移动平均"对话框,如下图所示。"输入区域"中输入数据的单元格区域"$B$1:$B$44",选择"标志位于第一行","间隔"输入 3,"输出区域"中给定输出单元格,默认为新工作表组。

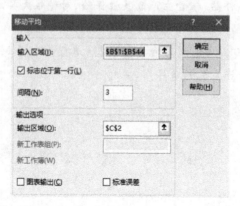

3. 点击"确定"即可以得到人均粮食产量的三项移动平均序列,如下图所示。需要注意的是移动平均缺失值在序列的开始位置。

	A	B	C
1	年份	人均粮食产量(公斤)	三项移动平均
2	1978	316.61	#N/A
3	1979	340.48	#N/A
4	1980	324.76	327.28
5	1981	324.79	330.01
6	1982	348.73	332.76
7	1983	375.97	349.83
8	1984	390.30	371.67
9	1985	358.15	374.81
10	1986	364.17	370.88

4. 同理,在"移动平均"对话框中,"间隔"中输入5,即可以得到五项移动平均序列。选择年份、人均粮食产量、三项移动平均、五项移动平均四列,点击"插入—图表"中的"散点图—带平滑线的散点图",如右图所示。可以得到各序列的走势图,如右图所示。需要注意,默认纵坐标的范围从0开始,当观测值波动范围远离0时,指标波动趋势不明显,这时需要重新设置纵坐标的范围。可右键点击图中纵坐标,选择"设置坐标轴格式",在坐标轴选项中设置坐标的最大值和最小值。

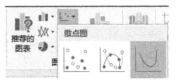

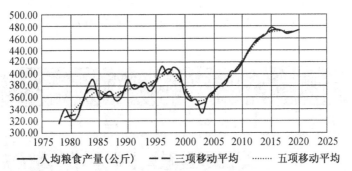

二、移动平均 SPSS 操作

1. 打开 SPSS 软件,将原始数据录入,点击"转换—创建时间序列",如下图所示。弹出"创建时间序列"对话框,如右图所示。

2. 在"创建时间序列"对话框中,将"人均粮食产量"选入"新变量=>新名称"中。在"名称和函数"中,将"名称"改为"三项移动平均","函数"改为"先前移动平均","跨度"为"3",点击"确定"按钮。得到三项移动平均结果,如下图所示。

	年份	人均粮食产量	三项移动平均
1	1978	316.61	.
2	1979	340.48	23.87
3	1980	324.76	-15.72
4	1981	324.79	.03
5	1982	348.73	23.94
6	1983	375.97	27.24
7	1984	390.30	14.33
8	1985	358.15	-32.15
9	1986	364.17	6.02
10	1987	370.29	6.12

3. 同样地,在"创建时间序列"对话框中,将"跨度"设为5即可以得到人均粮食产量五项移动平均结果。

三、趋势预测

1. 线性预测

(1) 在单元格B21,点击"公式—插入函数",选项"统计"中的"FORECAST.LINEAR",如下图所示。

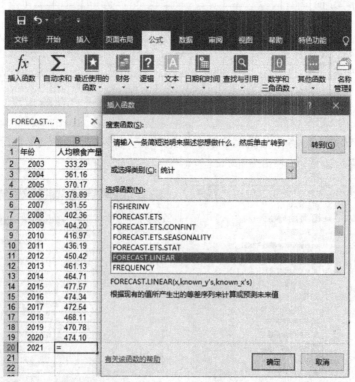

(2) 点击"确定",弹出"函数参数"对话框。在"X"中输入"2021"或选择A20单元格,在"Known_y's"中输入B2:B19,在"Known_x's"中输入A2:A19,单击"确定"按钮,即得出2021年人均粮食产量的预测值为507.62,如下图所示。

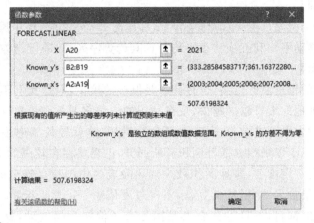

2. 非线性预测

（1）选中"年份"和"人均粮食产量"两列，点击"插入—图表"中的"散点图—带平滑线的散点图"，得到人均粮食产量折线图。选中散点图，点右键，在菜单中选择"添加趋势线"，如下图所示。

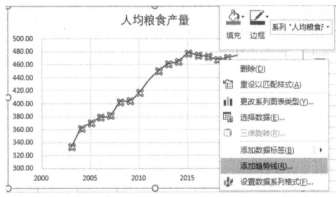

（2）系统默认添加线性趋势线，如下左图所示。可以在设置趋势线格式中选择趋势线的类型和向前预测的周期，如下右图所示。

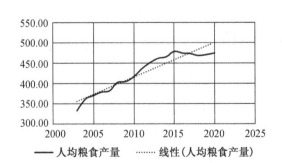
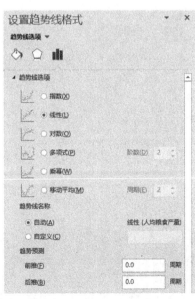

【思政案例实训】

登录国家统计局网站(www.stats.gov.cn),查找 1978—2018 年中国粮食单位面积产量数据,分别用三项移动平均和五项移动平均计算其趋势序列,并进行趋势预测。

【思政案例启示】

虽然目前我国的粮食总产量高,也存储了足够多的粮食,但是我们不得不面对一些基本问题。首先,愿意种地的人口越来越少,现在种田的农民多是 50 后、60 后,甚至还有超过七十岁的老人,年轻的农民都进城打工了,都不愿意种田,这就导致了中国农业后继无人的隐忧。其次,虽然 2003 年以来粮食播种面积有所回升,但仍然存在较高的下降风险,守住国家的 18 亿亩红线存在一定难度,耕地面积减少的风险成为中国粮食安全的隐患。最后,中国目前主粮稻谷是自给自足的,但是大豆、小麦等过度依赖于进口。玉米、大豆等农产品又是禽类、猪、牛等牲畜的饲料,一旦这些农产品国际市场价格大幅波动,就会导致国内物价的震荡。

为确保我国粮食安全,给出以下建议:首先,严守耕地保护红线。坚守 18 亿亩耕地红线,进一步完善耕地占补平衡政策,确保基本农田总量不减少、用途不改变、质量不下降。其次,调动和保护好主产区农民种粮积极性和主产区政府抓粮积极性,让农民种粮有利可图,让主产区抓粮可得实惠。再次,明确中央和地方政府的职责。最后,高度重视节约粮食。浪费惊人的现实要求节约粮食,着重解决收储、销售、加工过程中的粮食浪费问题,形成节约粮食的良好风尚。

附 表

附表1 标准正态分布表

$$\Phi(x) = \int_{-\infty}^{x} \frac{1}{\sqrt{2\pi}} e^{-\frac{t^2}{2}} dt = P(X \leqslant x)$$

x	0	0.01	0.02	0.03	0.04	0.05	0.06	0.07	0.08	0.09
0	0.500 0	0.504 0	0.508 0	0.512 0	0.516 0	0.519 9	0.523 9	0.527 9	0.531 9	0.535 9
0.1	0.539 8	0.543 8	0.547 8	0.551 7	0.555 7	0.559 6	0.563 6	0.567 5	0.571 4	0.575 3
0.2	0.579 3	0.583 2	0.587 1	0.591 0	0.594 8	0.598 7	0.602 6	0.606 4	0.610 3	0.614 1
0.3	0.617 9	0.621 7	0.625 5	0.629 3	0.633 1	0.636 8	0.640 4	0.644 3	0.648 0	0.651 7
0.4	0.655 4	0.659 1	0.662 8	0.666 4	0.670 0	0.673 6	0.677 2	0.680 8	0.684 4	0.687 9
0.5	0.691 5	0.695 0	0.698 5	0.701 9	0.705 4	0.708 8	0.712 3	0.715 7	0.719 0	0.722 4
0.6	0.725 7	0.729 1	0.732 4	0.735 7	0.738 9	0.742 2	0.745 4	0.748 6	0.751 7	0.754 9
0.7	0.758 0	0.761 1	0.764 2	0.767 3	0.770 3	0.773 4	0.776 4	0.779 4	0.782 3	0.785 2
0.8	0.788 1	0.791 0	0.793 9	0.796 7	0.799 5	0.802 3	0.805 1	0.807 8	0.810 6	0.813 3
0.9	0.815 9	0.818 6	0.821 2	0.823 8	0.826 4	0.828 9	0.835 5	0.834 0	0.836 5	0.838 9
1	0.841 3	0.843 8	0.846 1	0.848 5	0.850 8	0.853 1	0.855 4	0.857 7	0.859 9	0.862 1
1.1	0.864 3	0.866 5	0.868 6	0.870 8	0.872 9	0.874 9	0.877 0	0.879 0	0.881 0	0.883 0
1.2	0.884 9	0.886 9	0.888 8	0.890 7	0.892 5	0.894 4	0.896 2	0.898 0	0.899 7	0.901 5
1.3	0.903 2	0.904 9	0.906 6	0.908 2	0.909 9	0.911 5	0.913 1	0.914 7	0.916 2	0.917 7
1.4	0.919 2	0.920 7	0.922 2	0.923 6	0.925 1	0.926 5	0.927 9	0.929 2	0.930 6	0.931 9
1.5	0.933 2	0.934 5	0.935 7	0.937 0	0.938 2	0.939 4	0.940 6	0.941 8	0.943 0	0.944 1
1.6	0.945 2	0.946 3	0.947 4	0.948 4	0.949 5	0.950 5	0.951 5	0.952 5	0.953 5	0.953 5
1.7	0.955 4	0.956 4	0.957 3	0.958 2	0.959 1	0.959 9	0.960 8	0.961 6	0.962 5	0.963 3
1.8	0.964 1	0.964 8	0.965 6	0.966 4	0.967 2	0.967 8	0.968 6	0.969 3	0.970 0	0.970 6
1.9	0.971 3	0.971 9	0.972 6	0.973 2	0.973 8	0.974 4	0.975 0	0.975 6	0.976 2	0.976 7
2	0.977 2	0.977 8	0.978 3	0.978 8	0.979 3	0.979 8	0.980 3	0.980 8	0.981 2	0.981 7
2.1	0.982 1	0.982 6	0.983 0	0.983 4	0.983 8	0.984 2	0.984 6	0.985 0	0.985 4	0.985 7
2.2	0.986 1	0.986 4	0.986 8	0.987 1	0.987 4	0.987 8	0.988 1	0.988 4	0.988 7	0.989 0
2.3	0.989 3	0.989 6	0.989 8	0.990 1	0.990 4	0.990 6	0.990 9	0.991 1	0.991 3	0.991 6
2.4	0.991 8	0.992 0	0.992 2	0.992 5	0.992 7	0.992 9	0.993 1	0.993 2	0.993 4	0.993 6
2.5	0.993 8	0.994 0	0.994 1	0.994 3	0.994 5	0.994 6	0.994 8	0.994 9	0.995 1	0.995 2
2.6	0.995 3	0.995 5	0.995 6	0.995 7	0.995 9	0.996 0	0.996 1	0.996 2	0.996 3	0.996 4
2.7	0.996 5	0.996 6	0.996 7	0.996 8	0.996 9	0.997 0	0.997 1	0.997 2	0.997 3	0.997 4
2.8	0.997 4	0.997 5	0.997 6	0.997 7	0.997 7	0.997 8	0.997 9	0.997 9	0.998 0	0.998 1
2.9	0.998 1	0.998 2	0.998 2	0.998 3	0.998 4	0.998 4	0.998 5	0.998 5	0.998 6	0.998 6
3	0.998 7	0.999 0	0.999 3	0.999 5	0.999 7	0.999 8	0.999 8	0.999 9	0.999 9	1.000 0

附表2 χ^2分布表

$$P\{\chi^2(n) > \chi^2_\alpha(n)\} = \alpha$$

n \ α	0.995	0.990	0.975	0.950	0.900	0.750	0.250	0.100	0.050	0.025	0.010	0.005
1	0.000	0.000	0.001	0.004	0.016	0.102	1.323	2.706	3.841	5.024	6.635	7.879
2	0.010	0.020	0.051	0.103	0.211	0.575	2.773	4.605	5.991	7.378	9.210	10.597
3	0.072	0.115	0.216	0.352	0.584	1.213	4.108	6.251	7.815	9.348	11.345	12.838
4	0.207	0.297	0.484	0.711	1.064	1.923	5.385	7.779	9.488	11.143	13.277	14.860
5	0.412	0.554	0.831	1.145	1.610	2.675	6.626	9.236	11.070	12.833	15.086	16.750
6	0.676	0.872	1.237	1.635	2.204	3.455	7.841	10.645	12.592	14.449	16.812	18.548
7	0.989	1.239	1.690	2.167	2.833	4.255	9.037	12.017	14.067	16.013	18.475	20.278
8	1.344	1.646	2.180	2.733	3.490	5.071	10.219	13.362	15.507	17.535	20.090	21.955
9	1.735	2.088	2.700	3.325	4.168	5.899	11.389	14.684	16.919	19.023	21.666	23.589
10	2.156	2.558	3.247	3.940	4.865	6.737	12.549	15.987	18.307	20.483	23.209	25.188
11	2.603	3.053	3.816	4.575	5.578	7.584	13.701	17.275	19.675	21.920	24.725	26.757
12	3.074	3.571	4.404	5.226	6.304	8.438	14.845	18.549	21.026	23.337	26.217	28.300
13	3.565	4.107	5.009	5.892	7.042	9.299	15.984	19.812	22.362	24.736	27.688	29.819
14	4.075	4.660	5.629	6.571	7.790	10.165	17.117	21.064	23.685	26.119	29.141	31.319
15	4.601	5.229	6.262	7.261	8.547	11.037	18.245	22.307	24.996	27.488	30.578	32.801
16	5.142	5.812	6.908	7.962	9.312	11.912	19.369	23.542	26.296	28.845	32.000	34.267
17	5.697	6.408	7.564	8.672	10.085	12.792	20.489	24.769	27.587	30.191	33.409	35.718
18	6.265	7.015	8.231	9.390	10.865	13.675	21.605	25.989	28.869	31.526	34.805	37.156
19	6.844	7.633	8.907	10.117	11.651	14.562	22.718	27.204	30.144	32.852	36.191	38.582
20	7.434	8.260	9.591	10.851	12.443	15.452	23.828	28.412	31.410	34.170	37.566	39.997
21	8.034	8.897	10.283	11.591	13.240	16.344	24.935	29.615	32.671	35.479	38.932	41.401
22	8.643	9.542	10.982	12.338	14.041	17.240	26.039	30.813	33.924	36.781	40.289	42.796
23	9.260	10.196	11.689	13.091	14.848	18.137	27.141	32.007	35.172	38.076	41.638	44.181
24	9.886	10.856	12.401	13.848	15.659	19.037	28.241	33.196	36.415	39.364	42.980	45.559
25	10.520	11.524	13.120	14.611	16.473	19.939	29.339	34.382	37.652	40.646	44.314	46.928
26	11.160	12.198	13.844	15.379	17.292	20.843	30.435	35.563	38.885	41.923	45.642	48.290
27	11.808	12.879	14.573	16.151	18.114	21.749	31.528	36.741	40.113	43.195	46.963	49.645
28	12.461	13.565	15.308	16.928	18.939	22.657	32.620	37.916	41.337	44.461	48.278	50.993
29	13.121	14.256	16.047	17.708	19.768	23.567	33.711	39.087	42.557	45.722	49.588	52.336
30	13.787	14.953	16.791	18.493	20.599	24.478	34.800	40.256	43.773	46.979	50.892	53.672

附表3 t 分布表

$$P\{t(n) > t_\alpha(n)\} = \alpha$$

α \ n	0.10	0.05	0.025	0.01	0.005	0.001	0.0005
1	3.078	6.314	12.706	31.821	63.657	318.309	636.619
2	1.886	2.920	4.303	6.965	9.925	22.327	31.599
3	1.638	2.353	3.182	4.541	5.841	10.215	12.924
4	1.533	2.132	2.776	3.747	4.604	7.173	8.610
5	1.476	2.015	2.571	3.365	4.032	5.893	6.869
6	1.440	1.943	2.447	3.143	3.707	5.208	5.959
7	1.415	1.895	2.365	2.998	3.499	4.785	5.408
8	1.397	1.860	2.306	2.896	3.355	4.501	5.041
9	1.383	1.833	2.262	2.821	3.250	4.297	4.781
10	1.372	1.812	2.228	2.764	3.169	4.144	4.587
11	1.363	1.796	2.201	2.718	3.106	4.025	4.437
12	1.356	1.782	2.179	2.681	3.055	3.930	4.318
13	1.350	1.771	2.160	2.650	3.012	3.852	4.221
14	1.345	1.761	2.145	2.624	2.977	3.787	4.140
15	1.341	1.753	2.131	2.602	2.947	3.733	4.073
16	1.337	1.746	2.120	2.583	2.921	3.686	4.015
17	1.333	1.740	2.110	2.567	2.898	3.646	3.965
18	1.330	1.734	2.101	2.552	2.878	3.610	3.922
19	1.328	1.729	2.093	2.539	2.861	3.579	3.883
20	1.325	1.725	2.086	2.528	2.845	3.552	3.850
21	1.323	1.721	2.080	2.518	2.831	3.527	3.819
22	1.321	1.717	2.074	2.508	2.819	3.505	3.792
23	1.319	1.714	2.069	2.500	2.807	3.485	3.768
24	1.318	1.711	2.064	2.492	2.797	3.467	3.745
25	1.316	1.708	2.060	2.485	2.787	3.450	3.725
26	1.315	1.706	2.056	2.479	2.779	3.435	3.707
27	1.314	1.703	2.052	2.473	2.771	3.421	3.690
28	1.313	1.701	2.048	2.467	2.763	3.408	3.674
29	1.311	1.699	2.045	2.462	2.756	3.396	3.659
30	1.310	1.697	2.042	2.457	2.750	3.385	3.646
40	1.303	1.684	2.021	2.423	2.704	3.307	3.551
60	1.296	1.671	2.000	2.390	2.660	3.232	3.460
120	1.289	1.658	1.980	2.358	2.617	3.160	3.373
∞	1.282	1.645	1.960	2.326	2.576	3.090	3.291

附表4 F分布表

$$P\{F(n_1,n_2) > F_\alpha(n_1,n_2)\} = \alpha$$

$\alpha = 0.05$

n_2 \ n_1	1	2	3	4	5	6	7	8	9	10	12	15	20	24	30	40	60	120	∞
1	161.4	199.5	215.7	224.6	230.2	234	236.8	238.9	240.5	241.9	243.9	245.9	248	249.1	250.1	251.1	252.2	253.3	254.3
2	18.51	19	19.16	19.25	19.3	19.33	19.35	19.37	19.38	19.4	19.41	19.43	19.45	19.45	19.46	19.47	19.48	19.49	19.5
3	10.13	9.55	9.28	9.12	9.01	8.94	8.89	8.85	8.81	8.79	8.74	8.7	8.66	8.64	8.62	8.59	8.57	8.55	8.53
4	7.71	6.94	6.59	6.39	6.26	6.16	6.09	6.04	6	5.96	5.91	5.86	5.8	5.77	5.75	5.72	5.69	5.66	5.63
5	6.61	5.79	5.41	5.19	5.05	4.95	4.88	4.82	4.77	4.74	4.68	4.62	4.56	4.53	4.5	4.46	4.43	4.4	4.36
6	5.99	5.14	4.76	4.53	4.39	4.28	4.21	4.15	4.1	4.06	4	3.94	3.87	3.84	3.81	3.77	3.74	3.7	3.67
7	5.59	4.74	4.35	4.12	3.97	3.87	3.79	3.73	3.68	3.64	3.57	3.51	3.44	3.41	3.38	3.34	3.3	3.27	3.23
8	5.32	4.46	4.07	3.84	3.69	3.58	3.5	3.44	3.39	3.35	3.28	3.22	3.15	3.12	3.08	3.04	3.01	2.97	2.93
9	5.12	4.26	3.86	3.63	3.48	3.37	3.29	3.23	3.18	3.14	3.07	3.01	2.94	2.9	2.86	2.83	2.79	2.75	2.71
10	4.96	4.1	3.71	3.48	3.33	3.22	3.14	3.07	3.02	2.98	2.91	2.85	2.77	2.74	2.7	2.66	2.62	2.58	2.54
11	4.84	3.98	3.59	3.36	3.2	3.09	3.01	2.95	2.9	2.85	2.79	2.72	2.65	2.61	2.57	2.53	2.49	2.45	2.4
12	4.75	3.89	3.49	3.26	3.11	3	2.91	2.85	2.8	2.75	2.69	2.62	2.54	2.51	2.47	2.43	2.38	2.34	2.3
13	4.67	3.81	3.41	3.18	3.03	2.92	2.83	2.77	2.71	2.67	2.6	2.53	2.46	2.42	2.38	2.34	2.3	2.25	2.21
14	4.6	3.74	3.34	3.11	2.96	2.85	2.76	2.7	2.65	2.6	2.53	2.46	2.39	2.35	2.31	2.27	2.22	2.18	2.13
15	4.54	3.68	3.29	3.06	2.9	2.79	2.71	2.64	2.59	2.54	2.48	2.4	2.33	2.29	2.25	2.2	2.16	2.11	2.07
16	4.49	3.63	3.24	3.01	2.85	2.74	2.66	2.59	2.54	2.49	2.42	2.35	2.28	2.24	2.19	2.15	2.11	2.06	2.01
17	4.45	3.59	3.2	2.96	2.81	2.7	2.61	2.55	2.49	2.45	2.38	2.31	2.23	2.19	2.15	2.1	2.06	2.01	1.96
18	4.41	3.55	3.16	2.93	2.77	2.66	2.58	2.51	2.46	2.41	2.34	2.27	2.19	2.15	2.11	2.06	2.02	1.97	1.92
19	4.38	3.52	3.13	2.9	2.74	2.63	2.54	2.48	2.42	2.38	2.31	2.23	2.16	2.11	2.07	2.03	1.98	1.93	1.88
20	4.35	3.49	3.1	2.87	2.71	2.6	2.51	2.45	2.39	2.35	2.28	2.2	2.12	2.08	2.04	1.99	1.95	1.9	1.84
21	4.32	3.47	3.07	2.84	2.68	2.57	2.49	2.42	2.37	2.32	2.25	2.18	2.1	2.05	2.01	1.96	1.92	1.87	1.81
22	4.3	3.44	3.05	2.82	2.66	2.55	2.46	2.4	2.34	2.3	2.23	2.15	2.07	2.03	1.98	1.94	1.89	1.84	1.78
23	4.28	3.42	3.03	2.8	2.64	2.53	2.44	2.37	2.32	2.27	2.2	2.13	2.05	2.01	1.96	1.91	1.86	1.81	1.76
24	4.26	3.4	3.01	2.78	2.62	2.51	2.42	2.36	2.3	2.25	2.18	2.11	2.03	1.98	1.94	1.89	1.84	1.79	1.73
25	4.24	3.39	2.99	2.76	2.60	2.49	2.40	2.34	2.28	2.24	2.16	2.09	2.01	1.96	1.92	1.87	1.82	1.77	1.71
26	4.23	3.37	2.98	2.74	2.59	2.47	2.39	2.32	2.27	2.22	2.15	2.07	1.99	1.95	1.90	1.85	1.80	1.75	1.69
27	4.21	3.35	2.96	2.73	2.57	2.46	2.37	2.31	2.25	2.20	2.13	2.06	1.97	1.93	1.88	1.84	1.79	1.73	1.67
28	4.20	3.34	2.95	2.71	2.56	2.45	2.36	2.29	2.24	2.19	2.12	2.04	1.96	1.91	1.87	1.82	1.77	1.71	1.65
29	4.18	3.33	2.93	2.70	2.55	2.43	2.35	2.28	2.22	2.18	2.10	2.03	1.94	1.90	1.85	1.81	1.75	1.70	1.64
30	4.17	3.32	2.92	2.69	2.53	2.42	2.33	2.27	2.21	2.16	2.09	2.01	1.93	1.89	1.84	1.79	1.74	1.68	1.62
40	4.08	3.23	2.84	2.61	2.45	2.34	2.25	2.18	2.12	2.08	2.00	1.92	1.84	1.79	1.74	1.69	1.64	1.58	1.51
60	4.00	3.15	2.76	2.53	2.37	2.25	2.17	2.10	2.04	1.99	1.92	1.84	1.75	1.70	1.65	1.59	1.53	1.47	1.39
120	3.92	3.07	2.68	2.45	2.29	2.17	2.09	2.02	1.96	1.91	1.83	1.75	1.66	1.61	1.55	1.50	1.43	1.35	1.25
∞	3.84	3.00	2.60	2.37	2.21	2.10	2.01	1.94	1.88	1.83	1.75	1.67	1.57	1.52	1.46	1.39	1.32	1.22	1.00

$\alpha = 0.01$

n_1 \ n_2	1	2	3	4	5	6	7	8	9	10	12	15	20	24	30	40	60	120	∞
1	4 052	4 999.5	5 403	5 625	5 764	5 859	5 928	5 982	6 022	6 056	6 106	6 157	6 209	6 235	6 261	6 287	6 313	6 339	6 366
2	98.5	99	99.17	99.25	99.3	99.33	99.36	99.37	99.39	99.4	99.42	99.43	99.45	99.46	99.47	99.47	99.48	99.49	99.5
3	34.12	30.82	29.46	28.71	28.24	27.91	27.67	27.49	27.35	27.23	27.05	26.87	26.69	26.6	26.5	26.41	26.32	26.22	26.13
4	21.2	18	16.69	15.98	15.52	15.21	14.98	14.8	14.66	14.55	14.37	24.2	14.02	13.93	13.84	13.75	13.65	13.56	13.46
5	16.26	13.27	12.06	11.39	10.97	10.67	10.46	10.29	10.16	10.05	9.89	9.72	9.55	9.47	9.38	9.29	9.2	9.11	9.02
6	13.75	10.93	9.78	9.15	8.75	8.47	8.26	8.1	7.98	7.87	7.72	7.56	7.4	7.31	7.23	7.14	7.06	6.97	6.88
7	12.25	9.55	8.45	7.85	7.46	7.19	6.99	6.84	6.72	6.62	6.47	6.31	6.16	6.07	5.99	5.91	5.82	5.74	5.65
8	11.26	8.65	7.59	7.01	6.63	6.37	6.18	6.03	5.91	5.81	5.67	5.52	5.36	5.28	5.2	5.12	5.03	4.95	4.86
9	10.56	8.02	6.99	6.42	6.06	5.8	5.61	5.47	5.35	5.26	5.11	4.96	4.81	4.73	4.65	4.57	4.48	4.4	4.31
10	10.04	7.56	6.55	5.99	5.64	5.39	5.20	5.06	4.94	4.85	4.71	4.56	4.41	4.33	4.25	4.17	4.08	4.00	3.91
11	9.65	7.21	6.22	5.67	5.32	5.07	4.89	4.74	4.63	4.54	4.40	4.25	4.10	4.02	3.94	3.86	3.78	3.69	3.60
12	9.33	6.93	5.95	5.41	5.06	4.82	4.64	4.50	4.39	4.30	4.16	4.01	3.86	3.78	3.70	3.62	3.54	3.45	3.36
13	9.07	6.70	5.74	5.21	4.86	4.62	4.44	4.30	4.19	4.10	3.96	3.82	3.66	3.59	3.51	3.43	3.34	3.25	3.17
14	8.86	6.51	5.56	5.04	4.69	4.46	4.28	4.14	4.03	3.94	3.80	3.66	3.51	3.43	3.35	3.27	3.18	3.09	3.00
15	8.68	6.36	5.42	4.89	4.56	4.32	4.14	4.00	3.89	3.80	3.67	3.52	3.37	3.29	3.21	3.13	3.05	2.96	2.87
16	8.53	6.23	5.29	4.77	4.44	4.20	4.03	3.89	3.78	3.69	3.55	3.41	3.26	3.18	3.10	3.02	2.93	2.84	2.75
17	8.40	6.11	5.18	4.67	4.34	4.10	3.93	3.79	3.68	3.59	3.46	3.31	3.16	3.08	3.00	2.92	2.83	2.75	2.65
18	8.29	6.01	5.09	4.58	4.25	4.01	3.94	3.71	3.60	3.51	3.37	3.23	3.08	3.00	2.92	2.84	2.75	2.66	2.57
19	8.18	5.93	5.01	4.50	4.17	3.94	3.77	3.63	3.52	3.43	3.30	3.15	3.00	2.92	2.84	2.76	2.67	2.58	2.49
20	8.10	5.85	4.94	4.43	4.10	3.87	3.70	3.56	3.46	3.37	3.23	3.09	2.94	2.86	2.78	2.69	2.61	2.52	2.42
21	8.02	5.78	4.87	4.37	4.04	3.81	3.64	3.51	3.40	3.31	3.17	3.03	2.88	2.80	2.72	2.64	2.55	2.46	2.36
22	7.95	5.72	4.82	4.31	3.99	3.76	3.59	3.45	3.35	3.26	3.12	2.98	2.83	2.75	2.67	2.58	2.50	2.40	2.31
23	7.88	5.66	4.76	4.26	3.94	3.71	3.54	3.41	3.30	3.21	3.07	2.93	2.78	2.70	2.62	2.54	2.45	2.35	2.26
24	7.82	5.61	4.72	4.22	3.90	3.67	3.50	3.36	3.26	3.17	3.03	2.89	2.74	2.66	2.58	2.49	2.40	2.31	2.21
25	7.77	5.57	4.68	4.18	3.85	3.63	3.46	3.32	3.22	3.13	2.99	2.85	2.70	2.62	2.54	2.45	2.36	2.27	2.17
26	7.72	5.53	4.64	4.14	3.82	3.59	3.42	3.29	3.18	3.09	2.96	2.81	2.66	2.58	2.50	2.42	2.33	2.23	2.13
27	7.68	5.49	4.60	4.11	3.78	3.56	3.39	3.26	3.15	3.06	2.93	2.78	2.63	2.55	2.47	2.38	2.29	2.20	2.10
28	7.64	5.45	4.57	4.07	3.75	3.53	3.36	3.23	3.12	3.03	2.90	2.75	2.60	2.52	2.44	2.35	2.26	2.17	2.06
29	7.60	5.42	4.54	4.04	3.73	3.50	3.33	3.20	3.09	3.00	2.87	2.73	2.57	2.49	2.41	2.33	2.23	2.14	2.03
30	7.56	5.39	4.51	4.02	3.70	3.47	3.30	3.17	3.07	2.98	2.84	2.70	2.55	2.47	2.39	2.30	2.21	2.11	2.01
40	7.31	5.18	4.31	3.83	3.51	3.29	3.12	2.99	2.89	2.80	2.66	2.52	2.37	2.29	2.20	2.11	2.02	1.92	1.80
60	7.08	4.98	4.13	3.65	3.34	3.12	2.95	2.82	2.72	2.63	2.50	2.35	2.20	2.12	2.03	1.94	1.84	1.73	1.60
120	6.85	4.79	3.95	3.48	3.17	2.96	2.79	2.66	2.56	2.47	2.34	2.19	2.03	1.95	1.86	1.76	1.66	1.53	1.38
∞	6.63	4.61	3.78	3.32	3.02	2.80	2.64	2.51	2.41	2.32	2.18	2.04	1.88	1.79	1.70	1.59	1.47	1.32	1.00

附表

参考文献

[1] 刘春英.应用统计学[M].北京:中国金融出版社,2007.

[2] 孙静娟.统计学[M].2版.北京:清华大学出版社,2010.

[3] 邓力.统计学原理[M].北京:清华大学出版社,2012.

[4] 韩兆洲.统计学原理[M].7版.广州:暨南大学出版社,2011.

[5] 陶靖轩,刘春雨.应用经济统计学[M].北京:中国计量出版社,2010.

[6] 孙静娟,邢莉.统计学学习指导书[M].2版.北京:清华大学出版社,2013.

[7] 杰拉德·凯勒(Gerald Keller).统计学:在经济和管理中的应用[M].影印版.北京:中国人民大学出版社,2012.

[8] 张良.应用统计学:基于SPSS运用[M].上海:上海财经大学出版社,2013.

[9] 刘小平,李忆,段俊.统计学:理论、案例、实训[M].北京:电子工业出版社,2017.

[10] 贾俊平.统计学基础[M].6版.北京:中国人民大学出版社,2020.

[11] 孟泽云.统计学:原理与应用[M].北京:电子工业出版社,2021.

[12] 李红松,邓旭东.统计数据分析方法与技术[M].北京:经济管理出版社,2014.

[13] 秦春蓉.应用统计学基础[M].北京:清华大学出版社,2017.

[14] 陈民伟,陈仁恩.统计学基础[M].厦门:厦门大学出版社,2018.

[15] 孙海涛,宋荣兴.统计学[M].大连:东北财经大学出版社,2017.

[16] 张宏.统计学[M].北京:北京理工大学出版社,2017.

[17] 马立平,张玉春.统计学原理[M].北京:电子工业出版社,2018.

[18] 张瑜,牟晓云,等.统计学原理与应用[M].南京:东南大学出版社,2014.

[19] 蒲美琳,丁越,黄涵宇,等.互联网消费信贷产品对大学生消费的影响:以蚂蚁花呗为例[J].现代商业,2022(1):21-24.

[20] 苏巧,盛静怡.互联网背景下大学生的不合理消费现象及建议[J].市场周刊,2022,35(1):172-173.

[21] 金悦琪,那娜,吕鹏.大学生互联网消费行为研究[J].现代商业,2022(2):57-61.

[22] 刘美.当代大学生消费异化现象探析:基于马克思消费异化理论[J].现代商贸工业,2022,43(9):157-158.

[23] 张慧丽.大学生手机依赖与拖延行为的关系:自我控制的中介作用[J].心理月刊,2022,17(3):50-52.

[24] 何雯,夏赟.大学生手机成瘾与心理需求、手机使用的关系研究[J].西南师范大学学报(自然科学版),2021,46(2):105-111.

[25] 范新宇,苏玲.大学生手机使用情况及其对健康的影响[J].海峡预防医学杂志,2020,26(5):24-26.

[26] 韩光辉,李小波.脱贫攻坚背景下农民可支配收入来源实证分析[J].中国产经,2020(8):33-34.

[27] 曾耀岚,舒展.我国粮食生产能力问题的成因与对策[J].福州党校学报,2021(4):64-68.

[28] 杜锐,毛学峰.宏观经济视角下的粮食产量波动[J].中国经济史研究,2019(1):172-181.

[29] 于法稳.我国粮食生产面临的形势及政策建议[J].党政干部学刊,2015(6):51-54.

后 记

统计学课程作为教育部确定的21世纪高等学校经济学、管理学各专业的核心课程，是经济管理学科最重要的基础课程之一。新时代高等学校人才培养是育人和育才统一的过程，培养高水平人才必须重视思想政治教育，统计学又是一门方法论性质的学科，应用性很强。因此，在这样的背景下本教材将各章教学内容与思想政治教育内容相结合，设计了思政案例实务部分，从与学生息息相关的"校园贷"、健康管理等问题，到引起社会广泛关注的"内卷"现象，以及改革开放40多年我国主要经济指标的变化等，真正做到了寓价值观引导于知识传授和能力培养中。

本书内容全面、结构完整、重点突出，精简了一些烦琐的数学推导和理论证明，强调统计思想、统计方法的应用。思政案例实务部分包括案例背景介绍、案例操作、案例实训和案例启示四个部分，其中案例实训要求学生利用实际调查数据进行统计分析，数据主要来源于利用问卷平台发放的问卷和国家及各地区统计局的相关公告。实训的设置可以提高学生的参与度、引发学生对相关问题的思考、提高其解决实际问题的能力。

本书注重理论分析与统计实务的结合，力求简明、通俗易懂，在实务中结合广泛使用的数据分析工具Excel和SPSS，突出工具实现的操作过程，使学生容易上手。其中Excel软件的操作介绍适用于Office 2019及以上的版本，SPSS软件的操作适用于26.0及以上的版本。

本书由大连海洋大学多年从事统计学教学的牟晓云、张瑜担任主编，从事实验教学工作的郭建、尹利勇担任副主编，牟晓云负责本书的总体设计和统稿。在本书的编写过程中，赵万里教授提供了帮助与支持，并提出了有益的建议，在此表示感谢！

《统计学理论与实务》已被列为大连海洋大学校级规划建设教材，本书的出版得到大连海洋大学教材出版专项的资助。

由于水平和时间有限，书中难免会存有疏漏和不足，可能还有待进一步完善，敬请读者不吝赐教、批评指正。

牟晓云
2022.5